Nelles Verlag

Foto: Jacob Boomsma (Shutterstock.com)

AF130931

Kanada
Der Osten
Ontario, Québec,
Atlantikprovinzen

Autoren:
Eva Ambros, Mary Kelly, Eleanor Morris,
Valentin P. Nadezhnikov, David Ravvin,
J.-Martina Schneider, Jonathan D. Siskin,
Carla Straessle-Compton, Deborah Williams

Baker Lake

Coral Harbour

SOUTHAMPTON ISLAND

BAFFIN ISLAND

Quaqtaq

Unga

Ivujivik

Péninsule d'Ungava

Rankin Inlet

Akutivik

Tasiuaq

NUNAVUT

Povungnituk

Eskimo Point

Inukjak

Hudson

Bay

Churchill

Kuujjuarapik

L

MANITOBA

Fort Severn

Radisson

Thompson

Shamattawa

Nelson

Chisasibi

James Bay

Wemindji

119

Norway House

Sandy Lake

Attawapiskat

Kashechewan

Lake Winnipeg

Dear Lake

Fort Albany

C A N A D A

Berens River

Pikangikum

Central Patricia

O N T A R I O

Albany

Selkirk

Kenora

Armstrong

Kapuskasing

Rouyn-Noranda

WINNIPEG

Nipigon

Kirkland Lake

M T

Thunder Bay

Lake Superior

Sudbury

98

North B

Grand Forks

Sault Ste. Marie

Huntsvill

Lake Huron

TORONTO

Nia Fal

70

Kitchener

London

BUFFAL

L. Erie

Windsor

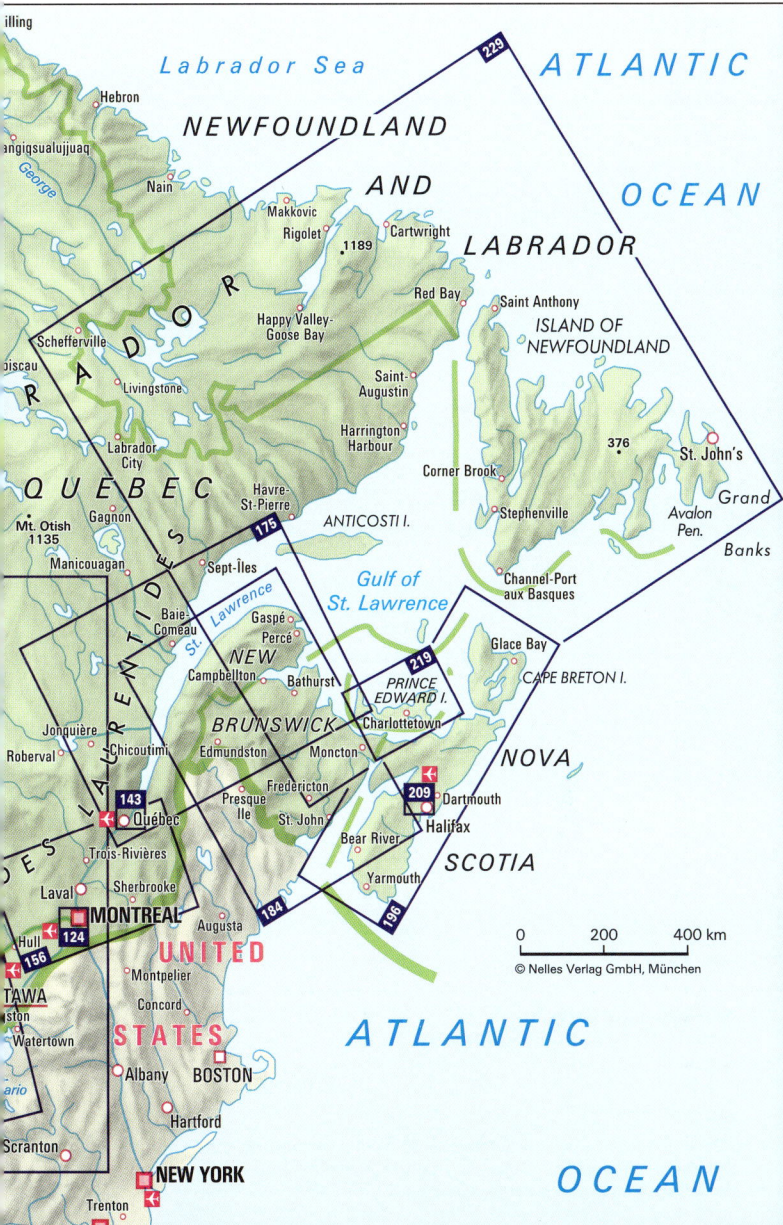

Labrador Sea

ATLANTIC

NEWFOUNDLAND

OCEAN

AND

LABRADOR

illing

Hebron

angigsualujjuaq

Nain

Makkovic

Rigolet

1189

Cartwright

ISLAND OF
NEWFOUNDLAND

Red Bay

Saint Anthony

Schefferville

Happy Valley-
Goose Bay

iscau

Livingstone

Saint-
Augustin

Harrington
Harbour

Corner Brook

376

St. John's

Labrador
City

Grand

QUEBEC

Havre-
St-Pierre

Stephenville

Avalon
Pen.

Mt. Otish
1135

Gagnon

175

ANTICOSTI I.

Banks

Manicouagan

Sept-Îles

Gulf of
St. Lawrence

Channel-Port
aux Basques

Baie-
Comeau

Gaspé

Percé

NEW

Glace Bay

219

Campbellton

Bathurst

PRINCE
EDWARD I.

CAPE BRETON I.

Jonquière

Chicoutimi

BRUNSWICK

Edmundston

Moncton

Charlottetown

NOVA

Roberval

Fredericton

Presque
Ile

209

Dartmouth

143

Québec

St. John

Bear River

Halifax

Trois-Rivières

SCOTIA

Laval

Sherbrooke

Yarmouth

184

156

MONTREAL

Augusta

124

UNITED

0   200   400 km

Hull

156

Montpelier

© Nelles Verlag GmbH, München

TAWA

Concord

ston

STATES

Watertown

ATLANTIC

ario

Albany

BOSTON

Scranton

Hartford

NEW YORK

Trenton

OCEAN

Harrisburg

PHILADELPHIA

IMPRESSUM / KARTENLEGENDE

Liebe Leserin, lieber Leser,

AKTUALITÄT wird in der Nelles-Reihe groß geschrieben. Unsere Korrespondenten dokumentieren laufend die Veränderungen der weltweiten Reiseszene, und unsere Kartografen berichtigen ständig die auf den Text abgestimmten Karten.
Wir freuen uns über jeden Korrekturhinweis! Unsere Adresse: Nelles Verlag, Machtlfinger Str. 26 Rgb., D-81379 München, Tel. +49 (0)89 3571940, Fax +49 (0)89 35719430, E-Mail: Info@Nelles.com, Internet: www.Nelles.com
Haftungsbeschränkung: Trotz sorgfältiger Bearbeitung können fehlerhafte Angaben nicht ausgeschlossen werden, der Verlag lehnt jegliche Produkthaftung ab. Alle Angaben ohne Gewähr. Firmen, Produkte und Objekte sind subjektiv ausgewählt und bewertet.

LEGENDE

★★	Top-Attraktion	**Gaspé** *(Ort)* *Cape Bonavista (Sehenswürdigkeit)*	in Karte gelb Unterlegtes wird im Text erwähnt		Staatsgrenze
★	sehr sehenswert				Provinzgrenze
	Öffentliches bzw. bedeutendes Gebäude		internationaler / nationaler Flughafen		Interstate
♠	Hotel		UNESCO Welterbe		gebührenpflichtige Autobahn
	Einkaufszentrum / Markt		Nationalpark, Provincial Park		Autobahn
🛈	Touristeninformation	Mt. Logan • 1135	Berggipfel (Höhe in Meter)		Fernverkehrsstraße
✝	Kirche				Hauptstraße
	Leuchtturm	18	Entfernung in Kilometer		Nebenstraße
	Bus Station	7	Trans-Kanada Highway		Eisenbahn
✚	Hospital	20	U.S. Highway		Fähre
✉	Post	9	Straßennummer	Mc Gill	U-Bahn mit Haltestelle

IMPRESSUM

KANADA – Der Osten
Ontario, Québec, Atlantikprovinzen
© Nelles® Verlag GmbH
  81379 München   Druck: Bayerlein, Germany
  All rights reserved   Einband durch DBGM geschützt

1 FEATURES

2 GEOGRAFIE, GESCHICHTE, KULTUR

3 TORONTO

4 OTTAWA

5 ONTARIO

Meech Lake im Gatineau-Park bei Ottawa

Die Terrasse Dufferin mit dem Hotel Château Frontenac dominiert die Oberstadt von Québec

HÖHEPUNKTE

★★**Toronto** mit dem ★★**CN Tower** (S. 67): Der 553 m hohe Turm dominiert Downtown. Die Stadt ist multikulturell mit ethnischen Vierteln wie Little Italy, Chinatown, Little Korea, Greektown oder Little India. Highlights sind die ★★**Art Gallery of Ontario** und das ★★**Royal Ontario Museum.**

★★**Canadian Museum of History** (S. 91): Interessante Architektur ohne Ecken in Gatineau bei Ottawa. Themen sind u. a. die Kultur der Indianer und Inuit sowie die Geschichte der europäischen Landnahme. **Ottawa** bietet weitere interessante Nationalmuseen.

★★**Niagarafälle** (S. 106): Die ★★**Horseshoe Falls** auf der kanadischen Seite sind die gewaltigsten. Ein Erlebnis ist die Fahrt mit dem Schiff **Maid of the Mist** direkt vor die Fälle.

★**Algonquin Park** (S. 113): Natur pur, die auf Kanutouren durch die stille Seenlandschaft erkundet werden kann; vor allem Elche und Biber leben hier.

★**Fort William** (S. 120): Rekonstruiertes Pelzhandelsfort von 1803, als Living Museum inszeniert.

★★**Montréal** (S. 125): Der kulturelle Nabel Kanadas – französische **Altstadt**, Jazz, Nouvelle Cuisine, ★**Kathedrale Notre Dame**, Szeneläden und Bistros. Einkaufen ober- und unterirdisch. Mit Promenade am Sankt-Lorenz-Strom.

★★**Québec** (S. 141): 1608 als Hauptstadt der Kolonie Neufrankreich gegründet, gilt es samt Stadtmauer als schönste Stadt Nordamerikas. **Vieux-Québec** heißt die attraktive Altstadt mit französischem Flair; Lebensfreude pur beim **Carnaval du Québec.**

★★**Gaspé-Halbinsel** (S. 175): Kleine Fischerdörfer und viel Natur an der Mündung des Sankt-Lorenz-Stroms.

★★**Rocher Percé** (S. 177): Nahe dem netten Küstenort **Percé** prangt ein fotogen durchbohrter Fels im Meer. Bei Ebbe kann man zum Felsen hinüberlaufen.

★**Bay of Fundy** (S. 186): Größter **Tidenhub** der Welt. Einzigartiges **Gezeiten-Rafting** auf dem Shubenacadie River (S. 198). Wandern auf dem Coastal Trail im ★★**Fundy-Nationalpark** (S. 187) sowie Walbeobachtung.

★★**Lunenburg** (S. 195): Der schmucke Hafenort, 1753 von Deutschen und Schweizern gegründet, zählt mit seinen bunten Holzvillen zum UNESCO-Welterbe.

★★**Peggy's Cove** (S. 196): Kanadas hübschestes Fischerdorf mit einem malerischen Leuchtturm (Nova Scotia).

Cape Breton Island (S. 199): Der ★★**Cabot Trail** ist eine 300 km lange Küstenpanoramastraße. Unterwegs schöne Wanderwege im ★★**Cape-Breton-Highlands Nationalpark**. Die restaurierte französische Festungsstadt ★★**Louisbourg** (S. 201) bevölkern Kostümierte, die sie zu einem Living Museum machen.

★★**Gros Morne National Park** (S. 235): Wildnis und Fjorde. Zudem locken das neufundländische Fischerdorf **Woody Point** und **Rocky Harbour** mit seinem Leuchtturm. Der **Viking Trail** (Rte 430) verbindet den Park mit der Wikingersiedlung ★★**L'Anse aux Meadows**.

★★**Fall Foliage**: Die Herbstlaubfärbung *(Foliage)* des Zuckerahorns, der Indian Summer, ist besonders schön in den Laurentiden (Provinz Québec), am Cape Breton (Nova Scotia; Festival Mitte Okt.) und an der Bay of Fundy.

Rechts: Erinnerung an das schottische Erbe Nova Scotias am Leuchtturm von Peggy's Cove.

Foto: PaulMcKinnon (iStockphoto)

EINSTIMMUNG

Kanada ist heute ein Einwanderungsland für Menschen aus aller Welt, vielfältig und multikulturell, und besonders der Osten mutet „europäischer" an als die USA, von denen man sich gerne abgrenzt – das Nationalpathos des mächtigen Nachbarn erscheint den Kanadiern befremdlich. Und öffentliche Gesundheitsversorgung sowie staatliche Renten- und Arbeitslosenversicherung sind hier fast selbstverständlich. Nominelles Staatsoberhaupt ist noch immer der jeweilige britische Monarch, vertreten durch einen Generalgouverneur; der Staat gehört als Dominion zum Commonwealth.

Zunehmend selbstbewusster und fordernder werden die einst kolonialisierten „Ureinwohner" Ostkanadas – die Indianer der „First Nations" und, hoch im eisigen Norden, die Inuit.

Die Provinz Québec mit ihrer gleichnamigen attraktiven, geschichtsträchtigen Hauptstadt – einst der Nabel Neufrankreichs – ist sprachlich und kulturell bis heute französisch geprägt; nicht wenige träumen hier von Autonomie. Französisches Flair verströmen auch die Straßencafés am Alten Hafen von Montreal.

Die Nachbarprovinz Ontario ist stärker angelsächsisch beeinflusst, was sich etwa in der – jungen, ethnisch bunten – Wirtschafts- und Finanzmetropole Toronto zeigt, die als das „New York Kanadas" gilt und sich zudem eines milden Klimas erfreut.

Vom touristischen Image her steht Ostkanada jedoch mehr für unberührte Natur, für Weite und Wildnis, unendliche Wälder, Kanufahren auf klaren Flüssen und riesigen Seen, eine Wildnis voller Biber, Bären, Elche und Wölfe. Es ist ein Reiseziel der Kontraste: Wildromantische Küsten, enorme Gezeitenschwankungen und Walbeobachtung am Atlantik; lebende Museen aus der Pionierzeit; hochkarätige moderne Museen in den Metropolen; endlos scheinende Nationalparks. Und im Sommer viel besuchte Badestrände an den Seen im Süden.

Foto: Bill Raboin (iStockphoto)

NATIONALPARKS

Im Osten Kanadas gibt es eine Reihe von Provinz- und Nationalparks, und fast alle bieten ein vielseitiges Angebot an Freizeitaktivitäten wie Skifahren, Wandern und sogar Klettern sowie Campingplätze und verschiedene Veranstaltungen in der Natur. Da das Beobachten von Tieren eine der Hauptaktivitäten im Park ist, sollte man neben der üblichen Wanderausrüstung auch ein gutes Fernglas mitbringen.

Der **Pukaskwa National Park** mit einer Fläche von 1880 km² liegt im Norden von Ontario am Nordufer des Lake Superior. Die Landschaft gehört zum Kanadischen Schild: Hügeliges Gelände, felsige Höhenzüge und Klippen sowie zahlreiche Süßwasserseen. Riedgraswiesen, Feuchtgebiete und Borealwälder sind typische Vegetationsformen. Lake Superior ist ein gewaltiges eiskaltes Binnenmeer. Er verhält sich wie ein kleiner Ozean und macht daher das Wetter unberechenbar und kühl. Im Juli und August schwanken die Temperaturen zwischen 7 °C und 25 °C. Elche, Wölfe, Schwarzbären und das im kanadischen Osten seltene Karibu sind hier beheimatet. In den Monaten Mai bis September sind Moskitos besonders lästig. Hervorragend wandern kann man auf dem Coastal Hiking Trail oder im Hinterland. Auf dem White und dem Pukaskwa River gibt es Möglichkeiten für Wildwasserrafting.

Der **Pointe Pelée National Park**, der kleinste Nationalpark Kanadas, umfasst eine sandige Halbinsel im Südwesten von Ontario, die weit in den Lake Erie ragt. Er befindet sich einige Kilometer von Leamington entfernt. Die Landschaft des Parks ist nur 10 000 Jahre alt und damit verhältnismäßig jung. Auf den Sand- und Kiesböden wächst artenreiches, dichtes Wald- und Grasland. Die große Vielfalt der Vogelarten, insbesondere im Frühjahr und Herbst, machen Pointe Pelée zu einem der besten

Oben: Schwarzbär im Pukaskwa National Park.
Rechts: Menschliche Eingriffe in die Natur haben die Elchherden im Osten dezimiert.

Foto: Antoine Désilets (Ministère du Tourisme du Québec)

Vogelbeobachtungsgebiete Nordamerikas. Seit 1900 wurden über 300 Arten registriert. Häufige Säugetiere sind u. a. Rotwild, Waschbären, Nerze und Wiesel. Bei den Reptilien und Amphibien sind der nordische Leopardenfrosch, sechs Schildkrötenarten und eine Vielzahl von Schlangenarten die häufigsten Vertreter. Libellen und der Monarch-Schmetterling sorgen für eine farbenprächtige Insektenwelt. Im Lake Erie und den Sümpfen gibt es viele Fischarten, wie den nordischen Hecht, Großmaul- und Flussbarsche. Die üblichen Aktivitäten sind Wandern und Kanufahren, doch man kann den Park auch mit einer Kleinbahn durchfahren.

Mitten im St.-Lorenz-Strom liegt der **St. Lawrence Islands National Park**. Er ist Teil des Insellabyrinths der Thousand Islands und umfasst 23 Inseln, die aus präkambrischem, also Milliarden Jahre altem Gestein bestehen. Nach dem Rückzug der Gletscher in der letzten Eiszeit wurde der nackte Felsboden von Flechten überwachsen, die bald Erdreich, Moos, Gras und schließlich kräftige Mischwälder entstehen ließen. Mit der Zeit entwickelte jede Insel ihr eigenes Mikroklima, was zu einer außergewöhnlichen Vielfalt in Flora und Fauna führte. Die hier heimischen Säugetierarten sind unter anderem Backenhörnchen, Eichhörnchen, Rotwild, Füchse, Kojoten und Stachelschweine. Zu den seltenen Tierarten im Park gehören weiterhin der wilde Truthahn und die sehr große, aber ungiftige schwarze Rattenschlange. Mit Booten kann man von Gananoque oder Brockville aus Rundfahrten machen, wobei man bei Heart Island, bereits in den USA, einen Stop einlegen sollte (Ausweis nicht vergessen), um Boldt's Castle zu besuchen. Weiter stromabwärts liegt **Upper Canada Village**, eine Nachbildung des „Ye olde Canada" (des guten alten Kanadas) am Thousand Islands Parkway.

Der **La Mauricie National Park** liegt zwischen Québec und Montréal. Der Park wurde 1970 zum Schutz des Kanadischen Schildes, zu dem die Laurentides gehören, geschaffen. Häufige Fischarten sind u. a. Bach- und Seeforel-

Foto: Bfink (Dreamstime)

len sowie der arktische Saibling. Der Nationalpark ist Lebensraum für über 180 Vogelarten und 40 Säugetierarten. Er bietet Freizeitaktivitäten wie Wandern, Fahrradfahren, Kanufahren, Segeln, Tauchen, Angeln und Skifahren sowie Spazierfahrten und Veranstaltungen in der freien Natur und ist somit ideal für Sportler, die gern an der frischen Luft sind.

Der **Parc National de Forillon** liegt an der Nordostspitze der Gaspé Halbinsel, wo die Appalachen dramatisch ins Meer stürzen. Der Park gilt wegen seiner großen Pflanzen- und Tiervielfalt und der fotogenen Felsformationen, die seine majestätische Landschaft beherrschen, als einer der schönsten Kanadas. Die Klippen, kleinen Buchten und Täler wurden in über 600 Millionen Jahren von Gletschern und dem Meer geformt. Die Landschaft ist durch Wälder, weite Felder, Salzwiesen, Salzsümpfe, natür-

Oben: Fischadler im Prince Edward Island National Park. Rechts: Rotwild im Kejimkujik National Park, Nova Scotia.

liche Prärien, Sanddünen, Torfmoorgebiete, Wasserläufe, Teiche und Seen geprägt. Hier wachsen sogar Pflanzen nebeneinander, die man sonst nie zusammen sieht. So wachsen z.B. niedrige arktische Pflanzen fast unmittelbar neben Zuckerahornbäumen und gelben Birken – eine ungewöhnliche Kombination. Es gibt über 225 verschiedene Vogelarten, darunter Exoten wie den Rotschwanzhabicht und die schwarzfüßige Dreizehenmöwe.

Der **Mingan Archipelago National Park** befindet sich in der Nähe des Ortes Mingan an der Nordküste des St.- Lorenz-Stroms. Der Park mit seinen 40 Inseln und Inselchen ist Teil eines einzigartigen ökologischen und geologischen Gebiets. Vor 12 000 Jahren lagen die Inseln, von riesigen Gletscherschneemassen bedeckt, unter Wasser. Als das Eis schmolz, begannen sie im wahrsten Sinne des Wortes aufzusteigen, tauchten jedoch erst in den vergangenen 2000 Jahren aus dem Meer auf. Auch heute wachsen die Inseln noch, und Wind und Wasser formen aus dem weichen Kalkstein Höhlen, Felsbögen, Klippen und imposante, steil aufragende Felsblöcke. Um diese gewaltigen Monolithen herum wachsen Wald- und maritime Steppenpflanzen. Viele Zugvögel, wie der farbenprächtige atlantische Papageientaucher, kommen von Frühling bis Spätsommer auf die Inseln und schließen sich zu Kolonien zusammen. Vor Ort werden Bootsfahrten und Spezialprogramme zur Erkundung der Natur angeboten.

Der **Kouchibouguac National Park** liegt in New Brunswick an der Nordseite der Northumberland Strait. Sein Gebiet umfasst eine leicht abfallende Küstenebene mit sieben verschiedenen Naturlandschaften: Wälder, der Küste vorgelagerte Inseln, Torfmoore, Flussmündungen, Wiesen, Salzsümpfe und Binnengewässer. In diesen Lebensräumen sind mehr als 600 Pflanzenarten, darunter 27 Orchideen, beheimatet. Die Waldgebiete bestehen hauptsäch-

Foto: Christina Pade

lich aus Rotfichten und Balsamtannen. Der beliebteste Teil des Parks ist **Kelly's Beach**, ein 25 km langer weißer Sandstrand mit vorgelagerten Inseln in der Nähe der Northumberland Strait.

Der **Fundy National Park** liegt an der **Bay of Fundy** in New Brunswick. Besonders eindrucksvoll sind die roten Klippen, die dichten Wälder, die Torfmoore und die atemberaubenden Ausblicke auf die kleinere Chignecto Bay (die innerhalb der größeren Bucht liegt). Die Bay of Fundy ist wegen des Tidenhubs bekannt. Bei Ebbe kommt am Strand ein ganzes Ökosystem von Tieren, Vögeln und Insekten zum Vorschein. Im Frühling und Herbst zieht der bedrohte Wanderfalke durch dieses Gebiet. In den Wäldern des Parks haben Stachelschweine, Kojoten, Rotluchse und Waschbären ihre Reviere.

Der **Prince Edward Island National Park** bietet 77 km² Strand und Dünenlandschaft an der Nordküste der Provinz. Neben den flachen Stränden gibt es auch die besonders eindrucksvollen Sanddünen, rote Sandsteinklippen,

Sumpfteiche, schmale Waldstreifen und idyllische kleine Buchten. Am eindrucksvollsten ist wahrscheinlich der Blick auf das Panorama des St.-Lorenz-Golfs. Das Parkgebiet ist sehr schmal, weshalb hier auch nur kleinere Säugetierarten, wie der Rotfuchs, beheimatet sind. Darüber hinaus ist er Nistplatz für viele verschiedene Vogelarten, vor allem aber für den bedrohten Halsbandregenpfeifer und den Blaureiher. Die Einrichtungen des Parks sind im Gegensatz zu anderen Nationalparks modern. Wem die Schönheiten der Natur nicht genügen, für den lohnt sich ein Besuch der Farmer's Bank in South Rustico, Kanadas kleinster Bank, die noch in Betrieb ist. Der **Kejimkujik** (kurz „ked-gee" genannt) **National Park** befindet sich im Süden von Nova Scotia. Die Landschaft ist durch Seen, Flüsse, Torfmoore und Wälder in verhältnismäßig flachem Gelände geprägt. Den Mittelpunkt des Parks stellt Lake Kejimkujik dar, der vom gewundenen Mersey River gespeist wird. In ihm liegen viele kleine Inselchen. Die Wälder sind für Akadien typische Mischwälder

mit Fichten, Balsamtannen, verschiedenen Ahornarten, Eichen und Birken. Der Frühling ist mit seiner Blütenpracht und besonders mit den vielen verschiedenen Orchideenarten wunderschön. In den Wäldern sind Rotwild, Biber und Bisamratten besonders häufig, und in den Bäumen und am Himmel sieht man u. a. Waldsänger, Spechte und große Eulenarten. Die Blandings-Schildkröte ist der ganze Stolz des Parks, auch wenn man sie nur selten sieht. Das Kejimkujik Seaside Adjunct ist eine Art Anhängsel an den Park, das sich an der Küste in der Nähe von Port Joli im Süden befindet. Besonders interessant sind hier die Robbenkolonien.

Der **Cape Breton Highlands National Park** hat eine Fläche von 950 km^2 und liegt im Norden von Cape Breton in Nova Scotia. Er grenzt an den Atlantik wie auch an den Sankt-Lorenz-Golf. Ur-

sprünglich war das Hochland eine weite Ebene, die sich mit der Zeit in über 300 Meter Höhe erhob. Heute besteht die Parklandschaft aus steilen, bewaldeten Tälern, wilder Steilküste und kargen windgepeitschten Hochplateaus. An der Küste münden viele Flüsse ins Meer. Die Wälder bestehen aus nordischen oder gemischten Hart- und Weichholzbäumen. Mehr als 230 Vogelarten sind hier heimisch, wie der weißköpfige Seeadler, die arktische Seeschwalbe und die Islandmöwe. Häufige Säugetierarten sind Elche, Hasen und Rotwild, während Kojoten, Füchse und Rotluchse nur manchmal zu sehen sind. Die Menschen in dieser abgelegenen Region leben meist in Dörfern, in denen schottische und französisch-akadische Traditionen, aber auch der Fischfang nach wie vor eine bedeutende Rolle spielen.

Der **Gros Morne National Park** befindet sich an der Westküste Neufundlands. Die Long Range Mountains erstrecken sich fast über die Hälfte des Parks. Der Rest besteht aus eindrucksvollen, tief ins Landesinnere hineinra-

Oben: Zigtausende von Schneegänsen sammeln sich im Herbst zum Flug in ihre Winterquartiere im Süden (hier am Cap Tourmente, Québec) Rechts: Eisbär in der kanadischen Arktis.

Foto: Outdoorsman (Dreamstime)

gende Fjorde, Sand- und Kiesstränden und sumpfigen Seen. Das geologische Profil von Gros Morne ist einzigartig und hat dem Park 1987 den Status „UNESCO-Weltkulturerbe" eingebracht. Wissenschaftler aus aller Welt können hier die seltene Kombination von Gestein aus der Tiefe des Erdmantels neben Gestein der Erdkruste studieren. An manchen Orten findet man Fossilien, die die Trennung dieser unterschiedlichen geologischen Schichten deutlich machen. Trotz des felsigen Geländes gibt es im Gros Morne National Park fast 1000 verschiedene Pflanzenarten. Im Frühling kann man bei Bootsfahrten entlang der Küste Pilotwale, Hafenrobben und Minkwale sehen. In den Wäldern leben vor allem Rentiere und Hasen. Der Western Brook Pond, dessen Zugang vom Meer verlandet ist, schneidet viele Kilometer tief in die Long Range Mountains. In Cow Head dokumentiert ein Museum, wie das Leben vor hundert Jahren in Neufundland war. Im **Discovery Centre** südlich von Bonne Bay erfahren Besucher viel Interessantes über die Geologie, Flora und Fauna sowie die Geschichte der Besiedlung dieser abgelegenen Gegend. Ortskundige Parkranger informieren über viele Aktivitäten unter freiem Himmel.

Der **Terra Nova National Park** an der Nordostküste Neufundlands hat eine Fläche von 499 km². Die Landschaft ist eine Mischung von tiefen Fjorden, Borealwäldern, düsteren Einöden, moosigen Torfmooren, Süßwasserseen und den windumtosten Appalachian Mountains. Wenn man mehr über die geologische Entstehung des Parks erfahren möchte, lohnt ein Besuch des Ochre Lookout Towers, ca. 26 km von der Nordeinfahrt zum Park. Fast 30 % des Parks liegen unter der Meeresoberfläche, und an vielen Stellen wurden die Felsen an der Küste vom Meer zu Höhlen und Klippen geformt. Viele Vogelarten sind hier heimisch, darunter Weißkopfseeadler, Fischadler, die große Mantelmöwe und die nordische Kohlmeise. Außerdem gibt es mehrere Säugetierarten, wie Schwarzbären, Luchse, Füchse, Nerze und Elche. Im **Newman's Sound** kann man Pilotwale beobachten.

Der **Auyuittuq National Park** liegt nördlich von Pangnirtung auf Baffin Island, am Polarkreis. Mit einer Fläche von 21 470 km² gehört der Park zu den größten Kanadas. Sein herausragendstes Merkmal sind die Penny Highlands, eine über 2130 m hohe Bergkette, die von einer 5698 km² großen Eis- und Schneedecke bedeckt ist. Der Skitourenabenteurer findet ein einsames Gebiet in der Wildnis vor. Die Tierwelt ist hier, wie auf ganz Baffin Island, etwas anders: Es gibt Moschusochsen, das Walross und den nicht ungefährlichen Eisbär. Die Schneebedingungen sind im Frühjahr am besten, die Temperaturen jedoch im Sommer angenehmer und die Tage natürlich um einiges länger. Der Park bietet außerdem hervorragende Camping-, Angel- und Klettermöglichkeiten und am windigen Pangnirtung Pass einen der atemberaubendsten Wanderwege Kanadas.

BAFFIN ISLAND

Baffin Island liegt im arktischen Archipel, größtenteils nördlich des Polarkreises, und gehört zum Nunavut-Territorium Kanadas. Die Hudson Strait trennt sie vom nördlichen Teil Québecs, die Davis Strait von Grönland und das Foxe Basin vom Festlandsgebiet der Nordwestterritorien. Nur 11 000 Bewohner teilen sich hier 500 000 km².

Die Insel wurde von Inuit vor etwa 1500 Jahren besiedelt. In ihrem Nordteil leben heute die Iglulik Inuit, im Süden die Inuit of South Baffin Island. Ihre Kultur ähnelt jener der Labrador-Inuit im Norden Québecs.

Wahrscheinlich kamen die Wikinger, nachdem sie Grönland erreicht hatten, auch nach Baffin Island, doch der erste Kontakt mit Europäern wurde erst 1576 aufgezeichnet, als der Engländer Martin Frobisher auf der Suche nach der Nordwestpassage nach China hierherkam. Noch zwei Mal, 1576 und 1577, versuchte er vergeblich, diese Passage zu finden. Er brachte ganze Schiffsladungen wertlosen Erzes (das für Gold gehalten wurde) zurück nach England. Einige Inuit und zwei von Frobishers Männern starben aufgrund von Missverständnissen zwischen den beiden Kulturen, und einmal traf Frobisher ein Pfeil in sein Hinterteil, was wohl eine passende Vergeltung für den Ärger war, den er verursacht hatte.

Baffin Island ist ein Ausläufer des Kanadischen Schildes, das sich tief ins Landesinnere erstreckt. An der Ostküste der Insel gibt es 2000 m hohe vergletscherte Granitberge, während das Gebiet im Westen und im Süden hauptsächlich aus Tälern und Niederungen besteht. Es gibt einige Süßwasserseen. Die Vegetation auf der Insel ist spärlich, vor allem im Norden. Nur wenige, zwergenwüchsige Bäume, niedrige Sträucher, Grasbüschel, Flechten und Moose halten das eisige Klima aus. Bei einem Besuch auf Baffin Island kann man die arktische Tierwelt kennenlernen, um Eisberge herum Kajak fahren, eine Hundeschlittentour machen und in der Mitternachtssonne feiern. Wer nach Baffin fährt, sollte über ausreichende finanzielle Mittel verfügen und fit sein. Da das Gebiet so isoliert, unerschlossen und kalt ist, sollte man seinen Besuch mit einem Spezialveranstalter im voraus planen. Pauschalreisen beinhalten Transport (man kommt nur mit dem Flugzeug auf die Insel, und meist benötigt man es auch für die Fortbewegung auf der Insel) und Unterkunft in einfachen Hotels ohne großen Komfort, deren Preise bei 200 kanadischen Dollar pro Person beginnen. Außerdem sollten Besucher, die nicht so dickhäutig sind wie Walrosse, ihren Ausflug in den Frühling oder Sommer (April bis August) legen. In Iqaluit beträgt die Höchsttemperatur im Januar -25 °C und die Tiefsttemperatur -34 °C, im Juli hingegen, dem wärmsten Monat des Jahres, schwanken die Temperaturen zwischen 8 °C und 19 °C. Der Winter ist auf Baffin Island auch deswegen unwirtlich, weil die Tage sehr kurz sind.

Die meisten Reisenden starten in Iqaluit, wo die Flugzeuge von Ottawa und Montréal hier landen und von hier aus Flugverbindungen zu allen Orten auf der Insel, außer Sanikiluaq, bestehen. Iqaluit bietet sich auch deswegen perfekt als Ausgangspunkt einer Tour durch Baffin Island an, da das dortige Informationszentrum (Unikkarviit), das Museum (Nunatta Sunaqutangit) sowie der nah gelegene Qaummaarviit Historic Park (20 Minuten mit dem Boot) einen interessanten Überblick über die Region und die hier heimischen Inuits geben.

Zwischen Iqaluit und dem nächsten Ort liegt das grüne Soper River Valley. Hier kann man wandern oder Wildwasserkanu- oder Schlauchbootfahren. Ein Teil des Tals gehört zum Katannilik

---

Rechts: Huskies erwarben sich in den Schneewüsten Nordkanadas ihren legendären Ruf als ausdauernde Zugtiere.

Foto: Axel Mosler

Territorial Park Reserve, in dem es viele Wildtiere gibt.

Westlich von Lake Harbour liegt Cape Dorset, das für sein Kunsthandwerk bekannt ist. In den 1950ern warb die Regierung für die Schnitzereien der Inuit, und heute ist Cape Dorset eine blühende Künstlergemeinde, in der es auch eine großartige Skulpturenausstellung gibt. Außerdem wurde hier ein großer archäologischer Fund gemacht. 1925 entdeckte man die Überreste einer alten Inuit-Ethnie, die zwischen 1000 v. Chr. und 1100 n. Chr. dort lebte. Man kann mit Hundeschlitten oder mit dem Boot zu dieser Ausgrabungsstätte und zu dem nahen Vogelschutzgebiet Dewey Soper Bird Sanctuary fahren.

Der wohl malerischste Ort der Insel ist Pangnirtung nördlich von Iqaluit. Der Zungen brechende Name der Ortschaft bedeutet „Land des jungen Karibus". Diese von vergletscherten Bergen umgebene Kleinstadt erhält ihr Frischwasser von den Gewässern der Cumberland Sound und hat sich zu einem gut ausgestatteten Fremdenverkehrszentrum mit modernen Einrichtungen, ausgezeichneten Fischgebieten und Kunstzentren entwickelt. Außerdem erreicht man von dort im Frühling in zwölf Stunden mit dem Schneemobil die historische Walfangstation in Kekerton. Die Hauptattraktion dieser Region ist der Auyuittuq National Park nördlich von Pangnirtung.

Aus gutem Grund ist Pond Inlet das meist besuchte Ausflugsziel im Norden von Baffin Island. Der Ort mit weniger als 1000 Einwohnern ist durch seine Lage in den Fels- und Gletscherformationen geschützt. Vom ähnlich vergletscherten und bergigen Bylot Island, das 40 km nördlich über der Eclipse Sound liegt, hat man einen atemberaubenden Ausblick. In dieser Region mit kleinen und größeren Inseln gibt es viele Vogelarten und Meerestiere, wie Walrosse, Seehunde und Wale. Im Frühling ist es besonders schön, wenn große Eisblöcke von den Gletschern brechen und schimmernd auf dem Meer treiben. Im Sommer hat man die außergewöhnliche Gelegenheit, Tage zu erleben, an denen es 24 Stunden lang hell ist.

Foto: G. Lange

EISHOCKEY

Eishockey wurde im frühen 19. Jh. in Kanada erfunden und ist dort *der* Winternationalsport. Seine Vorläufer waren Ballspiele auf dem Eis, wie *shinty* aus Schottland, *bandy* aus Russland und Skandinavien, *lacrosse* und *baggataway* der Indianer Kanadas – aus der Mischung sei das heutige Eishockey entstanden. Die Bezeichnung „Hockey" stammt wohl vom französischen *hoquet*, was Hirtenstab bedeutet. Das Spiel wurde erstmals 1875 in London in heutiger Form gespielt, die National Hockey League (NHL) Nordamerikas 1917 gegründet.

Die Hockeyregeln sind einfach: Es gibt zwei Mannschaften mit je fünf Spielern und einem Torwart. Die Spieler treiben eine kleine Gummischeibe mit ihren Schlägern solange hin und her, bis sie Gelegenheit haben, den „Puck" in das gegnerische Tor zu schlagen. Das Spiel ist extrem schnell und hart; wie die hockeyverrückten Kanadier es ausdrücken: „Das Spiel verlangt genausoviel Koordination, Stärke, Mut und Köpfchen wie andere Sportarten – mit dem Unterschied, dass es auf ungewohntem Boden stattfindet und der Puck mit einer wahnsinnigen Geschwindigkeit herumsaust, wobei man ständig acht geben muss, dass man von den Gegenspielern nicht gegen die Banden geschleudert wird." Oft bleibt es nicht beim Bodycheck: Die Profi-Karriere von Steve Moore endete 2004 abrupt durch den Faustschlag seines Gegners Todd Bertuzzi; bis heute leidet er an den Folgen der Brutalo-Attacke.

Über 77 Jahre lang spielten nur sechs Mannschaften in der NHL: In Kanada waren es die Toronto Maple Leafs und die Montréal Canadiens, die die meisten Stanley Cups – die Gewinntrophäe der nordamerikanischen Liga – gewonnen haben; in den Vereinigten Staaten

Oben: Toronto Maple Leafs – eine der traditionsreichsten kanadischen Eishockeymannschaften. Rechts: Hockeyspieler als Exportschlager – Sean Avery, ein besonders harter kanadischer Stürmer, spielte zeitweise für die New York Rangers.

die Boston Bruins, New York Rangers, Chicago Black Hawks und Detroit Red Wings, deren Spieler dennoch zum Großteil Kanadier waren. Dies änderte sich erst, als sich die Liga 1967 um sechs amerikanische Mannschaften erweiterte. In den vergangenen Jahrzehnten hat der Zuwachs von schwedischen, finnischen, tschechischen und russischen Spielern die Liga international gemacht; heute gibt es 30 nordamerikanische Mannschaften. Dennoch war es schwierig, eine internationale Eishockeymeisterschaft zu organisieren, da olympische Vorschriften und später die NHL die Teilnahme von Berufsspielern untersagte. Erst seit 1998 dürfen NHL-Profis an Olympischen Spielen teilnehmen.

1972 wurden die „Series of the Century" zwischen Kanada und Russland veranstaltet. Nach fünf Spielen lagen die Kanadier drei zu eins im Rückstand, und ihr nationaler Mythos der Überlegenheit im Hockey schwand. In den letzten drei Spielen riss sich das kanadische Team aber zusammen und gewann durch Paul Hendersons Tor, 34 Sekunden vor Spielende, das Endspiel in Moskau. Also musste der nationale Mythos geändert werden: „Wir mögen zwar nicht immer die besten sein, doch wir haben immer den Willen, das Spiel am Ende zu gewinnen." Danach beherrschten die Kanadier meist den Rest der Welt bei den Spielen um den Canada Cup. Doch in den 1990er Jahren musste „Team Canada" seine Spitzenstellung an die US-Amerikaner und europäische Teams abtreten.

Der mutige Eishockeyspieler Gordie Howe von Detroit („Mr. Hockey") beherrschte die NHL-Liga in den 1950er und 1960er Jahren. Er war ein so fitter Spieler, dass er bis zum unglaublichen Alter von 52 zusammen mit seinen zwei Söhnen in der Abwehr in dieser höchsten Liga spielte – die meisten NHL-Spieler kommen in der Liga nicht über Anfang 30 hinaus. Wayne Gretzky („The Great One"), der 1999 bei den New York

Foto: Robcorbett (Dreamstime)

Rangers seine Karriere beendete, brach Howes Punkterekord in nur elf Spielzeiten. Er verdankte dies seiner außergewöhnlichen Fähigkeit, den Überblick nie zu verlieren, die Bahn des Pucks vorherzusehen und völlig neue Taktiken anzuwenden.

Ein Eishockey-Megastar war Bobby Orr („The Golden Boy"). Bei den Boston Bruins in den 1960er/70er Jahren veränderte er das Spiel, indem er als Verteidiger auch offensiv spielte. Sein ständiger Wechsel von Angriff und Verteidigung brachte die Gegner zum Verzweifeln. Ein Topstar von heute ist der Wunderstürmer Sidney Crosby, der mit Kanadas Eishockeymannschaft bei den Olympischen Spielen 2010 in Vancouver beim Finale USA – Kanada Gold gewann. Kurz zuvor hatten die kanadischen Eishockeydamen die amerikanische Frauenmannschaft besiegt und Edelmetall geholt – eine eissportbegeisterte Nation im Freudentaumel. Auch 2014 wurde ein denkwürdiges Jahr für die Fans: Gold in Sotschi gegen Schweden, mit Sidney Crosby als Kapitän.

DER CREE WAY OF LIFE

1971 kündigte der Premierminister von Québec ein gigantisches Projekt an, mit dem im Gebiet der James Bay mit Stauseen von über 15 000 km² riesige Energiemengen durch Wasserkraft erzeugt werden sollten. Voraussetzung war, dass in diesem über 500 000 km² großen Areal sämtliche Flüsse, die in die James Bay fließen, gestaut und teils umgeleitet wurden – ein tiefer Eingriff in die Heimat von Menschen, die ihr Leben nach Karibu und Biber, Gänsen und Schneehühnern ausrichteten.

Denn im James Bay Territory leben etwa 7000 Angehörige der Cree, eines Indianervolkes der Algonquin, das seinen Namen *Kiristino* von den Ojibwa erhielt. Die Franzosen machten Cri daraus und die Engländer Cree. Ein Bewohner von Fort George ist *cise-si-pi-wiyuyu* – ein Mensch vom großen Fluss. Die Bewohner von Wemindji, Eastmain und Rupert House sind *wi-nipe-ku-wiyiyu-c* – Küstenmenschen oder Salzwasserleute; die von Nemiskau, Waswanapi und Mistassini heißen *nu-hcmi-wiyuyu-c* – Inland- oder Buschleute. Die Cree nennen sich je nach Region *eeyou*, *iyuu* und *ilnu*, was in jedem Fall Menschen bedeutet.

Der Prozess, den die Cree gegen das James-Bay-Projekt anstrengten, kreiste um eine Lebensweise, von der die meisten Kanadier nicht viel wussten, obwohl sie seit 5000 Jahren hier existieren. „Wir, die Vertreter der einzelnen Cree-Gemeinden, die von den geplanten Wasserkraftwerken betroffen werden, wehren uns energisch gegen die Stauung unserer Flüsse, denn wir glauben, dass allein die Biber das Recht haben, in diesem Land Dämme zu bauen." So argumentierten die Chiefs sämtlicher Cree-Dörfer – jedes eine autonome Einheit – gegen die Errichtung des Wasserreservoirs mit einer Fläche von 1036 km². Verhindern konnte der Prozess vor dem Obersten Gerichtshof das Projekt nicht, aber es wurde deutlich, was die Indianer verlieren würden und nach der Überflutung verloren haben. Das *James Bay and Northern Québec Agreement*, das zwischen den Cree und der Regierung von Québec 1975 geschlossen wurde und Landnutzung, Entschädigung und Enteignung regelt und ihnen Gesundheits- und Bildungseinrichtungen sowie die Selbstverwaltung in ihren Siedlungen zusichert, verstehen die Cree als Kompromiss.

Die Jahreszeiten werden für die Cree vom Zug der Gänse bestimmt: Fliegen die Wildgänse nach Norden, beginnt der Sommer und die Zeit des Fischens. Aus den Stromschnellen des Sakami bei Fort George holten sie pro Tag über 200 Fische; nach dem Eingriff in den Flusslauf brauchten die Cree drei Tage, um 50 Fische zu fangen. Das Flussbett des Eastmain ist völlig ausgetrocknet.

Ende Oktober ziehen die Gänse nach Süden, und die Flüsse gefrieren. Früher mussten um diese Zeit die Familien ihr Jagdgebiet im Inneren des Landes erreicht haben. Für manche Familien bedeutete das eine Reise von zwei Monaten mit dem Kanu. Heute gibt es kaum noch Indianer, die sich auf den Bau dieser Kanus aus Birkenrinde, Fichtenwurzeln, Zedernholz, Fichtenharz und Tierfett verstehen. Im Winter legten Familien auf Schneeschuhen und mit den Kanus bis zu 1000 Meilen bis an die Küste Labradors zurück. In den 1930er Jahren kamen die Holzboote auf und um 1940 wurden die ersten Bootsmotoren eingesetzt. Heute werden außerdem Lastwagen benutzt, im Winter das Schneemobil statt des kufenlosen Schlittens. Die Wintercamps werden heute mit dem Buschflugzeug erreicht.

Die Grundlage der Kultur bei den Cree ist die Jagd. Viele Jagdgründe wurden von den Stauseen überflutet, und nicht immer ist es gelungen, die *Traplines* (Fallenwege/Jagdgebiete) neu zu organisieren. Bei einer Neuaufteilung

---

Rechts: Kleidung aus Karibu- und Elchleder schmücken die Indianer mit Perlen, Stachelschweinborsten und Elchhaar-Stickereien.

Foto: G. Lange

Foto: G. Lange

der Traplines würde das Land für den einzelnen immer kleiner und das Überleben im Busch immer schwieriger. Außerdem will niemand die Grenzen der Jagdgebiete verändern, die wie ein Gesetz geachtet werden: Die Alten sagen, dass das Land den Geistern der Menschen gehört, die in der Vergangenheit hier lebten. Zudem befinden sich hier die Geister der Tiere, die gejagt wurden. Das Land ist beseelt, man kann nicht nach Belieben damit verfahren. Der Besitzer einer Trapline gilt als Verwalter des Landes, seiner Pflanzen und seiner Tiere für die folgende Generation. Jedes Jagdgebiet wird in einem bestimmten Turnus genutzt, nach zwei Jahren folgt eine einjährige Ruhepause. Der Besitzer des ruhenden Gebiets wurde in dieser Zeit als Gast in einer fremden Trapline aufgenommen.

Die Cree jagten vornehmlich Biber, deren Fell sie an die Hudson's Bay Company verkauften. Das *Agreement* sichert ihnen das Exklusivrecht für das Fallenstellen und für die Jagd auf Eisbär, Nerz, Hermelin, Wiesel, Fischmarder und den Schwarzbär, der in der Religion der Cree einen besonderen Platz einnimmt. Vor und nach der Bärenjagd wurde Tabak geopfert. Der Jäger musste den Schlafplatz des Bären träumen. Früher besaßen viele Jäger diese Fähigkeit, heute gelingt es nur noch den Schamanen, die mit dem Bären spirituellen Kontakt aufnehmen können. Der Jäger tritt dem Bär allein gegenüber, hält Zwiesprache mit ihm und bittet ihn um Verzeihung. Vor der Bärenhöhle werden Zweige ausgebreitet, damit das Blut des Tieres nicht auf den Boden trifft. Beim Bärenessen wird das Fleisch ins Feuer gehalten, damit der Bär mit dem Rauch in den Busch zurückkehren kann. Der Schädel wird an einem besonderen Baum befestigt, um seinen Geist zu besänftigen.

Es gehört auch zu dem Respekt, den die Cree dem Jagdwild erweisen, dass sie nicht zuviel von einer Art töten. Bären und Otter müssen mit besonderem Bedacht gejagt werden, denn die Cree sagen, dass etwas im Wesen dieser Tiere sie dazu zwinge. Tiere werden gejagt, weil sie als Nahrung dienen, nicht, damit

Foto: János Kalmár

man ein Eisbärenfell für die Feuerstelle hat. 90 % ihrer Ernährung bestehen aus dem Fleisch der erlegten Tiere, deren Häute sie verarbeiten und deren Felle sie verkaufen. Seit Unterzeichnung des Agreements besteht ein Unterschied zwischen der Jagd als Lebensform und der Freizeitjagd. So haben die Schonzeiten, die für Hobbyjäger gelten, für die Cree keine Bedeutung.

Nicht mehr jedes Cree-Dorf hat einen Schamanen. Über ihre spirituelle Kraft gibt es eine Geschichte: Auf das Dorf Mistassini kam ein Tornado zu. Zwei alte Jäger gingen dem Sturm entgegen, einer war wegen seiner spirituellen Kräfte bekannt. Als sich die Männer dem Tornado soweit wie möglich genähert hatten, streuten sie, wie es nach den Überlieferungen üblich war, Tabak aus – Mistassini blieb vom Tornado verschont.

Mit der Unterzeichnung des Abkommens wurde der *Cree Way of Life* als eigenständige Kultur anerkannt. Der Schulunterricht für die Kinder der Cree wurde erweitert, Trapper erzählen ihre Legenden und vermitteln die indianische Heilkunst, die Alten nehmen die Kinder mit in den Busch, um sie dort das Überleben zu lehren. In den Familien hat sich die „Walking Out Ceremony" für Kinder erhalten. Sie bedeutet das erste Verlassen des elterlichen Hauses oder des Zelts zu Fuß, wenn die Kinder zwischen zwei und drei Jahre alt sind. Die Jungen müssen dann mit Pfeil und Bogen auf eine erlegte Gans zielen, die von einem Stock aufrecht gehalten wird, und zu einem Zelt gehen, in dem Stammesälteste sitzen, denen sie ein Geschenk übergeben. Die Mädchen tragen auf ihrem ersten Weg eine kleine Axt und ein Holzbündel. Wer weiter im Busch auf traditionelle Art leben möchte, soll das auch in Zukunft tun können. Die Jugendlichen können anstelle des Buschcamps die Schulen in den Städten besuchen und dort auch studieren.

In manchen Gemeinden werden die Chiefs noch auf traditionelle Art ge-

Oben: Bernard Abraham, Vicechief der Ojibwa in Long Lake, Ontario. Rechts: Indianerfriedhof nahe Constance Lake, Ontario.

Foto: János Kálmár

wählt. Die Kandidaten stehen im Freien mit dem Gesicht zur Wand. Alle Dorfbewohner, die einen bestimmten Kandidaten unterstützen, stellen sich hinter ihm auf. Der mit den meisten Leuten hinter sich wird Chief, die nächsten sechs werden für den Rat bestimmt.

Die finanzielle Entschädigung, die die Cree erhielten, hat ihr Leben verändert und vereinfacht. Jede Familie hat heute einen Pick-up, und feste Häuser wurden gebaut; das Tipi, das in der Sprache der Cree *Mitchuap* („wo viele wohnen können") heißt, wird heute meist nur noch zum Kochen benutzt. Die Jäger und Trapper nehmen im Winter Skidoos mit in den Busch. Die Schneefahrzeuge sind zwar laut und vertreiben das Wild, außerdem müssen für lange Strecken Benzindepots angelegt werden. Aber da mit den Skidoos große Entfernungen in kurzer Zeit zurückgelegt werden können, sind sie zu einem festen Bestandteil der Trapperkultur geworden – auch in der Wildnis Kanadas setzen sich moderne Einrichtungen immer mehr gegen traditionelles Brauchtum durch.

Indianer außerhalb von Québec haben den Cree vorgeworfen, sie hätten im Baie-James-Vertrag 1975 ihr Land verkauft. Die Cree selbst interpretieren die Abmachung aber dahingehend, dass ihnen die Entschädigungssumme erlaubt, weiterhin ihr traditionelles Leben zu führen und ihre Identität, zu der auch ihre Sprache gehört, zu wahren. Sie wurden nicht in Reservate abgedrängt, in denen 70 % der rund 400 000 Indianer und Inuit Kanadas leben. Mit dem „Frieden der Tapferen" (*La Paix des Braves*) wurde 2002 ein weiteres Abkommen zwischen der Regierung von Québec und dem Großen Rat der Cree für neue Wasserkraftprojekte geschlossen, für die man 2007 den Rupertfluss umleitete. 2006 eröffnete das *River Cree Resort and Casino* bei Edmonton in Alberta – ein Novum: Roulette und Black Jack zugunsten der Enoch Cree.

Problembehaftet ist der Alkoholkonsum innerhalb der „First Nations": Todesfälle in Verbindung mit Alkohol sind fünfmal häufiger als bei der übrigen kanadischen Bevölkerung.

Foto: Sainanirtu (Dreamstime)

GEOGRAFIE

Kampf mit der Natur

Hat Kanadas geografische Lage die Mentalität der Kanadier entscheidend beeinflusst? Das ist gut möglich – die raue, kompromisslose Natur im Norden machte es den europäischen Pionieren und ihren Nachkommen schwer, hier eine westliche Zivilisation aufzubauen, und noch heute werden tragisch verlaufene Geschichten aus jener Zeit erzählt.

Der kanadische Schriftsteller Robertson Davies meinte, die Kanadier hätten damals eine „Verlierermentalität" entwickelt, die durch den oft hoffnungslos scheinenden Kampf gegen ein kaltes, unbarmherziges Land entstanden sei. Die kanadische Schriftstellerin Margaret Atwood meinte, der Unterschied zwischen der Besiedlung der USA und Kanadas bestehe darin, dass die amerikanischen Siedler die Neue Welt voller Euphorie betraten und sie auch als einen Ort geistiger Erneuerung ansahen, während die nach Kanada kommenden Immigranten den amerikanischen Kontinent schlicht als extreme Herausforderung erlebten. Sie führten den Überlebenskampf nicht mit Pathos wie die Amerikaner, sondern eher introvertiert, ohne Selbstlob nach den großen und kleinen Siegen des Pionieralltags.

Doch das Bild des kanadischen Siedlers, der „in the middle of nowhere" in einer schneesturmumtosten Hütte in Selbstmitleid versunken gegen den Kältetod oder feindliche Irokesen ankämpft, ist Geschichte. Denn die Kanadier bezwangen den Norden Amerikas letztendlich, schufen ein Gemeinwesen mit allen Annehmlichkeiten eines modernen Sozialstaats und sind stolz auf diese Leistung, wobei sie die damit verbundene Zerstörung der indianischen Kulturen mehrheitlich bedauern. Eine positive Eigenschaft der Kanadier ist

ihre moralische Integrität, die sich aus der engen Verbundenheit mit der Wildnis und der ständigen Auseinandersetzung mit dem rauen Klima entwickelte.

Heute profitieren die Kanadier davon, in einem der rohstoffreichsten Staaten der Welt zu leben; gesegnet mit Öl und Gas aus Alberta; mit Gold, Lithium, Platin, Diamanten, Kalisalz, Kobalt, Uran, Schwefel, Kadmium, Nickel, Wolfram, Zink, Eisenerz, Aluminium, Kupfer und Kohle; mit Holz aus endlosen Wäldern und Fisch aus Flüssen und Meeren.

Der Kanadische Schild

Der Großteil Ostkanadas und der ganze Westen des Landes liegen nördlich des 49. Breitengrads. Über die Hälfte der Bevölkerung jedoch lebt südlich dieser Linie in Ontario und Québec, v.a. in den Industriegebieten der Großen Seen und des St. Lorenz-Tieflands. Im Süden grenzt Kanada an die USA. Ostkanadas US-Nachbarstaaten sind von Westen nach Osten Michigan, New York, Vermont, New Hampshire und Maine. Im Norden reicht das Land fast bis zum Nordpol. Insgesamt sind vier verschiedene Großlandschaften in Ostkanada zu unterscheiden: Der Kanadische Schild; die Großen Seen und das St.-Lorenz-Tiefland; die Atlantik- bzw. Appalachenregion und die Arktis.

Nahezu die Hälfte des kanadischen Festlands wird vom Kanadischen Schild geprägt. Er erstreckt sich in einem Halbkreis über fast ganz Ontario, Québec und Labrador mit Ausnahme des südlichen Teils der Großen Seen und des St.-Lorenz-Tieflands in Ontario und Québec. Auch das Hudson Bay-Tiefland südlich der Hudson Bay gehört geologisch nicht dazu. Der Schild besteht aus meist freiliegendem, harten präkambrischen Gestein, das zwischen 1 und 3,5 Milliarden Jahre alt ist. Der Halbkreis des Schildes wird häufig auch mit einer Untertasse verglichen, deren Boden sich im Süden, Osten und Nordosten zu Faltengebirgen oder Hochebenen

Links: Die Chûtes de Montmorency bei Québec.

Foto: Axel Mosler

stülpt. In den Laurentides nördlich des St.-Lorenz-Stroms in Québec und in den mächtigen Bergen Nordlabradors ist der Schild am höchsten. Die Landschaft wird von zahllosen Seen geprägt, die von felsigen, meist bewaldeten Bergen umgeben sind. Überall tritt der nackte Granit zutage. Die Wälder erstrecken sich über hunderttausende Quadratkilometer und bestehen vorwiegend aus Zedern, verschiedenen Fichten- und Kiefernarten sowie Zitterpappeln.

Das Klima im Bereich des Kanadischen Schildes ist kontinental. Je weiter man nach Norden kommt, desto kälter wird es, doch es gibt auch wärmere Gebiete, wie z. B. Sudbury am Südrand des Schildes, wo die Temperaturen im Sommer bis auf 28 °C steigen können. Die Niederschläge nehmen nach Osten zu.

Im Süden endet der Kanadische Schild im Bereich der Großen Seen und des St.-Lorenz-Tieflands, dem dichtest bevölkerten Gebiet der beiden größten Provinzen Ontario und Québec. Man bezeichnet es auch als „Herzland" Kanadas, da hier die größten Städte (Toronto, Montréal) sowie die leistungsfähigsten Industrien Kanadas angesiedelt sind.

Ontario ist meist hügelig und wird Richtung Süden immer flacher. Mit ihren fruchtbaren Böden und dem feucht-warmen, von den Großen Seen aufgeheizten Klima, bietet das Land ideale Voraussetzungen für die Landwirtschaft, und so wird das Bild von großen, gepflegten Farmen, Getreidefeldern und Weiden bestimmt. Das eindrucksvollste Merkmal Südontarios ist das Niagara Escarpment, eine lange Kalksteinstufe, die von der Spitze der Bruce Peninsula in der Georgian Bay bis zu den Niagarafällen an der Grenze zum US-Bundesstaat New York reicht.

Pastorale Idylle ist auch in Süd-Québec anzutreffen. Im Vergleich zur Nachbarprovinz ist die Landschaft hier sehr flach. Meer und Gletscher haben das St.-Lorenz-Tiefland glatt geschliffen und fruchtbares Schwemmland hinterlassen. Die bis zu 1000 m hohen Ausläu-

Oben: Am Cap Bon Ami, Gaspé. Rechts: Reservoir Taureau, nördlich von Montréal.

fer des Kanadischen Schildes hingegen sind für den Ackerbau unbrauchbar.

Wegen der Meerferne haben die Großen Seen und das Sankt-Lorenz-Tiefland kontinentales Klima. Die Niederschläge betragen 700 bis 1000 mm pro Jahr. Im Sommer kann es in den Städten sehr schwül werden. Im allgemeinen sind die Temperaturen im Süden Ontarios etwas höher als in Süd-Québec.

Die Appalachen

Zur Appalachenregion gehören neben dem Südwesten Québecs mit der Gaspé-Halbinsel die Atlantikprovinzen New Brunswick, Neufundland und Labrador, Prince Edward Island und Nova Scotia. Die einzige Küstenprovinz, die ganz auf kanadischem Festland liegt, ist New Brunswick. Nova Scotia ist nur durch eine Landenge an der Bay of Fundy mit dem Festland verbunden. Die Provinz Neufundland und Labrador besteht aus der Insel Neufundland im Nordatlantik und dem größeren, an Québec grenzenden Festlandteil Labrador. Im Vergleich zum restlichen Land gelten die Atlantikprovinzen als „Armenhaus" Kanadas und sind von der finanziellen Unterstützung der wohlhabenderen Provinzen abhängig.

Das Relief der Appalachen-Region ist sehr abwechslungsreich und lässt eine dichte Besiedlung nur an wenigen Stellen zu. Daher gibt es keine Städte, nur kleinere Orte. Den größten Teil prägen mittelgebirgsartige Höhenzüge und enge, tiefe Täler. In den Monts Chic-Choc erreichen die Appalachen Höhen bis zu 1250 m, in New Brunswick und Neufundland nur etwa 900 m.

Eine Reise durch diese Provinzen führt durch unterschiedliche Landschaftsformen. New Brunswick ist von dichten Wäldern bedeckt, gibt sich jedoch im Norden und Süden mit nackten, aus den Baumkronen herausragenden Felskuppen und tiefen Tälern wildromantisch. Prince Edward Island, das auch „Kartoffelinsel" genannt wird,

Foto: Sylvain Majeau (Ministère du Tourisme du Québec)

ist durchgehend kultiviert und besticht im Sommer mit satten Rot-, Grün- und Blautönen, die von dem eisenhaltigen Boden, den fetten Weiden und dem allgegenwärtigen Meer herrühren. Nova Scotia wirkt nordisch-herb. Die Ostküste ist extrem zerklüftet, zehntausende felsiger Schären schützen die Bewohner vor den Unbilden des rauen Nordatlantiks. Neufundland schließlich heißt in Kanada nicht umsonst auch „the rock": Landwirtschaft ist auf weniger als einem Prozent der Fläche möglich, dichte Nadel- und Birkenwälder bedecken das menschenleere Innere, und die unwegsamen Mittelgebirge im Osten und Westen setzen dramatische Akzente.

Die Atlantikprovinzen sind berühmtberüchtigt für ihren Küstennebel. Er tritt das ganze Jahr hindurch auf und entsteht durch das Aufeinandertreffen der kalten Labrador-Strömung mit der warmen Luft über dem Golfstrom. Es herrschen gemäßigte Temperaturen: rd. 23 °C im Sommer und -1 °C im Winter (Halifax); die durchschnittliche Niederschlagsmenge beträgt 1000 mm.

Foto: Volkmar E. Janicke

GESCHICHTE UND BEVÖLKERUNG

Seit Jahrzehnten versuchen Wissenschaftler, das Rätsel zu lösen, wer die ersten Bewohner des amerikanischen Kontinents waren, woher und vor allem wann sie kamen. Dabei wurde eine Reihe kontroverser Theorien entwickelt und wieder verworfen, Datierungen um Jahrtausende verschoben und neue Völker benannt. Mittlerweile aber scheinen sich aus dem Puzzle der zahlreichen Funde und neuesten Ausgrabungen die Konturen eines relativ einheitlichen Bildes abzuzeichnen. Bezüglich der Datierung ist das Lager der Archäologen allerdings noch immer gespalten. Es geht dabei um den „kleinen Unterschied" von rund 35 000 Jahren und den Zweifel an der Zuverlässigkeit von C14-Tests. Glaubt man diesen jedoch, hätte sich die Besiedlung Amerikas etwa folgendermaßen abgespielt:

Bis vor ca. 50 000 Jahren lebte auf dem ganzen Kontinent noch kein einziger Vertreter der Gattung Homo sapiens. Sie siedelten damals erst in Asien, Europa und Afrika. Doch während der letzten Eiszeit senkte sich der Meeresspiegel zeitweise so sehr, dass zwischen Sibirien und Alaska – dort, wo heute die Beringstraße liegt – eine 500 bis 1500 km breite interkontinentale Landbrücke aus dem Meer auftauchte. Auf ihr zogen riesige Tierherden von Asien nach Nordamerika, und ihren Fährten folgten die Großwildjäger, die Vorfahren der Indianer. Sie kamen aus Zentral- und Ostasien, gehörten aber nicht zu den Mongoliden, denn diese entwickelten sich selbst in ihrem Ursprungsland erst vor 15 000 Jahren. Diese „Indianide" genannten Einwanderer verbreiteten sich im Lauf langer Wanderbewegungen über den ganzen amerikanischen Kontinent, während durch das „Tor von Alaska" immer neue Zuwanderer strömten – vielleicht aber auch nur sickerten. Denn über Größe oder genauere Zusammensetzung der Gruppen lässt sich nur wenig aussagen. Auch von den Lebensformen der frühen Jäger hat man nur sehr vage Vorstellungen.

Sicher ist jedoch, dass die im Zeitraum vor 20 000-13 000 Jahren zunehmende Vereisung der riesigen Kontinentalgletscher Nordamerikas ihrem Expansionsdrang gegen Süden einen Riegel vorschob, so dass die Einwanderer jener Epoche in den eisfreien Gebieten des Nordwestens blieben. Zu den „Neuankömmlingen" zählten neben den Indianiden auch die Vorfahren der Eskimos. Sie erreichten die Halbinsel von Alaska vor 15 000-10 000 Jahren und breiteten sich von dort über die ganze arktische Region des heutigen Kanada bis nach Grönland aus. Mit dem Ende der Eiszeit vor 10 000 Jahren wurde die Beringia-Landbrücke wieder vom Meer überflutet, und damit war das „Tor von Alaska" geschlossen.

Die Inuit

Während sich die Vorfahren der Indianer im Lauf der Jahrtausende über den ganzen Kontinent verteilten – um 11 000 v. Chr. erreichten sie bereits die Südspitze Feuerlands –, blieb die Arktis der traditionelle Lebensraum der Eskimos. Von Alaska quer über ganz Nordkanada bis an die Küsten Grönlands lebten sie – abhängig vom Rhythmus der arktischen Jahreszeiten und den Tierpopulationen – von der Jagd auf Karibus und Meeressäuger und vom Fischfang. *Inuit*, „Menschen", so bezeichnen sich die kanadischen Eskimos heute selbst, und so nennt man sie in ganz Kanada. Das Indianerwort *Eskimo*, „Rohfleischesser", empfinden viele dagegen als Beleidigung.

Die Inuit gehören zu den Mongoliden, was man äußerlich an der Mongolenfalte, der typischen Augenlidfalte, erkennt. Die älteste bekannte Inuit-Kultur

Links: Der Hochaltar in der Basilika Notre-Dame von Montréal von 1843.

Foto: Michael Gascon (Ministère du Tourisme du Québec)

ist die *Prä-Dorset-Kultur* (um 2000-1000 v. Chr.), eine Sammelbezeichnung für eine Reihe verwandter Regionalkulturen, von denen man kunstvoll gearbeitete Steinwerkzeuge und Kleingeräte kennt. Sie benutzten zur Robbenjagd Kajaks, jene Boote aus Leder und Knochen, die bis in jüngste Zeit zum Alltag der Küstenbewohner gehörten.

Etwa um 1000 v. Chr. setzte die *Dorset-Kultur* ein, so genannt nach Kap Dorset auf Baffin Island. Spuren dieser Kultur hat man südlich bis nach Neufundland entdeckt. Die Dorset-Inuit entwickelten neue Jagdtechniken vom Eisrand aus, kannten bereits kleine Schlitten und bauten in die Erde eingelassene Häuser aus Stein und Grassoden, beheizt mit großen Tranlampen, über denen man auch kochte. Bemerkenswert sind die naturalistischen Tier- und Menschenfiguren aus Stein, Walrosszähnen und Knochen, die zusammen mit Trommeln und Masken vermutlich Zeugnisse des Schamanentums der Dorset-Kultur sind.

Ab 1000 n. Chr. verbreitet sich die sogenannte *Thule-Kultur* von Alaska aus über ganz Nordkanada bis nach Thule auf Grönland. Erst sie brachte vieles hervor, was man heute gemeinhin mit den Inuit identifiziert, wie etwa den Iglu und den Hundeschlitten. Dabei kannten vermutlich nicht einmal alle Inuit den Iglu; als feste Winterbehausung benutzten ihn nur die Inuit in Labrador sowie westlich der Hudson Bay, andernorts wurde er nur während der Jagd kurzfristig errichtet.

Die Entdeckung der Hudson Bay 1610 und der Einbruch Europas in die kanadische Arktis waren gleichzeitig die Vorboten für das Ende der Thule-Kultur. Ab 1750 zeigte sich bereits ein tiefgreifender Wandel in der Lebensweise der autochthonen Kulturen Nordamerikas, bedingt durch den Kontakt mit der europäischen Zivilisation, der für Inuit wie Indianer nicht selten verheerende Folgen hatte.

Oben: Die Inuit leben zwischen Traditionen und Moderne. Rechts: Indianerkleidung kann man im Souvenirshop kaufen.

Die Indianer

Anders als die Inuit präsentieren sich die Indianer Nordamerikas als Völkermosaik, das man lange Zeit allein nach der Zugehörigkeit zu einer Sprachfamilie untergliederte. Doch dieses Schema wird weder dem kulturellen Spektrum innerhalb einer Sprachfamilie noch der Vielfalt an indianischen Sprachen gerecht. So zählt man heute 11 unterschiedliche Sprachstämme mit hunderten Einzelsprachen und zahlreichen Dialekten! Darüber hinaus lebten die Völker einer Sprachfamilie oft weit voneinander entfernt und auf verschiedenen Zivilisationsstufen. So streiften die einen vielleicht noch als nomadisierende Jäger und Sammler durch die Wälder, während die anderen bereits sesshafte Ackerbauern waren. Heute diferenziert man nach kulturellen Großräumen. Diese überziehen den ganzen nordamerikanischen Kontinent – ungeachtet der politischen Grenzen der Neuzeit – und fassen Kulturareale zusammen, in denen sich unter ähnlichen Lebensbedingungen vergleichbare Zivilisationen entwickelten.

Die nördlichste dieser Kulturregionen ist die Arktis, der Lebensraum der (nicht-indianischen) Inuit und der mit ihnen verwandten Aleüten. Daran schließt sich im Süden der Großraum der Subarktis an, die sich als breiter Gürtel quer über den Kontinent bis nach Neufundland zieht und heute fast ausschließlich auf kanadischem Staatsgebiet liegt. Dieses riesige Waldgebiet war und ist die Heimat verschiedener Indianervölker der Athabaska- und Algonquin-Sprachfamilien. Ihre Lebensgrundlage bildeten die Jagd auf Großwild (Karibu, Bison, Bären) und der Fischfang, am Meer auch die Robbenjagd. Wichtiges Allzweckmaterial war, neben Tierhäuten, die Birkenrinde, mit der die Indianer Zelte, Kanus und Schlitten bauten und Geschirr herstellten.

Die Beothuk auf Neufundland, ebenfalls Angehörige der Algonquin-Sprach-

Foto: Gerhard Bersick

gruppe, waren vermutlich die ersten Indianer, die Kontakt mit Weißen hatten: Zunächst mit den Wikingern, die Ende des 10. Jh. an der Küste Neufundlands landeten und später mit Giovanni Caboto, der im 15. Jh. als erster Europäer nach der „Entdeckung Amerikas" durch Kolumbus Neufundland betrat. Sein Bericht über die Praxis der Beothuk, den ganzen Körper rot zu bemalen, soll allen Indianern die Bezeichnung „Rothäute" eingetragen haben. Anfang des 19. Jh. gab es keine Beothuk mehr, sie wurden von Sklavenjägern, europäischen Händlern, den mit ihnen verfeindeten, christianisierten Micmac-Indianern, die die Franzosen in Neufundland angesiedelt hatten, und den Pocken ausgerottet.

Der Kulturraum im Südosten Kanadas ist das östliche Waldland, ein breiter Streifen zwischen der kanadischen Seenplatte und dem Atlantik, den die Appalachen etwa in Nord-Süd-Richtung durchqueren. Das ehemals dicht bewaldete Gebiet und die fischreichen Seen boten den Indianern günstige Lebensbedingungen, so dass sich bereits

37

die Tuscarora als sechste Bundesgenossen aufgenommen. Die erbitterten Feinde der Irokesen waren ihre ebenfalls irokesisch sprechenden Nachbarn, die Huronen. Die ständigen Kriegszüge führten dazu, dass auch sie mit einigen anderen Völkern einen Bund schlossen, der jedoch nie die Größe und Machtfülle der Irokesischen Föderation erreichte.

Die Irokesen wohnten in Dörfern aus bis zu 100 Langhäusern. Diese „Mehrfamilienhäuser" baute man aus Holz und Baumrinde. Sie lebten von der Jagd und vom Fischfang, vor allem aber betrieben sie einen hochentwickelten Ackerbau. Sie pflanzten Mais, Bohnen, Kürbisse und Sonnenblumen an und hatten riesige Obstgärten. Auf anderen Feldern wuchs der für ihre Zeremonien benötigte Tabak. Der Boden und die Ernte gehörten den Frauen, die in den matrilinear organisierten Sippen auch sonst das Sagen hatten – indirekt selbst im Großen Rat der Föderation, denn die Häuptlinge wurden von Frauen gewählt. Die Männer rodeten die Felder, gingen auf die Jagd und mussten für die Verteidigung ihrer Dörfer sorgen – sie waren berüchtigt für ihre grausamen Foltermethoden. Darunter musste so mancher weiße Einwanderer leiden. Letztlich brachte der weiße Mann jedoch auch den kriegerischen Irokesen den Untergang ihrer Kultur.

Die europäische Kolonisation

Die ersten Europäer in Amerika waren die Wikinger. Die rauen Nordmänner aus dem heutigen Norwegen und Dänemark segelten bereits Ende des 10. Jh. über den Atlantik bis zur Küste des nordamerikanischen Kontinents. Im Norden Neufundlands, das sie *Vinland*, „Weinland", nannten, gründeten sie bei L'Anse-aux-Meadows eine Siedlung. Von dort wurden sie vermutlich von den einheimischen Beothuk bald wieder vertrieben. Doch die Schiffe der Wikinger kamen bis ins 14. Jh. hinein immer wieder nach Labrador, Neufund-

früh Ackerbaukulturen mit einer organisierten Stammesstruktur herausbilden konnten. In der Hauptsache siedelten hier Ethnien der Algonquin, die sich von der Hudson Bay aus nach Süden verbreitet hatten, und die Irokesen. Diese waren vom Süden des nordamerikanischen Kontinents wieder zurück Richtung Norden gezogen, wo sie sich im Gebiet um den Erie- und Ontario-See und im Tiefland des St.-Lorenz-Stromes niederließen. Die vor allem wegen ihrer ungewöhnlichen Haartracht so berühmten Irokesen waren jedoch keine homogene Ethnie, sondern Mitglieder der irokesischen Sprachfamilie, die zahlreiche Gruppen mit unterschiedlichen Namen umfasste. Seit der Gründung der bis heute bestehenden Irokesischen Föderation im 16. Jh. bezeichnet man nur noch die „Fünf Nationen", die Onondaga, Mohawk, Oneida, Seneca und Cayuga, als Irokesen. 1722 wurden noch

Oben: „Tod des Hiawatha, letzter Häuptling der Irokesen". Rechts: Im 10. Jh. landeten die ersten Wikinger in Neufundland.

Foto: Archiv für Kunst und Geschichte, Berlin

land und wahrscheinlich auch nach Nova Scotia, um ihre grönländische Kolonie mit Holz zu versorgen.

Der nächste Europäer, der seinen Fuß auf kanadischen Boden setzte, war der in englischen Diensten stehende Genuese Giovanni Caboto (John Cabot). Im Juni 1497 erreichte er die Atlantikküste Kanadas, wahrscheinlich zunächst die Ostküste Neufundlands und danach Cape Breton Island an der Nordostspitze von Nova Scotia. Auch Caboto war auf der Suche nach den Schätzen Indiens, wie Kolumbus, der fünf Jahre früher die Großen Antillen entdeckt hatte und die Ureinwohner im Glauben, er haben den Seeweg nach Indien gefunden, „Indianer" nannte. Caboto berichtete über die reichen Fischbänke vor Neufundland, und um 1520 überwinterten in Ingonish in Nova Scotia bereits portugiesische Fischer.

Im 16. Jh. kamen weitere Europäer nach Kanada. Die Küsten der Bay of Fundy wurden in 1520er Jahren erforscht; 1534 landete Jacques Cartier auf der Gaspé-Halbinsel und beanspruchte das Land für Frankreich. Im nächsten Jahr erforschte er das Gebiet des St. Lorenz-Stromes bis in die Gegend der heutigen Stadt Montréal. In Cartiers Reiseberichten von 1556 taucht zum erstenmal der Name *Canada* auf. Am plausibelsten erscheint die Ableitung vom irokesischen *Kanata*, was „Siedlung" oder „Gruppe von Dörfern" bedeutet.

Sowohl die Algonquin als auch die Huronen hatten mit den ersten Europäern Kontakt und fanden Interesse an den Errungenschaften der europäischen Zivilisation. Ja, die Indianer waren begierig auf Messer und Beile, und die Weißen wollten Felle. Biberhüte aus Biberhaarfilz waren der letzte Schrei in den Metropolen der Alten Welt, und Frankreich bot den Händlern Pelzmonopole an, mit der Auflage, Siedlungen zu gründen. Doch noch wussten die Händler dieses Angebot nicht zu schätzen. So zögerte sich die europäische Besiedlung bis zum Beginn des 17. Jh. hin.

Im Jahr 1603 erkundete der Franzose Samuel de Champlain, angelockt von den versprochenen Pelzhandelsmono-

39

Foto: Gerhard Bersick

hätten, für Feuerholz. Mächtige Packeisberge machten das Gewässer ringsherum unsicher und unbefahrbar, so dass sie bis zum Frühjahr auf der Insel gefangen waren. Doch wie verlockend die Rückkehr nach Frankreich auch sein mochte, die Überlebenden luden all ihre Habseligkeiten auf die Schiffe und überquerten die Bucht, wo sie an der Westküste von Nova Scotia Port Royal, das heutige Annapolis, gründeten. Der kleine Hafen wurde das Zentrum der ersten permanenten französischen Kolonie in Amerika, und die Pelzhändler und Kaufleute errichteten Handelsposten im weiten Umkreis von Port Royal. Akadien erstreckte sich bald über die Hälfte der heutigen Provinz Nova Scotia sowie einen kleinen Teil von New Brunswick, und die Handelsniederlassungen, die Felle und Häute von Bibern, Ottern und Elchen nach Frankreich schicken konnten, zogen weitere Siedler an.

Champlains Hauptinteresse aber galt der Erforschung des Landes. 1608 fuhr er noch einmal den St. Lorenz hinauf und gründete an der Stelle des späteren Québec einen Handelsposten. Von dort brach er 1613 und 1615 zu Entdeckungsreisen ins Landesinnere auf, in der Hoffnung, doch noch die Küste des chinesischen Meeres zu erreichen.

Frankreichs Traum von einem amerikanischen Reich war mit dem Wunsch verbunden, die Nordwestpassage zum Pazifik zu entdecken. Schließlich war der portugiesische Seefahrer Magellan 1520 durch die nach ihm benannte Meeresstraße im Süden des Kontinents zum Pazifik und den Philippinen gelangt. Die Entdeckung und die Beherrschung einer direkten Route von Europa in den Orient bedeutete in jenen Tagen eine Weltmachtstellung – nicht nur für Frankreich.

polen, den St.-Lorenz-Strom. Bereits im darauffolgenden Jahr kam er, den man später den „Vater Kanadas" nennen sollte, wieder. Dieses Mal mit zwei Schiffen, unter dem Oberbefehl von Sieur de Monts mit 79 französischen Siedlern an Bord, um eine Handelsgesellschaft und die Kolonie Akadien zu gründen. Um dem kalten Winter im St.-Lorenz-Tiefland zu entgehen, ließen sie sich weiter im Süden nieder, auf einer kleinen Insel am Eingang der Bay of Fundy. Es sollte eine Katastrophe werden. Auf der ganzen Insel gab es kein Süßwasser, in dem sandigen Boden konnten sie nichts anbauen: Die Männer starben an Skorbut. Diese Krankheit war bis dahin unbekannt, doch vermutete man richtig, dass sie mit der einseitigen Ernährung aus gepökeltem Fleisch, gesalzenem Fisch, Hafergrütze und Zwieback zusammenhing. Da der Winter sehr früh einsetzte, fällten sie die Bäume, die sie dringend als Windschutz gebraucht

Nouvelle France

Champlain tat sein Bestes, um den Kolonisierungsauftrag der französischen Krone zu erfüllen. Jesuiten und

Oben: Mohawkindianer. Rechts: Samuel de Champlain, der „Vater" Kanadas.

Franziskaner kamen nach Akadien und ab 1615 nach Québec, um die Indianer zu missionieren. In ihren Berichten nach Hause schwärmten sie von der Fruchtbarkeit des Landes und stellten den Bauern ein besseres Leben als im Mutterland in Aussicht. Doch die einzigen, die Frankreich gern verlassen hätten, waren die Hugenotten. Doch ihnen als Protestanten war Nouvelle France, das neue Frankreich, verschlossen.

Trotz aller Bemühungen Champlains, die Kolonie Nouvelle France aufzubauen, wuchs die Bevölkerung zu langsam, um Frankreichs Gebietsansprüche wirklich abzusichern. 1627 gründete Kardinal Richelieu, der leitende Minister Frankreichs, deshalb die neufranzösische Handelsgesellschaft oder die „Gesellschaft der Hundert Partner", die Kanadas Erschließung und Besiedlung vorantreiben sollte. Als Anreiz bot die Krone große Ländereien an, mit der Auflage, Felder zu roden und Bauern anzusiedeln. In der heutigen Provinz New Brunswick gab es 34 solcher Lehensgüter, *seigneuries* genannt. Nach Akadien aber wollten nur wenige Franzosen, bis die Gutsherren, die *seigneurs*, ihren Bauern erlaubten, neben dem Ackerbau auch Pelzhandel und Fischerei zu betreiben. Dennoch blieben auch diese *habitants* Untertanen ihrer Seigneurs, die wie Feudalfürsten herrschten.

So mancher zog da das freie Leben der *coureur des bois* (Waldläufer) und der *voyageurs* vor, Abenteurer, die als Trapper und Pelzhändler die Wälder und Gewässer weiter Teile Nordamerikas erforschten. Nicht selten heirateten sie Indianerinnen und wurden so Mitglieder einer Stammesgemeinschaft.

Indianerkriege

Jacques Cartier hatte 1535 an der Mündung des Saguenay bei Tadoussac Indianer der Algonquin-Sprachfamilie angetroffen, die Champlain später *Montagnais* nannte. Ihr Stammesgebiet lag in einer von der Natur reich gesegneten

Foto: Gerhard Bersick

Wald- und Flusslandschaft, und der Ort Tadoussac war ein wichtiges Marktzentrum für den Tauschhandel aller Ethnien des Umlandes. Das Geschäft mit den weißen Händlern wollten die Montagnais von Tadoussac allerdings allein machen und bauten sich gezielt ein Zwischenhandelsmonopol auf, das den Franzosen und den benachbarten Ethnien direkte Handelskontakte miteinander verwehrte. Getauscht wurden Pelze und Häute gegen Waffen, Messer, Kessel, Stoffe und Perlen. Die Montagnais machten gute Gewinne dabei, und Tadoussac entwickelte sich zum wichtigsten Handelszentrum der kanadischen Subarktis.

Als das lukrative Pelzgeschäft einmal mehr Zwietracht unter den Indianern säte, verbündeten sich die Franzosen mit ihren indianischen Geschäftspartnern. So zog Champlain bereits 1609 mit den Algonquin auf den Kriegspfad gegen die Mohawk, einen der Stämme des mächtigen Irokesenbundes. Damit legte er den Grundstein für die Allianz Neufrankreichs mit den Algonquin und

41

wenige Jahre später auch mit den Huronen.

Die Huronen lebten zu Champlains Zeiten am Erie- und Huronensee, in einem Gebiet, das reich an Bibern und anderen wertvollen Pelztieren war. Auf seiner zweiten Reise ins kanadische Inland 1615 verbrachte Champlain einen Winter bei ihnen und knüpfte dabei nicht nur feste Handelsbeziehungen, sondern kämpfte auch an der Seite seiner Gastgeber gegen die Onondaga-Irokesen.

Die Feindseligkeiten zwischen den Irokesen einerseits und den Huronen und Algonquin andererseits waren zwar nicht durch die weißen Pelzhändler ausgelöst worden. Aber die große Nachfrage nach Pelzen verschärfte die indianischen Interessenkonflikte um die Jagdgebiete und führten zu regelrechten Kriegen. Die ersten weißen Verbündeten der Irokesen waren die Holländer, die seit Beginn des 17. Jh. im heutigen Staat New York siedelten. In ihrer Handelsstation Fort Orange am oberen Hudson tauschten sie mit den Irokesen Felle gegen Waffen.

Je enger die Allianz zwischen Huronen und Franzosen wurde, desto erbitterter bekämpften die Irokesen sie. Immer wieder griffen sie auch die Missionsstationen der Jesuiten an, die vor allem im Zeitraum zwischen 1632 und 1662 besonders zahlreich entstanden. Montréal musste allein 20 irokesische Angriffe überstehen. Die Not der Franzosen war schließlich so groß, dass sie ein Hilfsgesuch an Ludwig XIV. sandten. Der König erteilte daraufhin Neufrankreich, das bis dato immer noch von der französischen Handelsgesellschaft der „Hundert Partner" regiert, 1663 den Status einer königlichen Provinz und entsandte ein Militärkommando, das die Irokesen besiegte und den Frieden herstellte. Nun kamen mehr als 3000 Siedler ins Land, und für Neufrankreich begann eine kurze Epoche des Aufschwungs. Der tödliche Gegner aber war bereits aufmarschiert.

Kriege mit England

Seit die Briten 1664 die Holländer aus Neu-Holland vertrieben hatten, waren es New Yorker und nicht mehr Neu-Amsterdamer Händler, die die irokesische Föderation unterstützten. Ansonsten aber hatte sich wenig geändert. Die Briten, bei der Kolonisierung der Neuen Welt bis dahin schon sehr viel erfolgreicher als ihre französischen Rivalen, warfen ein Auge auf die reichen Fischgründe Akadiens, das sie 1613 und 1654 schon einmal erobert hatten, im Frieden von Breda 1667 allerdings wieder an Frankreich abtreten mussten.

Die anglo-französische Rivalität um die Gebietsansprüche in der Neuen Welt spitzte sich durch die Gründung der Hudson's Bay Company im Jahr 1670 weiter zu. Die englische Handelsgesellschaft, bald eines der mächtigsten Handelsunternehmen der damaligen Welt, verwaltete exklusiv das riesige Einzugsgebiet aller Flüsse, die in die Hudson Bay mündeten. Damit gerieten die französischen Siedler im St.-Lorenz-Tiefland in die Zange zwischen der Hudson's Bay Company im Norden und den Irokesen im Süden. Diese fatale Situation führte 1689 schließlich zum offenen Kampf zwischen den beiden Kolonialmächten. Unterstützt von ihren indianischen Verbündeten, bekämpften sie sich mit wechselndem Kriegsglück. Der Krieg endete 1697 mit dem Vertrag von Ryswick, durch den Frankreich die Hudson Bay und alle früheren Besitzungen – mit Ausnahme Neufundlands – zurückerhielt. Drei Jahre später schlossen auch die Irokesen mit Neufrankreich und dessen indianischen Verbündeten Frieden. Nun schien Neufrankreich auf dem Höhepunkt seines Erfolgs zu stehen. Doch das Glück sollte nur von kurzer Dauer sein. Denn 1701 brach in Europa der Spanische Erbfolgekrieg aus, und es

Rechts: Port Royal Habitation von 1605, älteste Europäersiedlung nördlich von Florida.

Foto: Manfred Braunger

waren die Engländer und ihre amerikanischen Kolonien, die vom Frieden von Utrecht 1713 profitierten: Frankreich musste die Region um die Hudson Bay, Akadien (Nova Scotia ohne Cape Breton Island) und Neufundland endgültig an Großbritannien abtreten.

Es folgte eine 30jährige Friedenszeit, in der die Franzosen die Festung Louisbourg an der Ostspitze von Cape Breton bauten, um die Zufahrt zum St.-Lorenz-Golf zu schützen. Die französische Kolonie blühte auf: Die Bevölkerung wuchs 1744 auf 42 000, Landwirtschaft, Handwerk und Schiffbau florierten, und auch die Holzwirtschaft war von einiger Bedeutung. Montréal und Québec entwickelten sich zu prosperierenden Städten, und überall am St.-Lorenz-Golf entstanden Ortschaften mit weißen Häusern und steinerne Gotteshäuser in europäischem Baustil. Doch 1741 kämpften Frankreich und Großbritannien im Österreichischen Erbfolgekrieg auf verschiedenen Seiten. Auch er zeigte seine Auswirkungen auf die Kolonien. Die Kolonisten Neuenglands be-

setzten 1745 Fort Louisbourg – bis mit dem Vertrag von Aachen 1748 wieder Frieden einkehrte. Die nächsten Auseinandersetzungen entzündeten sich am Gebietsanspruch beider Kolonien auf das für den Pelzhandel interessante Tal des Ohio. 1754 kam es zu einem Zusammenstoß, bei dem der Anführer der englischen Truppe, ein junger Offizier namens George Washington, eine Schlappe erlitt. Damit begann in Nordamerika der *French and Indian War*, der während des Siebenjährigen Krieges in Europa zwischen England und Frankreich als See- und Kolonialkrieg geführt wurde.

Vorausgegangen war die Vertreibung der Akadier, die seit 1713 in Nova Scotia unter englischer Oberherrschaft lebten und sich nun weigerten, den Treueschwur auf die englische Krone zu leisten. Man beschuldigte sie, die Indianer gegen die Briten aufgehetzt zu haben und damit eine Bedrohung für den Frieden in Nova Scotia darzustellen. 6000 akadische Siedler gingen in die Verbannung. Doch es gab auch viele, die

Foto: Manfred Braunger

das Land, für das sie so hart gearbeitet hatten, nicht verlassen wollten. Sie versteckten sich in New Brunswick, gingen nach Québec oder flohen in die Wälder. Der Siebenjährige Krieg besiegelte das Schicksal Neufrankreichs. Zwei Jahre lang konnten sich die französischen Truppen behaupten, doch dann wendete sich das Blatt zugunsten der britisch-amerikanischen Streitmacht, verstärkt durch die englische Seemacht. 1758 fiel Louisbourg; 1759 eroberte General James Wolfe Québec; und 1760 ergaben sich Montréal und ganz Neufrankreich. Im Frieden von Paris 1763 musste Frankreich alle nordamerikanischen Besitzungen östlich des Mississippi an Großbritannien abtreten. Damit war Neufrankreich faktisch ausgelöscht, bis auf zwei kleine Inseln vor Neufundland, St. Pierre und Miquelon, mit den dazugehörigen Fischereirechten. Alle französischen Kanadier wurden britische Untertanen.

Oben: 200 Jahre alte Kanone im britischen Fort Henry bei Kingston.

Britisch-Nordamerika

Als Folge des Friedens von Paris erwartete man nun den Zustrom britischer Siedler, denen man eine den übrigen englischen Kolonien vergleichbare Regierung versprochen hatte. Statt dessen gingen die meisten Neuengländer nach Nova Scotia, wo das Land der 1755 vertriebenen Akadier lockte. Das Ungleichgewicht zwischen der britischen, protestantischen Minderheit und den frankophonen Katholiken in Québec führte dazu, dass die Briten 1774 den *Québec Act* verabschiedeten. Das französische Zivilrecht wurde wieder eingeführt und dem englischen Strafrecht zur Seite gest Fort Henry bei Kingston ellt. Französisch wurde neben Englisch zweite Amtssprache, und Katholiken bekamen Zugang zu öffentlichen Ämtern.

Während diese Zugeständnisse die französische Bevölkerung versöhnlich stimmten, verärgerten sie die britisch-amerikanischen Kolonien sehr – schloss der Geltungsbereich des Gesetzes doch das gesamte ehemals von Frankreich beanspruchte Gebiet südlich des Ohio und westlich des Mississippi ein. Das war Wasser auf die Mühlen der amerikanischen Unabhängigkeitskämpfer, und 1775 beschloss man, in Québec einzumarschieren. Das Scheitern dieser Invasion führte zur Teilung des nordamerikanischen Kontinents nach dem Unabhängigkeitskrieg: Im Vertrag von Versailles 1783 wurden Nova Scotia, Neufundland und Québec Britisch-Nordamerika zugeschlagen.

Nun strömten alle jene nach Britisch-Nordamerika, die sich während des amerikanischen Unabhängigkeitskrieges auf die Seite der englischen Krone gestellt hatten. Ihre Loyalität hatte sie Haus und Hof gekostet. Die mehr als 40 000 Flüchtlinge machten bald eine administrative Reorganisation der Provinzen erforderlich: 1784 wurde New Brunswick aus Nova Scotia herausgelöst, und 1791 unterteilte man die Provinz Québec in das fast ausschließlich englisch besiedelte Oberkanada (heute Ontario) und das überwiegend französischsprachige Unterkanada (heute Québec).

Anschluss an die Vereinigten Staaten?

Die Kriege in Europa hatten den Bedarf nach Holz aus der Neuen Welt stark gesteigert, und die Kolonien erlebten eine Epoche des Friedens und Aufschwungs – bis zur Französischen Revolution 1789 und den folgenden Napoleonischen Kriegen. Die Schwächung Englands durch die 1806 verhängte Kontinentalsperre ermutigte die Amerikaner zur „Befreiung" Kanadas. Denn was konnte erstrebenswerter sein als der Anschluss an die Vereinigten Staaten? Die Kanadier selbst aber sahen die Dinge mit ganz anderen Augen. Für sie war der Angriff der amerikanischen Truppen im Jahr 1812 nichts anderes als eine Invasion. Umgekehrt nutzten die Kanadier jedoch sofort die Chance, ihren Machtanspruch auf die Gebiete im Westen auszudehnen. Beide Seiten beanspruchten den Sieg in diesem Britisch-Amerikanischen Krieg für sich, in Wahrheit aber endete er mit einem Patt. Der Friede von Gent (1814) stellte die alten Grenzen wieder her. Erst durch die Konvention von 1818 kam es zu einer friedlichen Teilung des nordamerikanischen Kontinents, wobei der 49. Breitengrad zwischen dem Lake of Woods und den Rocky Mountains als Grenze zu den Vereinigten Staaten festgelegt wurde. 1846 verlängerte man diese Grenze bis zur Georgian Strait, der Meeresstraße vor der Insel Vancouver.

Auf dem Weg zur Föderation

Die langen Kriegsjahre und der schlichte Kampf ums Überleben in den kleinen, weit im Land verstreuten Gemeinschaften hatten jede Art von politischem Leben in Französisch-Kanada verhindert. Erst 1806, mit dem Erscheinen der ersten französischen Zeitung *Le Canadien,* kam eine intensivere Auseinandersetzung mit der politischen Lage in Gang. Der Ruf nach einem demokratischeren Regierungssystem wurde jedoch nicht vor 1820 laut, als der große Einwandererstrom von den britischen Inseln einsetzte. Politische Unruhen, sowohl in Unter- als auch in Oberkanada machten schließlich auch der Regierung in England die Notwendigkeit von Reformen klar. Der daraufhin als Generalgouverneur entsandte Lord Durham empfahl der Regierung in England, die beiden Kanadas wieder zu vereinigen und den Kolonien in lokalen Angelegenheiten Autonomie zuzugestehen. Die erste der beiden Empfehlungen wurde sofort berücksichtigt, und ein Jahr später, 1840, beschloss das Britische Parlament die Vereinigung von Unter- und Oberkanada zur Provinz Kanada. 1848 wurden in Kanada und Nova Scotia Selbstverwaltung eingeführt und umfassende Reformen verwirklicht wie die Abschaffung des Feudalsystems, die Trennung von Staat und Kirche, die

Foto: Manfred Braunger

Übernahme des napoleonischen Code Civil und die Einführung demokratischer Wahlen für die gesetzgebende Kammer. Außerdem erklärte man Französisch zur Amtssprache in Québec.

Mehrere Jahre befasste sich das kanadische Parlament mit dem Vorschlag, ganz Britisch-Nordamerika und den Nordwesten zu einer Union zusammenzuschließen. Aber Nova Scotia, New Brunswick, Prince Edward Island und Neufundland wollten ihre eigene, atlantische Union. Zu Beginn der 60er Jahre des 19. Jh. ging es den vier Provinzen besser denn je, dank reicher Erträge aus Fischerei, Holzwirtschaft, Agrarproduktion und Schiffsbau. Es war die goldene Ära der Maritimes oder Atlantikprovinzen, wie man sie heute meist nennt, und sie dachten nicht daran, etwas zu verändern. Nach langen Verhandlungen wurde schließlich am 1. Juli 1867 (heute

Nationalfeiertag *Canada Day*) der entscheidende Schritt zur Union getan: die Bildung des *Dominion of Canada* aus den beiden Kanadas sowie Nova Scotia und New Brunswick.

Was aber hatte Nova Scotia und New Brunswick auf einmal dazu bewogen, einen anderen Kurs einzuschlagen? Bisher hatte immer das Meer die zentrale Rolle in der Wirtschaft der Atlantikprovinzen gespielt. Doch nun erkannten die Maritimes, dass die Union mit Kanada ihnen den Zugang zu den Märkten im wohlhabenden Zentralkanada bieten konnte. Die 1876 fertiggestellte Intercolonial Railway aus Nova Scotia und New Brunswick stellte bei Rivière-de-Loup den Anschluss an die Schienen der Grand Trunk Railway im Tal des St. Lorenz her, was den Ausbau der Atlantikhäfen und einen regen Warenfluss von den Maritimes nach Zentralkanada förderte. Dadurch wurde der Zusammenschluss mit Québec und Ontario auch für New Brunswick und Nova Scotia attraktiv. Bis 1873 kamen zu den vier Gründungsprovinzen noch das riesige

Oben: Schulstunde wie im 19. Jh. im Freilichtmuseum Upper Canada Village, Ontario. Rechts: Am 1. Juli feiern die Kanadier mit dem Canada Day die Gründung des Dominion of Canada.

Foto: L'Paul (Dreamstime)

Gebiet der ehemaligen Hudson's Bay Company von Labrador bis zu den Rocky Mountains, British Columbia, Manitoba und Prince Edward Island hinzu. Neufundland trat der kanadischen Union erst 1949 bei.

Kanada in zwei Weltkriegen

In den Jahren zwischen 1885, als die Canadian Pacific Railway die Provinzen zu einer Nation zusammenband und 1914, als Kanada in den I. Weltkrieg eintrat, wurden scheinbar unerschöpfliche Ressourcen entdeckt. Ein wahrhaft spektakulärer Goldrausch setzte ein, nachdem man 1896 am Klondike Creek im Nordwesten des Landes Gold gefunden hatte. Für Kanadas Wirtschaft aber war die Entdeckung der Kupfer-, Blei-, Zink- und Silbervorkommen und der Kohlelager in British Columbia wesentlich bedeutender, dazu kamen die Silber-, Gold-, Nickelminen in Ontario und Québec. Zugleich nahm die Landwirtschaft durch den Getreideanbau in den Prärien einen enormen Aufschwung.

Großbritanniens Kriegserklärung im Jahr 1914 schloss Kanada als britisches Dominion mit ein; den Waffenstillstand 1918 unterzeichnete die kanadische Regierung aber als eigenständige Macht. Die kanadischen Truppen hatten deutlich gemacht, dass ihr Land als politischer Partner ernst zu nehmen war – um den hohen Preis von 60 000 Gefallenen, davon allein 11 000 bei der Eroberung der Vimy Ridge, und über 170 000 Verwundeten. Eine weitere Folge des I. Weltkriegs war der hohe Zuwachs in Bevölkerung und Wirtschaft. Die Aussicht auf Arbeit und Land zog Einwanderer an. Das Finanzzentrum Montréal, wo die kanadischen Banken, Versicherungen und Handelsgesellschaften ihren Hauptsitz hatten, expandierte dank dem Zustrom ausländischen Kapitals. Seit Kriegsende war es zu einem Boom US-amerikanischen Investments in Kanada gekommen. Ein Phänomen, das bei den Kanadiern antiamerikanische Gefühle weckte, da sie glaubten, die kanadische Wirtschaft würde dadurch völlig von den USA dominiert. Außer-

Foto: Archiv für Kunst und Geschichte, Berlin

dem kreidete man der Regierung in Ottawa die hohe Inflation an und die Bevorzugung der Wirtschaft Ostkanadas auf Kosten des Westens. 1929 geriet Kanada in den Abwärtssog der Weltwirtschaftskrise. Das Land war seit jeher abhängig von ausländischem Kapital und dem Export von Rohstoffen in die Industrieländer; 1933 war ein Viertel der kanadischen Arbeitskräfte arbeitslos.

Als Hitler 1939 in Polen einmarschierte und Großbritannien Deutschland den Krieg erklärte, befand sich damit auch Kanada wieder im Kriegszustand. Bereits während des I. Weltkrieges hatte es in Québec großen Widerstand gegen den Kriegsdienst gegeben, der nun wiederauflebte. Kanada hatte davor eine eher isolationistische Außenpolitik verfolgt. Auch für den Aufbau der Streitkräfte hatte man nicht gesorgt, so dass Kanada 1939 nicht auf den Krieg vorbereitet war. Die meisten Kanadier

sahen den Beitrag zum Krieg mehr unter ökonomischen Gesichtspunkten, da das Land ein wichtiger Lieferant für den Nachschub der Briten war. Die kanadischen Streitkräfte bestanden fast ausschließlich aus Freiwilligen, rund einer Million Soldaten. Die Einberufung zum Kriegsdienst begann erst im April 1942 nach einem Volksentscheid, dessen kontroverse Ergebnisse die Spaltung Kanadas deutlich machten: Im englischsprachigen Kanada stimmten 80 Prozent der Bevölkerung mit Ja, in Québec 72 Prozent mit Nein.

Nach dem II. Weltkrieg zählte Kanada zu den Gründungsmitgliedern der Vereinten Nationen und der NATO. Die Kanadier waren mittlerweile der Ansicht, dass ihr Land – nach dem Verlust von 42 000 Soldaten – seine Pflichten in der Völkerfamilie erfüllt habe. Kanada wollte nicht länger nur ein Rad im Getriebe des britischen Commonwealth sein. 1952 wurde mit Vincent Massey zum erstenmal ein Kanadier zum Generalgouverneur ernannt. Kanada arbeitete nun daran mit, den Commonwealth of Nations als Gemeinschaft gleichberechtigter Mitgliedstaaten zu gestalten. Das Sozialsystem wurde ausgebaut, bis schließlich 1972 die staatliche Krankenversicherung flächendeckend war – anders als in den USA. Eines der bedeutendsten Ereignisse für die Wirtschaft war die Eröffnung des St. Lawrence Seaway 1959, die Schifffahrtsroute vom Atlantik bis zu den Großen Seen.

Einheit in der Vielfalt

Nach Kriegsende setzte ein enormer Einwandererstrom ein. Die meisten Immigranten kamen aus Europa, v. a. aus Italien, Griechenland und Portugal. Viele waren Fachkräfte, die sich meist in den Industriestädten Ostkanadas ansiedelten, ebenso wie viele Kanadier, die ab 1945 zunehmend vom Land in die Stadt zogen. Da nur ein Drittel der Immigranten britischer Abstammung war, bildeten die britischstämmigen Kana-

Oben: Kanadische Soldaten im I. Weltkrieg bei Bordeaux. Rechts: Kalte Füße, heißes Blut – Carnaval in Québec.

Foto: Axel Mosler

dier bald keine Bevölkerungsmehrheit mehr. Die Neuankömmlinge wählten fast alle Englisch und nicht Französisch als neue Sprache, was die Frankokanadier beunruhigte, deren Geburtenziffer seit 1945 drastisch gefallen war.

Es sollte allerdings noch bis 1960 dauern, bis eine Bewegung an Bedeutung gewann, die für religiöse, politische, erziehische und wirtschaftliche Reformen kämpfte. *La Revolution Tranquille*, die „Stille Revolution", begann mit der Wahl des Liberalen Jean Lesage zum Ministerpräsidenten der Provinz Québec. Ihr Ziel war die Eigenständigkeit der Frankokanadier, zunächst vor allem in kultureller Hinsicht; die Gleichstellung mit den Anglokanadiern, die selbst in Québec die Schlüsselpositionen in Wirtschaft und Gesellschaft inne hatten; und die bundesweite Einführung von Französisch als zweite Landessprache. Die „Revolution" blieb nicht immer still: Der Gründung der Befreiungsfront Québecs, der linksextremen *Front du Libération du Québec* (FLQ), folgten ab 1963 Terroranschläge.

Im Jahr 1967, als Kanada seinen hundertsten Geburtstag feierte, hatte die offizielle Politik bereits einen zweisprachigen Kurs eingeschlagen, man hatte eine neue Flagge, und der Wahlspruch lautete „Einheit in der Vielfalt". Die Industrie boomte, der Lebensstandard der Kanadier war einer der höchsten. Die Nation beging das Jubiläum ihrer Union mit Feiern im ganzen Land, die gekrönt wurden vom internationalen Erfolg der EXPO 1967 in Montréal.

In diesem Jahr besuchte der französische Präsident Charles de Gaulle Québec und hielt eine Rede, an deren Ende er sich zu dem Ausruf „Vive le Québec libre", Es lebe das freie Québec, hinreißen ließ. Er meinte damit die neue separatistische Bewegung, die die Unabhängigkeit Québecs von Kanada forderte. Sein Aufruf war so erfolgreich, dass bei einer Umfrage Ende der 1960er Jahre bereits 40 % der Einwohner Québecs meinten, die Provinz könne in Zukunft auf sich selbst gestellt existieren.

Aus Verbitterung über die 200jährige „Vorherrschaft" der Briten legte die FLQ in wohlhabenden englischen Stadtteilen Québecs Bomben. 1970 entführte die FLQ einen britischen Diplomaten und wenig später den Vizepremier Québecs, den sie dann ermordete. Die Bundesregierung musste schließlich mit der Armee eingreifen. In jener Zeit verlagerte ein Großteil der englischsprachigen Geschäfts- und Finanzwelt, darunter die meisten kanadischen Banken, Versicherungen und Handelsunternehmen, ihren Hauptsitz nach Toronto, das damit den alten Wettstreit mit Montréal um den Rang der bedeutendsten Stadt Kanadas für sich entscheiden konnte. 1976 stand Montréal noch einmal im Mittelpunkt – mit der Ausrichtung der XXI. Olympischen Sommerspiele.

Der Frankokanadier Pierre Trudeau, der die Geschicke Kanadas von 1968 bis 1984 lenkte, war der richtige Politiker, um die drohende Zersplitterung des Landes zu verhindern. Er war einerseits durch und durch französisch, andererseits aber überzeugter Föderalist. Unter seiner Regierung wurde der *Official Language Act* verabschiedet, mit dem 1968 Französisch als zweite Landessprache anerkannt und die Vorbereitungen für die Zweisprachigkeit in bundesstaatlichen Angelegenheiten lanciert wurden. Andererseits war Trudeau gegen die Abtrennung Québecs, die der separatistische *Bloc Québécois* 1980 mit einem Referendum erreichen wollte. Es scheiterte, 60 % der Bevölkerung Québecs sprachen sich dagegen aus.

Der Konflikt zwischen Frankophonen und Anglophonen zwang Kanada, sein nationales Selbstverständnis neu zu definieren. Dabei wurde den Kanadiern wieder bewusst, dass sie noch nicht einmal die volle staatliche Souveränität besaßen. Obwohl Québec zunächst noch nicht mit allen Details einverstanden war, unterzeichneten Queen Elizabeth II. und Pierre Trudeau 1982 den *Canada Act*, durch den Kanada Herr im eigenen Haus wurde. Heute ist die Bindung an England nur noch symbolisch – wie in allen Commonwealth-Staaten ist stwellt die britische Monarchie lediglich formell das Staatsoberhaupt.

1987 wurde nach einer langen Debatte der *Meech Leek Accord* verabschiedet. Mit dieser Verfassungsänderung sollten die Rechte der einzelnen Bundesstaaten verankert werden sowie eine Reihe von Zusatzvereinbarungen, auf die sich jeder berufen konnte, der mit sprachlichen Diskriminierungen konfrontiert war – und zwar im ganzen Land. Québec ratifizierte den Vertrag als erste der zehn Provinzen, doch all jene Kanadier, die für ein einziges Kanada, zweisprachig und multikulturell, gekämpft hatten, waren empört. Zwar waren die Bestimmungen zur Dezentralisierung für alle Provinzen von Vorteil, doch waren weder die Rechte der Frauen noch die der Urbevölkerung besonders berücksichtigt worden. Der Widerstand gegen den *Meech Leek Accord* wuchs; Manitoba und Neufundland unterzeichneten nicht und ließen ihn so scheitern.

1992 startete man den zweiten Versuch einer Verfassungsänderung, die nun auch der Urbevölkerung gerecht werden sollte. Doch auch der *Charlottetown Accord* fand keine Zustimmung in der Bevölkerung. Mit Nein stimmte auch die Mehrheit der Frankokanadier, in deren Augen er zu wenig Zusicherungen für eine größere Autonomie Québecs enthielt.

Dass Autonomie das zentrale Anliegen der frankophonen Bevölkerung war, zeigten die Wahlen zum Bundesparlament 1993, in denen die separatistische *Bloc Québécois* zur stärksten Oppositionspartei in Ottawa aufrückte, dicht gefolgt von der anglophonen populistischen Reformpartei. Die Mehrheit waren aber weiterhin die Föderalisten, auch wenn die Progressive Conservative Party und Ministerpräsidentin Campbell nach ihrer vernichtenden Wahlniederlage von den Liberalen und Jean

---

Rechts: Justin Trudeau bei der LGBT Pride Parade in Toronto.

Foto: studiolaska (Shutterstock)

Chrétien in der Regierung abgelöst wurde. Die Liberalen siegten auch 1997.

Bei den Parlamentswahlen 2006 verloren die Liberalen unter dem seit 2003 amtierenden Ministerpräsident Paul Martin nach zwölf Jahren ihre absolute Mehrheit und wurden von den Konservativen abgelöst. Neuer Ministerpräsident wurde der 46-jährige Stephen Harper, der eine konservative Minderheitsregierung bildete. Der separatistische Bloc Québécois, der nur in der französischsprachigen Provinz Québec antritt, verlor leicht und kam auf 51 Mandate.

Im Jahr 2010 richtete Kanada zum dritten Mal – nach 1976 (Montréal) und 1988 (Calgary) – Olympische Spiele aus: die Winterspiele an der Pazifikküste, in Vancouver und Umgebung.

Mit einem Misstrauensvotum erzwang die Opposition 2011 Neuwahlen. Harpers Konservative Partei sicherte sich dabei die absolute Mehrheit.

Im Sommer 2014 entsandte Kanada zum wiederholten Mal Eisbrecher-Forschungsschiffe Richtung Nordpol, um – gegen Russland und Dänemark –

seinen Anspruch auf die Polregion und deren Bodenschätze (insbesondere Gas und Erdöl) zu untermauern.

Bei der Unterhauswahl 2015 siegte klar die Liberale Partei, die zuvor drittstärkste Kraft war und nun die absolute Mehrheit erlangte. Neuer Premierminister Kanadas wurde Justin Trudeau, der älteste Sohn von Pierre Trudeau.

2018 wurde der Konsum und die Herstellung von Cannabis in Kanada erlaubt; die Regierung wollte damit gegen den Schwarzmarkt vorgehen.

Wirtschaftlich hat Kanada viel Potenzial: Es besitzt u. a. nach Venezuela und Saudi Arabien die drittgrößten Erdölreserven der Welt (in Ölsanden), ist einer der größten Erdgasförderer und nach Kasachstan der zweitgrößte Uranproduzent. Zudem hat es die größten Süßwasservorkommen der Welt.

2022 wurde beschlossen, trotz Umweltbedenken an der Atlantikküste CNG-Terminals zu bauen, um kanadisches Erdgas komprimiert nach Europa zu liefern und dort die Abhängigkeit von russischem Gas zu verringern.

Foto: Manfred Braunger

WER SIND DIE KANADIER?

Kanada als „Nation" zu definieren ist schwierig. Zu tiefgreifend sind die Unterschiede in Sprache und kulturellem Erbe, das im Kern so ausgeprägt englisch wie beharrlich französisch ist. Trotzdem ist es den Menschen gelungen, eine funktionierende Demokratie und ein friedvolles Staatswesen auf die Beine zu stellen. Dies ist umso bemerkenswerter, als dass der volkreiche und oft aggressive Nachbar im Süden von jeher massiven Druck ausübte. In den Augen der „Amerikaner", die diesen Namen allein für sich reklamieren, sind die Kanadier „eigentlich so wie wir" – eine Einschätzung, die die Kanadier selbst nicht unbedingt teilen. Im Gegenteil, sie pochen vielmehr auf die Unterschiede zwischen den beiden Ländern und weniger auf das Gemeinsame. So waren sie, anders als die Amerikaner, schon immer sehr autoritätsgläubig, was sich bereits daran zeigt, dass sie den Mountie, den Bundespolizisten zum Nationalsymbol erhoben und keinen Wildwesthelden.

Andererseits wird der Kanada-Reisende einem regelrechten Bombardement von Attributen US-amerikanischen Lebensstils ausgesetzt. Auch Kanadier kleiden sich in Symbole amerikanischer Massenkultur, tragen Jeans und Turnschuhe, Jacken und T-Shirts mit dem Logo einer Baseballmannschaft oder anderen Aufdrucken. Man redet mit Leuten, die – für das ungeübte Ohr – fast wie Amerikaner sprechen, amerikanische Musik hören und amerikanische Filme oder Fernsehshows konsumieren. Abgesehen von dem Umstand, dass Kanadier weniger dazu neigen, ihre Umwelt mit riesigen Einkaufszentren zuzubetonieren, sehen die Städte amerikanisch aus, mit Fastfood-Ketten, riesigen Parkplätzen, Mega-Tankstellen und Plakatwänden „american style".

Anders aber als die Amerikaner sind die Kanadier nicht Patrioten durch und durch. Obwohl ihr Land eine Nationalflagge hat – ein rotes Ahornblatt auf weißem Grund, von zwei roten senkrechten Balken flankiert – gibt es keinen formalen Treueschwur auf die Fahne. Der Victoria Day im Mai ist ein Feiertag für Königin Victoria, die während ihrer ganzen Regierungszeit nie einen Fuß auf kanadischen Boden gesetzt hat.

Für den fehlenden Patriotismus in Kanada, das ja auch keine arroganzverdächtige Supermacht ist, gibt es Gründe. Zum einen verhindert die Vielfalt ethnischer Identitäten die Bildung einer homogenen Nation. Zusätzlich zu den englisch- und französischstämmigen Kanadiern gibt es zahlreiche andere Bevölkerungsgruppen mit unterschiedlichen Sprachen und eigenem Brauchtum, die sich einer totalen Assimilation widersetzen. Der andere Grund ist, dass Kanada – anders als die Vereinigten Staaten, die eine völlig andere Einwanderungsgeschichte haben – nie das amerikanische Konzept des „Schmelztiegels" propagiert hat; vielmehr ist es in Kanada Tradition, ethnische Gruppe zu ermutigen, die eigenen Sitten und Gebräuche zu pflegen.

Obwohl sich die Frankokanadier in der Vergangenheit lange als größte und folglich bedeutendste Minderheit im Land verstanden, zeigten Studien seit den 1960er Jahren, als der anglofrankophone Konflikt einen ersten Höhepunkt erlebte, dass es in Kanada im Grunde keine ethnische Majorität mehr gibt. Abgesehen von Franzosen und Briten stammen die Kanadier von Deutschen, Italienern, Ukrainern, Japanern, Chinesen, Inuit, Indianern und anderen Nationalitäten ab. Da die Kanadier das Problem des Nationalbewusstseins bereits mit der Muttermilch einsaugen und folglich ein gespaltenes Verhältnis zur Bundeshauptstadt Ottawa haben, spielt für sie in diesem Riesenland die regionale Zugehörigkeit eine ungleich größere Rolle als die nationale Identi-

Links: Kanadas Zukunft – Kindergartenausflug im Quartier Latin von Montréal.

Foto: Lise Gagne (iStockphoto)

tät. Die Kanadier halten zuallererst der Region, aus der sie stammen, die Treue: So sind der Osten und Westen nicht nur durch die vielen Kilometer voneinander getrennt. Die Provinz Ontario betrachtet sich als Herz Kanadas, während jeder echte Québécois meint, dass Kanadas Ursprung in seiner Heimat liegt und seine Provinz einzigartig in Nordamerika ist. Und die Maritimers, die Einwohner der Atlantikprovinzen, sehen die Welt durch die Brille ihrer historischen Abhängigkeit vom Meer und damit aus einer ganz anderen Perspektive als die Binnenländer in Ontario, dem Machtzentrum des modernen Kanada.

Sprachunterschiede

Zieht man in Betracht, dass in Kanada seit über 200 Jahren zwei Sprachen nebeneinander bestehen, ist das Bemühen um ein Arrangement wirklich

Oben: Unterschiedliche kulturelle Traditionen prägen die Schülerschaft. Rechts: Multiethnische kanadische Familie bei einem Wanderausflug.

bewundernswert. Die Tatsache, dass heutzutage, wo drei Viertel der Bevölkerung anglophon ist oder sich auf Englisch verständigt, auch Französisch offizielle Landessprache ist, bedeutet einen Triumph für die Frankokanadier. 1969 wurde die Zweisprachigkeit Gesetz; alle öffentlichen Dienste wurden auf beide Sprachen umgestellt; alle Waren mussten zweisprachig beschriftet werden. Doch wie der *Québec Act* von 1774, war auch dieses Gesetz eher von politischen Zwängen als vom freien Willen diktiert. Im 18. und 19. Jh. hatten die Briten nicht im Traum daran gedacht, die Frankokanadier könnten so lang und erfolgreich gegen die Assimilation kämpfen. Dass der Multikulturalismus heute in der kanadischen Verfassung verankert ist, resultiert u. a. aus der Notwendigkeit, die Frankokanadier zu besänftigen. Doch auch die 24 % Kanadier, deren Muttersprache Französisch ist, sprechen Englisch, wenngleich mit französischen Akzent. Und heutzutage besuchen englischsprachige Kinder französische Schulen, um den Vorteil einer zweisprachigen Ausbildung zu nutzen. In diesem Zusammenhang muss man allerdings erwähnen, dass das Französisch der Frankokanadier in den Ohren der europäischen Franzosen etwas antiquiert klingt und sie es abwertend *joual*, Vulgärfranzösisch, nennen. Ein interessantes Phänomen ist der Trend zu einer Sprachmischung, die man spöttisch „Franglais" nennt: ein Französisch, das reichlich mit englischen Ausdrücken durchsetzt ist. Im offiziellen Sprachgebrauch Kanadas hat sich jedoch ein internationaleres Französisch durchgesetzt, da die Regierung Québecs sich nicht von ihrem Entschluss abbringen ließ, Rundfunk- und Fernsehsendungen in Französisch auszustrahlen.

Ethnische Vielfalt

Die nationalistische Bewegung Québecs, die bewirkte, dass die ethnische Vielfalt in Kanada heute akzeptiert ist, hat auch anderen Minoritäten genutzt. Zunächst waren allerdings viele Frankokanadier mit der Ausweitung der Diskussion auf weitere Minderheiten nicht einverstanden, stellte das doch ihr Verständnis ihrer historischen Rolle als „Canadiens", der ersten Kanadier, in Frage. Sie sahen den Staat als Union *zweier* Völker, des englischen und des französischen, und nicht als Verbund zahlreicher Minoritäten, von denen sie nur eine darstellten.

Abstammung und Sprache sind auch im modernen Kanada ein nicht zu unterschätzender sozialer Faktor. Die größte und zumeist privilegierteste Bevölkerungsgruppe sind seit jeher die britischstämmigen Kanadier: Noch vor zehn Jahren gaben 76 % aller Kanadier an, wenigstens einen britischen Vorfahren zu haben. Diese Gruppe, zu der auch Schotten, Iren und Waliser zählen, macht 34 % aus, mit absteigender Tendenz. Die zweitgrößte Gruppe sind die Frankokanadier mit 22,5 %, doch auch ihr Anteil nimmt langsam ab. Mit 5 % die drittgrößte Gruppe bilden die

Foto: PamelaJoeMcFarlane (iStockphoto)

deutschstämmigen Kanadier, die am besten assimiliert sind. Die Italokanadier sind mit 3 % vertreten.

Obwohl Kanada immer schon ein Einwanderungsland war, reagieren manche Kanadier auf die wachsende Rate von außereuropäischen Immigranten eher negativ, und der Zustrom aus Asien, der Karibik, Süd- und Zentralamerika stößt bei der europäischstämmigen Bevölkerung Kanadas zunehmend auf Kritik. Viele sind der Ansicht, dass die Regierung diesen Einwanderergruppen gegenüber ihre Politik, die kulturelle Eigenständigkeit zu fördern, nicht weiter verfolgen sollte.

Die Probleme einer anderen Minorität, der einheimischen Urbevölkerung der Inuit und Indianer, werden immer mehr zur Aufgabe der kanadischen Regierung. Trotz staatlicher Unterstützungsmaßnahmen gehören sie zu den ärmsten Bürgern des Landes, benachteiligt durch ungenügende Ausbildung und Arbeitslosigkeit, was vermehrt Alkohol- und Drogenmissbrauch, Suizide und familiäre Gewalt zur Folge hat.

DER „FRANZÖSISCHE FAKTOR"

Von dem Moment an, da man zum ersten Mal den Boden Québecs betritt, spürt man, dass Kanadas größte Provinz anders ist als alle anderen Provinzen des Landes. Quer durch die bald 400jährige Geschichte hat Québecs frankophone Bevölkerungsmehrheit Sprache, Kultur, Sozialsystem und Religion dieser Provinz bestimmt. Anders als das anglophone Kanada mit seinem vorwiegend puritanisch-protestantischen Erbe wurzelt Québec tief in den politischen, sozialen und religiösen Traditionen und Gebräuchen seines Mutterlandes, des katholischen Frankreich. Doch wenn es auch durch und durch französisch ist, dann auf seine einzigartige, ganz besondere Art und Weise. Québecs „französischer Faktor" ist – in all seinen Erscheinungsformen – nicht einfach eine nordamerikanische Kopie von Frankreich. Québecs Sprache, Kultur und Politik sind hier entstanden, wurden hier geformt und geprägt, in der Reaktion auf die räumliche Trennung vom Mutterland, auf die Vernunftehe mit dem übrigen Kanada und durch die Nähe zum Kulturleviathan USA.

Québecs Sonderstellung als selbständiges Gemeinwesen wird am deutlichsten im *Québécois*, der Sprache der Frankokanadier, die die Seele und Gemütsverfassung der meisten von ihnen so klar widerspiegelt. Wenn Oxford-Puristen nachsichtig über das Englisch der Kanadier lächeln, grinsen diese spöttisch zurück. Und ebenso unbeeindruckt reagieren die Frankokanadier auf Belehrungen aus Paris. Sie sind stolz auf ihr Französisch, das in Frankreich kaum mehr verstanden wird und das sie pronociert aussprechen, das lebendig ist trotz der langen Trennung vom Mutterland, weil es sich permanent weiterentwickelte, indem es viele in Europa unbekannte Worte und Ideen absorbierte.

Die Basis der frankophonen Québecer sind nicht die britischen Traditionen, die dem übrigen Kanada ihren Stempel aufgedrückt haben. Und noch viel weniger wollen sie ihre Sprache und Kultur ertrinken sehen in dem anglophonen Ozean, der sie umgibt. Zeitweise hat dies bei den „Hütern" der französischen Sprache und Kultur zu scheinbar übereifrigen und reaktionären Maßnahmen geführt. Liest man jedoch die Geschichte Québecs aufmerksam, zeigt sich, dass seit mehr als 400 Jahren Toleranz, Wärme und Großzügigkeit gegenüber *les autres* vorherrschen.

Trotz aller Schlagzeilen und der endlosen Diskussionen um die Verfassung, die sich seit den ersten Tagen der kanadischen Konföderation abspielen (tatsächlich begannen sie mindestens 100 Jahre früher), ist Québec politisch, sozial und kulturell stabil. Nichtsdestotrotz ist es eine Provinz, die, solange die Frage eines von Kanada unabhängigen Québec nicht vom Tisch ist, im Schwebezustand lebt und immer noch dabei ist, ihre Identität zu definieren – innerhalb oder außerhalb der kanadischen Union, wie es 1995 anlässlich des vorläufig letzten Referendums zur Unabhängigkeit beinahe geschehen wäre.

Die beiden „Einsamkeiten" (d. h. die beiden Sprachgruppen), die der verstorbene Schriftsteller und Essayist Hugh MacLennan in seinen Romanen *Two Solitudes* (1945) und *Return of the Sphinx* (1967) porträtierte, leben in Québec relativ isoliert und mit gelegentlichen Reibungen nebeneinander, heute genauso wie am Ende des II. Weltkriegs, ja wie seit der Zeit der britischen Eroberung Neufrankreichs im Jahr 1759. Der Ausgang der 20minütigen Entscheidungsschlacht auf den Plaines d'Abraham vor den Mauern der Hauptstadt Québec, in der General James Wolfe die französischen Streitkräfte unter General Louis-Joseph Montcalm besiegte, ist noch immer Gegenstand erbitterter Debatten. Er hat mitunter zu Äußerungen geführt, die eine französisch-nationalistische, ja

---

Rechts: Der Fall des französischen Fort Louisbourg anno 1758 schmerzt noch heute.

Foto: Tinazroya (Dreamstime)

revisionistische Sichtweise der kanadischen Geschichte erkennen lassen. In dieser historischen Kränkung und den ebenso schmerzlichen wie langfristigen Veränderungen, die sie für die damalige wie auch die spätere Gesellschaft Québecs mit sich brachten, wurzeln die separatistischen Bewegungen, die während Québecs „Stiller Revolution" in den 1960er Jahren erstmals großen Zulauf bekamen. Die englische Fahne bedeutete für Québecs Gesellschaft in der Tat etwas anderes als das Banner der Grande Nation. Die schlimmste Erniedrigung aber war der „Handel", den Frankreich mit England 1763 abschloss: Das Mutterland zog die karibischen Kolonien Québec vor und lieferte es für immer der Gnade der „Eroberer" aus, obwohl die Engländer auch bereit gewesen wären, Québec zurückzugeben. Das war der Keim des Konflikts, der bis zum heutigen Tag andauert und, wie es aussieht, auch bis zum Ende aller Zeiten andauern wird.

Gleichermaßen wichtig für die Einschätzung von Québecs Stimmungslage ist die Tatsache, dass die Briten sich, wohl oder übel, damals dazu entschlossen, den Franzosen oder *Les Canadiens* nicht die Assimilation aufzuzwingen. Wie umstritten dieses Thema auch sein mag, eines ist sicher: Trotz aller Beschränkungen, die diese insgesamt friedfertige und humane Lösung den Frankokanadiern damals auch auferlegt haben mag, verdankt ihr die einzige frankophone Gesellschaft Nordamerikas letztlich das Überleben.

Nachdem der französische Seefahrer Jacques Cartier 1534 „Kanada" entdeckt hatte, begann die europäische Besiedlung Québecs 1608 mit Samuel de Champlain, dem Gründervater Neufrankreichs. 1663, angesichts fortdauernder Irokesen-Überfälle, wurde die Kolonie direkt dem französischen König unterstellt. Statthalter der Macht war die katholische Kirche in Gestalt der Franziskaner, Jesuiten und Sulpizianer. Neben der Seelsorge für ihre indianischen Schützlinge kümmerten sich die Mönche und Nonnen vor allem um soziale Belange, die Erziehung

und das körperliche Wohlergehen von Québecs ersten französischen Siedlern und deren Nachkommen. Außerdem beaufsichtigten sie geschäftliche Transaktionen zwischen den *habitants*, wie man die Bauern nannte, und zwischen den französischen und englischen Kaufleuten.

La Survivance

Die „klerikale Herrschaft" über Französisch-Québec wurde unter den Briten durch der *Québec Act* von 1774 weiter ausgebaut. Er gab der katholischen Kirche volle „Regierungsgewalt", bestätigte das 100 Jahre alte Feudalsystem, das Québecs erster Intendant Jean Talon eingeführt hatte, und garantierte die zivile Gerichtsbarkeit auf Grundlage des bestehenden französischen Rechts. Als Folge davon überlebte die traditionelle französische Lebensart mehr oder weniger unversehrt. Noch bis in die

50er Jahre des 20. Jh. wurde eine Doktrin der katholischen Kirche streng befolgt: *la survivance*, die „das Überleben" der Franzosen und ihrer Kultur sichern sollte. Demnach galt es frankophonen Paaren als heilige Pflicht, so viele Nachkommen wie möglich zu zeugen: Zehn bis zwölf Kinder pro Familie waren die Norm. Während heute die durchschnittliche Geburtenziffer in Québec eine der niedrigsten ganz Kanadas ist, spielt die „Überlebens"-Doktrin in Politik und Gesellschaft immer noch eine überragende Rolle.

„Gemeinnutz versus Eigennutz"

Während all dieser Zeit schwankte das Gefühlsbarometer in den anglo-französischen Beziehungen von indifferent bis freundlich. Im 20. Jh. sind zumindest im kosmopolitischen Montréal Ehen zwischen Frankophonen und Nachfahren schottischer, irischer oder englischer Immigranten immer häufiger geworden.

Von diversen Rechtssystemen ge-

Oben: Gegen Frost hilft auch Humor. Rechts: Die Zweisprachigkeit ist ein Politikum ersten Ranges.

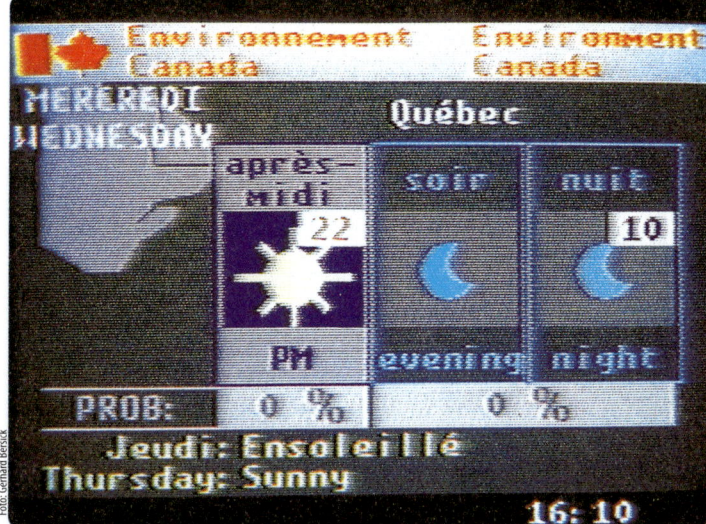

Foto: Gerhard Bersick

führt, in unterschiedlichen Wertvorstellungen und kulturellen Traditionen aufgewachsen und in verschiedenen Schulsystemen erzogen, verschiedene Sprachen sprechend und in unterschiedlichen Berufen tätig – auf diese Weise lebten die beiden großen Bevölkerungsgruppen Québecs in getrennten Welten, obwohl sie geografisch eine Heimat teilten. Im Prinzip ist das auch heute noch so.

Die Frankophonen verstehen die Provinz Québec als ihr Land und sich selbst zuallererst als ein Volk mit eigener Sprache und Identität – und erst an zweiter Stelle als Kanadier. Anders die Anglophonen: Sie fühlen sich im großen und ganzen zuerst als Kanadier, die in Québec leben, ebenso wie alle anderen ethnischen Gruppen, deren Vorfahren (oder auch sie selbst) sich aus überwiegend ökonomischen oder sozialen Gründen, aber auch wegen der relativ hohen politischen Stabilität und den gesetzlich verbrieften bürgerlichen Freiheiten für Québec als Wohnsitz entschieden haben.

Diese Einstellung wurde zuletzt durch das Wählerverhalten in Québec während der landesweiten Volksabstimmung über den *Charlottetown Accord* im Oktober 1992 bewiesen. Die Mehrheit der Frankokanadier stimmte mit Nein, während die meisten anderen mit Ja stimmten. Québec war eine der sechs Provinzen, die sich gegen die Verfassungsänderung entschied, was die multilateralen Bemühungen der Bundesregierung um die formale Anerkennung Québecs als „offiziellen" Partner in der kanadischen Verfassung effektiv zum Stillstand brachte.

De facto ist Québec seit dem *British North America Act* von 1867 ein gleichberechtigter Partner in der Union der kanadischen Provinzen und untersteht als solcher der kanadischen Verfassung und Charter of Rights. Die Provinzregierung Québecs hat seit Mitte der 1970er Jahre – die Kirche wurde während der „Stillen Revolution" entmachtet – jedoch einseitig Gesetze erlassen, die die Erhaltung und Förderung der französischen Sprache und Kultur in allen

59

Foto: Gerhard Bersick

Bereichen des täglichen Lebens, der Erziehung, der sozialen Wohlfahrt in der ganzen Provinz fördern sollen. Die separatistische Partei *Québécois* bildet die Regierung von Québec seit 1976 und der *Bloc Québécois* ist mit Unterbrechungen seit 1976 am Ruder, und vertritt die Interessen Québecs in Ottawa. 1977 verabschiedete der *Bloc Québécois*, dessen Ziel die formale Abspaltung Québecs aus der kanadischen Föderation oder zumindest eine souveräne Assoziation (unter Beibehaltung der wirtschaftlichen Bande) ist, das Gesetz 101. Mit dieser „Charta der französischen Sprache" wurde in Québec Französisch als erste Sprache in allen öffentlichen Lebensbereichen durchgesetzt.

Das aber, gepaart mit den sich häufenden Terroraktionen der *Front du Libération du Québec*, wollten die Anglophonen nicht mehr einfach hinnehmen: Viele englische Firmen, die oft seit mehr

als einem Jahrhundert ihren Hauptsitz in Québec hatten, verließen die Provinz, die meisten in Richtung Toronto. Ihnen folgten seither bereits mehr als 200 000 anglophone Québecer, viele aus alteingesessenen Familien, die schon seit der „Eroberung" hier ansässig waren.

1980 führte der *Bloc Québécois* seine erste Volksabstimmung über die Abspaltung von oder eine souveräne Assoziation mit Kanada durch. Obwohl das Referendum mit einer deutlichen Mehrheit abgelehnt wurde, gewann das Konzept der Souveränität immer mehr Anhänger. Das führte auch zur Niederlage des letzten konstitutionellen „Friedensangebotes" im Jahr 1992.

Der *Charlottetown Accord* war der Phönix aus der Asche des zwei Jahre zuvor gescheiterten *Meech Leek Accord*. Er stellte den umfassendsten konstitutionellen Kompromiss seit dem *British North America Act* dar, mit dem die kanadische Föderation aus der Taufe gehoben wurde. Und er war der revolutionäre Versuch, nicht nur die Belange Québecs zu berücksichtigen, sondern

Oben: Schulbusse in Québec sind französisch beschriftet. Rechts: Toronto hingegen ist anglophon (Royal Ontario Museum).

auch historisches Unrecht und ungleiche Machtverteilungen in bezug auf finanzielle und natürliche Ressourcen, Lebensstandards und bürgerliche Freiheiten in ganz Kanada auszugleichen. So zählte es zu den wesentlichen Anliegen des *Charlottetown Accord*, den seit 200 Jahren de facto existierenden Ausschluss der Urbevölkerung aus fast allen Bereichen der gesellschaftlichen, ökonomischen und politischen Macht wiedergutzumachen.

Dabei hätte der *Charlottetown Accord* das Konzept Québecs als das einer separaten Gesellschaft innerhalb der kanadischen Charter of Rights verankert. Spezialvollmachten sollten sicherstellen, dass die französische Sprache und Kultur sowie das Zivilrecht in Québec für immer erhalten und gefördert würden. Damit wollte man einerseits das weitere Eindringen des US-amerikanischen Einflusses verhindern und andererseits die befürchtete Assimilation der Frankokanadier in die nordamerikanische Gesellschaft aufhalten.

Es mag deshalb überraschen, dass gerade die frankophone Mehrheit in Québec mit Nein stimmte, doch um dieses Phänomen in allen Details zu erklären, müsste man tief in die kanadische Politik eintauchen. Interessanterweise gab es für die Ablehnung des *Charlottetown Accord* mindestens ebenso viele Gründe wie für seine Befürwortung. Während man die Ablehnung jedoch selbst in Québec nicht, wie befürchtet, als Zurückweisung der Frankokanadier verstand, zeigten die Neinstimmen wieder einmal ein wohlbekanntes, historisches Paradoxon der kanadischen Geschichte auf: So herrschte unter den Frankophonen die Meinung vor, der *Charlottetown Accord* statte Québec nicht hinreichend mit Vorrechten aus, um das Überleben und Gedeihen der französischen Wählerschaft innerhalb der kanadischen Föderation für immer zu sichern. In sämtlichen anderen Provinzen war man aber einhellig der Ansicht, Québec würde durch diese Ver

Foto: Axel Mosler

einbarung wieder einmal den Löwenanteil der Privilegien einheimsen, und zwar bis in alle Ewigkeit.

Der Verfassungsdisput wurde damit ein für alle Mal ad acta gelegt, doch die Separationspolitik des *Bloc Québécois* ist nach wie vor lebendig. Sein überwältigender Wahlerfolg 1993 als stärkste Oppositionspartei bewies, wie ernst es vielen Frankophonen mit der Autonomie Québecs ist. Jean Bouchard, der Führer des Bloc, richtete noch am Abend des Triumphes eine Kampfansage an das anglophone Kanada: „Es gibt zwei Länder in Kanada." Dass es aber tatsächlich so weit kommt, scheint heute unwahrscheinlicher denn je: Bereits 1995 scheiterte – zwar ganz knapp – ein Unabhängigkeitsreferendum, und bei der Québecer Provinzwahl 2014 kamen die frankophonen Separatisten der *Parti Québecois* nur noch auf 25 % der Stimmen. Das frankophone Motto *Je me souviens* ist jedoch nach wie vor omnipräsent in Québec – „Ich habe nicht vergessen, dass Québec vor der britischen Eroberung französisch war."

Das Viertel um Queen Street West, Toronto, wo die Tram 501 verkehrt, ist besonders trendy

Torontos Skyline mit CN Tower und Ontario-See

Foto: Sanpete (Dreamstime)

TORONTO

HAFENBEZIRK
INNENSTADT
STADTVIERTEL
AUSFLÜGE

★★**TORONTO**

★★**Toronto**, für eine Millionenstadt erstaunlich sauber und sicher, ist nicht nur Ontarios Hauptstadt und wichtigster Hafen der Großen Seen, sondern auch das Wirtschaftszentrum Ostkanadas. Während die Innenstadt am Ontarioseeufer mit einer imposanten **Skyline** aufwartet (bester Fotoblick: von der Toronto Island Ferry), ist es im Stadtgebiet erstaunlich grün. So bieten z. B. der große **High Park** im Westen und die **Toronto Islands** vor Downtown Wanderwege, Teiche, Gärten, ein Freibad und einen Zoo.

Einst lästerte der Journalist Gordon Sinclair: „Der Alltag war unsäglich eintönig, aber die Sonntage waren mörderisch" – heute locken hier **Ausgehviertel** wie der mit einer Fußgängerzone ausgestattete pulsierende ★**Distillery District**, ein attraktiver Mix aus Edelrestaurants, Boutiquen, Theatern und Kunstgalerien in einem ehemaligen Industrieviertel. Auch **Queen Street West** (mit einer wachsenden Gay-Gemeinde), **Ossington Avenue** und **Yorkville** (wohin die Tram 501 fährt) haben sich zu hippen Amüsiervierteln mit Bars, Nachtclubs und Musikkneipen entwi-

Links: Feuerwerk zum jährlichen Festival of Lights im Dezember (New City Hall, Toronto).

ckelt. **Malls** wie das ★**Eaton Centre** in der Haupteinkaufsstraße Yonge Street locken mit Hunderten von Läden und sind für schlechtes Wetter durch das unterirdische Einkaufspassagennetz **The Path** verbunden. Zum Bummeln lädt die aufgestylte ★**Harbourfront** ein. Das neue Opern- und Balletthaus **Four Seasons Centre** zählt zur Akustik-Weltspitze, und aktuelle **Musicals** bieten gleich mehrere Bühnen in der Stadt. Das Centre liegt im **Entertainment District** zwischen dem Rogers Centre und der City Hall.

Der Wandel vom Provinzkaff zu einem attraktiven internationalen Reiseziel vollzog sich in der zweiten Hälfte des 20. Jahrhunderts. Von den 5,6 Millionen Einwohnern, die heute in der Metropolregion Tornto zuhause sind, kommt die Mehrheit aus nicht-englischsprachigen Ländern. Diese ethnischen Gruppen haben ihre Bräuche, Kultur und gastronomischen Spezialitäten mitgebracht und das Stadtbild belebt.

Die Ursprünge Torontos

Die Geschichte der Stadt beginnt mit den Huronen, die einst hier Camps aufschlugen. Französische Pelzhändler bauten 1750 ein Fort auf einem Landstrich, den die Briten später den Indianern abkauften. 1793 wurde York zur Hauptstadt von Upper Canada (der

Foto: Peterspiro (iStockphoto)

heutigen Provinz Ontario) ausgerufen. Im Lauf der kriegerischen Auseinandersetzungen siedelten sich dann in York englische Loyalisten an, die an der Ostküste dem britischen König treu geblieben waren. Die neue Stadt, die am flachen Seeufer am Ostende des Hafens angelegt wurde, bestand anfangs nur aus acht Häuserblocks und einer Garnison, die die Westeinfahrt des Hafens bewachte.

Obwohl York die Hauptstadt Upper Canadas war und Siedler, Händler und Beamte anzog, entwickelte sie sich anfangs nur langsam: 1812 zählte die Stadt nur 700 Einwohner. In diesem Jahr brach der amerikanisch-kanadische Krieg zwischen Amerikanern und Briten aus, und ein Jahr später wurde York von amerikanischen Truppen angegriffen: Sie brannten das Haus des Gouverneurs und andere öffentliche Gebäude nieder und stahlen den Amtsstab, das

Symbol der britischen Staatsgewalt. Im Gegenzug marschierten dann britische Truppen nach Washington D.C. und legten dort das Weiße Haus in Schutt und Asche.

Nach Kriegende 1814 begann der Wiederaufbau Yorks, das nun rasch wuchs. Die Einwohnerzahl stieg auf fast 10 000, und stolze 100 Läden konnten sich etablieren. Seit 1834 hieß die Siedlung *Toronto*, das in der Huronensprache „Treffpunkt" bedeutet. Als 1867 Upper und Lower Canada vereinigt wurden, ernannte man Toronto zur Hauptstadt der Provinz Ontario.

In den folgenden Jahrzehnten, mit der zunehmenden Industrialisierung, erlebte Toronto einen Boom. Seit dem Jahr 1959 können dank dem schleusenreichen Sankt-Lorenz-Seeweg Hochseeschiffe den Hafen direkt erreichen, was den Warenumschlag beflügelte. In ihren Anfangszeiten wurde die Stadt oft „Muddy York" (schlammiges York) genannt, was treffend ihre Lage im moskitoverseuchten Sumpfland beschrieb. Heute besitzt Toronto den Ruf eines

---

Oben: Toronto – Marina, neue Waterfront und CN Tower. Rechts: Erinnerung an den amerikanischen Angriff auf das britische Fort York im April 1813.

von Schweizern betriebenen New York, wie Peter Ustinov einmal bemerkte. So viel Perfektion hat ihren Preis: Toronto gilt als teuerste Stadt Kanadas, bietet dafür aber die sauberste Luft aller Weltmetropolen und ist trotz hoher Zuwanderungsraten die sicherste Großstadt Nordamerikas.

HAFENBEZIRK

Als beim Bau der Subway und anderer städtischer Projekte riesige Mengen Bauschutt anfielen, „entsorgte" man ihn auf fantasievolle Weise. 1971 eröffnete der Vergnügungspark **Ontario Place** im westlichen Uferbezirk. Dieser berühmte Vergnügungskomplex mit seiner auffälligen geodätischen Kuppel wurde auf Inseln erbaut, die durch die Lagerung von Bauschutt entstanden. Das bei Groß und Klein beliebte Kinderdorf **Children's Village** bietet auf 0,8 Hektar großartige Spielmöglichkeiten. Im **Cinesphere** befindet sich eins der ersten IMAX-Großkinos der Welt, und im **Molson Amphitheatre** wird Live-Unterhaltung geboten. In zwei Pavillons auf Stelzen im Ontariosee sind Multimedia-Shows über Ontario sowie Restaurants untergebracht.

Neben dem Ontario Place, in Seenähe, findet von Mitte August bis Anfang September die **Canadian National Exhibition** (CNE) statt. Sie begann 1879 als Landwirtschaftsmesse und zieht über zwei Millionen Besucher an. Auf einem Rummelplatz kann man sich mit aufregenden Attraktionen – einschließlich Bungy-Jumping – vergnügen, Konzerte finden vor einer überdachten Tribüne statt.

Höhepunkte der Wintermesse **Royal Agricultural Winter Fair** sind die Pferdeshows und Reitturniere.

Das ★**Fort York**, 1793 von den Briten erbaut und heute von krakenartigen Highways umzingelt, wurde nach seiner Zerstörung 1813 originalgetreu wieder aufgebaut. Heute kann man sich in den acht Gebäuden bei Musketendrill,

Foto: VIV (Shutterstock.com)

Film- und Musikvorführungen in die damalige Zeit zurückversetzen lassen. Die Fremdenführer tragen die leuchtend roten Uniformen britischer Soldaten, und eine Kaserne für 32 Soldaten zeigt eine Ausstellung militärischer Regalien aus dieser Zeit.

Östlich vom Ontario Place und dem Ausstellungsgelände liegt das vor allem an Wochenenden viel besuchte ★**Harbourfront Centre**, das sich am Ufer des Ontariosees – vom Ende der Bathurst Street im Westen bis zur York Street im Osten – erstreckt. Auf 36,8 Hektar wurden ehemalige Industriegebäude am Seeufer in einen großen Erholungs- und Kulturkomplex verwandelt. Das ganze Jahr über verführen hier Läden zum Einkaufen; trendige Restaurants laden nach dem Besuch von Konzerten, Filmen und Kunstgalerien zu kulinarischen Genüssen ein, und es gibt einen Antiquitäten- und Flohmarkt. Im **York Quay Centre** präsentiert die Kreativszene ihre Werke. Das **Queen's Quay Terminal**, ein renoviertes Warenlager aus den 1920er Jahren, ist ein weiterer

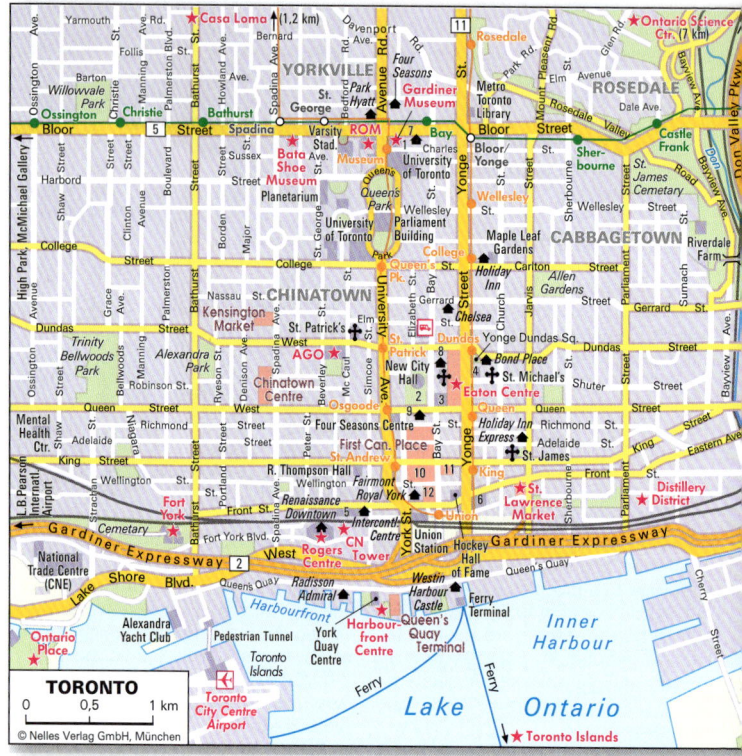

interessanter Komplex im Herzen von Harbourfront. Davor starten die **Hafenrundfahrten**; im Inneren des lichten Glasbaus befinden sich Boutiquen und Restaurants. Energiegeladene können sich auf der **Eislaufbahn**, in der kalten Jahreszeit, nach Lust und Laune austoben und sich Tipps von professionellen Instruktoren holen.

Von der Harbourfront aus kann man mit der Fähre einen kurzen Abstecher zu den ★**Toronto Islands** unternehmen. Die Inseln – z. B. **Hanlan's Point**, **Ward's Island**, **Centre Island** und **Algonquin Island** – bezaubern mit idyllischem Parkland und Sandstränden. Centre Island ist mit 263 Hektar die lebhafteste der Inseln. Hier gibt es Restau-

rants, Picknickgebiete sowie Mietboote und Mietfahrräder; der Bauernhof-Zoo und Centreville, ein familienorientierter Vergnügungspark mit Streichelzoo, Minigolf, Go-Kart-Bahn und über 30 Fahrbetrieben für Kinder.

INNENSTADT

Downtown Toronto ist eine faszinierende Mischung aus modernen Bürotürmen, lebhaften ethnischen Vierteln und gut erhaltenen historischen Gebäuden. Die Stadt steht in dem Ruf, das wenige aus der Vergangenheit liebevoll zu erhalten und zugleich optimistisch in die Zukunft zu schauen.

Torontos auffälligstes und interessan-

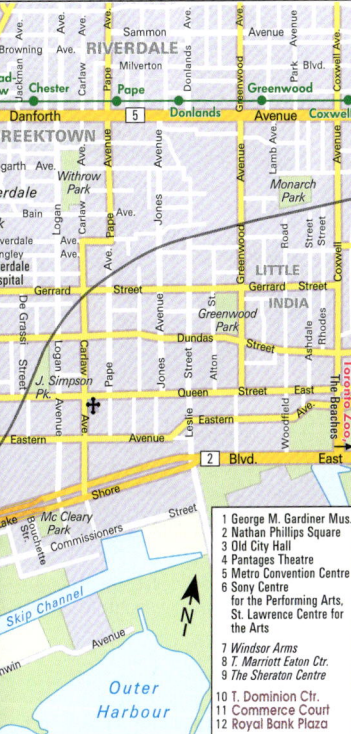

Map legend:

1 George M. Gardiner Mus.
2 Nathan Phillips Square
3 Old City Hall
4 Pantages Theatre
5 Metro Convention Centre
6 Sony Centre
    for the Performing Arts,
    St. Lawrence Centre for
    the Arts

7 Windsor Arms
8 T. Marriott Eaton Ctr.
9 The Sheraton Centre

10 T. Dominion Ctr.
11 Commerce Court
12 Royal Bank Plaza

testes Gebäude ist zweifellos der 553 m hohe ★★**CN-Tower**, der zur Übermittlung von Funk- und Fernsehprogrammen dient. Bei seiner Eröffnung 1976 war der Turm das höchste, freistehende Gebäude der Welt – mit dem größten **Drehrestaurant** („360") der Welt. Besucher können sich mittels Hochleistungsaufzügen die Außenwand entlang im rasanten Tempo von 58 Sekunden zur **Aussichtsplattform** auf 342 m emporschießen lassen, von der man eine großartige Aussicht über den Ontariosee und die Stadt hat. Von der bis 2008 höchsten öffentlichen Aussichtsplattform der Welt, dem 447 m hoch gelegenen **Sky Pod**, ist an klaren Tagen sogar die Gischtwolke der 80 Kilometer

entfernten Niagarafälle zu sehen.

Ein prägnantes Bauwerk, das die Skyline Torontos prägt, ist die Sportarena ★**Rogers Centre**, Heimstadion der Baseballweltmeister von 1992, der Toronto Blue Jays, und des kanadischen Footballteams Argonauts. Die mächtige weißschimmernde Kuppel des Skydome ist ein technologisches Wunderwerk: Sein aus vier Bahnen bestehendes gigantisches Dach kann je nach Bedarf innerhalb von 15 Minuten geöffnet oder geschlossen werden. Nicht nur Sportereignisse, auch Opernaufführungen und Rockkonzerte finden hier statt. Geführte Touren weihen in das komplizierte Innenleben des Skydome ein.

Ebenso außergewöhnlich ist das in das Stadion integrierte **Renaissance Toronto Hotel**: Von den dem Stadium zugewandten Räumen kann man aus der Vogelperspektive die „Action" auf dem Spielfeld verfolgen. Umgekehrt geht's jedoch auch: Eine wahre Geschichte erzählt, dass ein Pärchen im Hotel bei seinen Liebesspielen von tausenden faszinierten Zuschauer beobachtet wurde. Seitdem weist ein Schild in den Hotelräumen diskret darauf hin, vor dem Ablegen der Kleidung die Vorhänge zuzuziehen.

Unweit des Rogers Centre und bequem auf der Front Street zu erreichen liegt der prächtige Hauptbahnhof **Union Station**. 1914 begann man mit dem Bau, und 1927 wurde er vom Prince of Wales, dem späteren König Edward VIII., eröffnet. Als der hohe Gast das Band durchschnitt, merkte er an, wie sehr der Bahnhof einem Palast gleiche. Edward weihte auch die Eingangstore am Ostende des Ausstellungsgeländes ein, die seither unter dem Namen **Princes' Gates** bekannt sind.

Das andere Symbol für die Erschließung Kanadas durch die Eisenbahn liegt gleich gegenüber. Am Vorabend der Großen Depression, am 11. Juni 1929, eröffnete die Eisenbahngesellschaft Canadian Pacific Railways das damals größte Hotel des Landes – das

Foto: Sampete (Dreamstime)

Fairmont Royal York – gegenüber der Union Station. Das 16 Millionen teure Hotel mit 1200 Zimmern symbolisierte den Aufbruch Torontos in ein neues Zeitalter. Über die Jahre hat das ehrwürdige Royal York etliche gekrönte Häupter, Politiker und Berühmtheiten beherbergt. Es diente als Kulisse für viele Filme, und Arthur Hailey quartierte sich monatelang ein, um für seinen Roman *Hotel* zu recherchieren.

Unmittelbar hinter der nostalgischen Hotelkulisse erheben sich die imposanten Bürotürme des **Central Business District**, wo auch die wichtigsten nordamerikanischen Versicherungsgesellschaften und natürlich auch die fünf größten kanadischen Banken ihre Hauptquartiere unterhalten. Mitten durch die Straßenschluchten führt die Bay Street, Kanadas Antwort auf die Wall Street in New York. Am auffälligsten ist das dreieckige Gebäude der **Roy-**

al **Bank of Canada**, dessen Fenster aus Isolationsgründen mit echtem Goldstaub belegt sind.

Unter diesen Gebäuden liegt ein Labyrinth von miteinander verbundenen Einkaufszentren, unter anderem das **Royal Bank Plaza**, **Commerce Court**, **First Canadian Place** und das Toronto Dominion Centre. Dieses unterirdische Einkaufsparadies (**Underground Toronto**) erstreckt sich von der Front Street nach Norden zur Queen Street, und zwischen Bay und York Street.

Nahe der Royal Bank of Canada schuf man in der architektonisch kühnen, lichtdurchfluteten **Allen Lambert Galleria** des **Brookfield Place**-Komplexes einen Zugang zur **Hockey Hall of Fame**. Neben Eishockeyschlägern und -panzerungen ist hier die begehrteste Trophäe der National Hockey League, der *Stanley Cup*, ausgestellt; auf der **Wall of Fame** sind von Maurice Richard bis Wayne Gretzky alle Eishockey-Götter des Landes verewigt.

Die **Yonge Street**, Torontos **Hauptgeschäftsstraße**, endet erst am Lake

---

Oben: Der Yonge-Dundas-Square liegt im Hauptshopping-Distrikt Torontos, dem Eaton Centre. Rechts: Gay Pride Parade in der Yonge Street.

Foto: Mishkaki (Dreamstime)

Superior und gilt damit als längste Straße der Welt. Eine Anzahl wichtiger historischer Gebäude und Kulturzentren findet man östlich der Yonge Street, in einem Areal, das sich entlang der Front Street East erstreckt.

Ballett- und Opernfreunde können im **Sony Centre for the Performing Arts** (früher Hummingbird Centre) im Osten der Front Street Aufführungen des National Ballet of Canada, der Canadian Opera Company und von Gastensembles aus aller Welt genießen. Die 1969 erbaute Konzerthalle war seinerzeit das größte Gebäude dieser Art in Nordamerika. Theaterliebhaber kommen im nahegelegenen **St. Lawrence Centre for the Arts** auf ihre Kosten.

Der ★**St. Lawrence Market** an der Ecke Front Street East und Jarvis Street war vor dem Bau der Old City Hall das Rathaus von Toronto. In der Nordhalle findet samstags der **Farmer's Market** statt, sonntags der **Antikmarkt**. In der historischen Halle des **South Market** bieten von Dienstag bis Samstag feste Marktstände Obst, Gemüse, Fisch,

Fleisch und Backwaren an; die traditionelle Frühstücksspezialität hier sind dick belegte Schinkenbrötchen (*bacon on a bun*), wie sie z. B. die Carousel Bakery in bester Qualität offeriert.

Geht man von der Innenstadt in östlicher Richtung am Seeufer entlang, gelangt man zur ehemaligen Cottage-Siedlung **The Beaches**, die heute zur Stadt Toronto gehört. Hier herrscht noch immer eine heimelige Kleinstadtatmosphäre, und in den heißen Sommermonaten sind der Park, der Strand und die Uferpromenade am See besonders bei Radlern, Spaziergängern und Sonnenanbetern beliebt. In den vergangenen Jahren hat sich die Hauptstraße von Beaches, **Queen Street East**, zu einer „In-Meile" für mondäne Boutiquen und Restaurants entwickelt.

1889 begann man mit dem Bau des alten Rathauses **Old City Hall**, 60 Queen Street West. Bei seiner Eröffnung am 18. September 1899 war das eindrucksvolle Sandsteingebäude Torontos größtes Bauwerk und das zweitgrößte städtische Verwaltungsgebäude in Nordame-

»» Stadtplan S. 70-71, Info S. 80-81   73

rika. Der Architekt, E. J. Lennox, war ein erfindungsreicher Mann. Da ihm nicht erlaubt wurde, seinen Namen auf einer Gedenktafel am Gebäude zu verewigen, ließ er sich folgende Lösung einfallen: Seine zum Schweigen verpflichteten Bauarbeiter meißelten seinen Namen Buchstabe für Buchstabe auf die Steinstreben unter der oberen Fensterreihe. Die Buchstaben, die an der Westseite beginnen bilden die Worte E. J. LENNOX ARCHITECT A.D. 1898. In die vergoldeten Kapitelle der italienischen Marmorsäulen, die den Zwischenstock stützen, sind grotesk wirkende Figuren eingemeißelt, angeblich die Richter der damaligen Zeit. Das Originaldach aus roten Ziegeln dominierte einst die Skyline Torontos und war ein Orientierungspunkt für Schiffe auf dem Ontariosee. Anfang der 1920er Jahre wurden die Ziegel durch – mittlerweile grün angelaufene – Kupferplatten ersetzt.

An der Queen Street liegt das im Jahr 1965 gebaute Rathaus **New City Hall** am **Nathan Phillips Square**. Es wurde von dem finnischen Architekten Viljo Revell entworfen und gilt als architektonisches Meisterwerk: Zwei halbrunde Gebäude unterschiedlicher Höhe blicken auf den mit einer flachen Kuppel überwölbten Parlamentssaal im Zentrum der Anlage.

Der Nathan Phillips Square ehrt den Bürgermeister gleichen Namens, der schon 1957 Pläne zum Bau eines neuen Rathauses schmiedete. Der Platz ist ein beliebter Treffpunkt, hier finden tagsüber auch *Open-air-Konzerte* statt. 45 360 Liter Wasser schießen pro Minute aus Fontänen in den Teich, der sich im Winter in eine Eisbahn verwandelt. Der **Bogenschütze**, eine Bronzestatue des britischen Bildhauers Henry Moore, die mit finanzieller Unterstützung der Bewohner Torontos gekauft wurde, steht im angrenzenden **Peace Garden**.

Der riesige, 1977 eröffnete Einkaufs-

komplex **Eaton Centre** liegt in der Nähe des alten Rathauses an der Yonge Street, zwischen Queen und Dundas Street. Er nimmt mehrere Gebäudeblocks ein und wird immer wieder erweitert; im Nordosten schließt seit 2002 der fünfeckige **Yonge Dundas Square** an, als Freiraum zum Ausspannen und für Konzerte. Hier hat man die Qual der Wahl zwischen etwa 350 Geschäften, einem riesigen Kinokomplex und verschiedenen Restaurants. Über eine Million Besucher pro Woche garantieren Milliardenumsätze (eine U-Bahnstation und ein Parkhaus befinden sich im Kaufhauskomplex). Der Atriumbau aus Stahl und Glas wird von einer Glaskuppel überspannt. Plätschernde Brunnen, Wasserspiele und Parkbänke zwischen Palmen und Platanen versetzen die Käufer in entspannte Stimmung, und eine Schar lebensechter Gänse, eine Skulptur des kanadischen Künstlers Michael Snow, hängt schwebend von der Decke herab.

In der Nähe des Eaton Centre liegen drei von Torontos ältesten Gebäuden – die 1847 erbaute **Trinity Church**, **Scadding House** und das alte, heute als Hotel genutzte Pfarrhaus **Old Parsonage**. Denkmalschützer haben sich erfolgreich für die Erhaltung der Kirche eingesetzt. Gegenüber vom Eaton Centre liegt an der Yonge Street das elegante **Pantages Theatre**.

STADTVIERTEL

Die Stadt setzt sich heute weitgehend aus Stadtvierteln mit sehr unterschiedlichem Charakter zusammen. Einige dieser *neighbourhoods* zu erforschen, kann eine sehr interessante Erfahrung sein. In Toronto gibt es drei verschiedene **Chinatowns**: Das älteste Chinesenviertel – eine der größten Chinatowns Nordamerikas – erstreckt sich entlang **Dundas Street**, von der Bay Street zur Spadina Avenue und weiter nördlich zur College Street. Die Straßen sind sowohl englisch als auch chinesisch ausgeschildert, und es geht farbenprächtig und lebhaft zu.

Rechts: Riesendrachen erstrahlen am Chinesischen Laternen-Festival (Chinatown, Toronto).

Foto: Frenchtoast (Dreamstime)

Hier kann man auf exotischen Märkten und in Kramläden einkaufen, und besonders an Samstagen bekommt man das Gefühl, auf einem anderen Kontinent zu sein. Versäumen sollte man auf keinen Fall eine Mahlzeit in einem der ausgezeichneten chinesischen Restaurants. Auch Filmfans aus anderen Stadtteilen strömen in die Großkinos von Chinatown, die Filme aus Hongkong, Taiwan und China mit englischen Untertiteln zeigen. In Chinatown gibt es auch Kunstgalerien, und eine chinesische Tanztruppe hält das kulturelle Erbe in Ehren.

Nordöstlich des Zentrums verläuft die Danforth Avenue. Zwischen Broadview und Pape erkennt man an den englisch und griechisch beschrifteten Straßenschildern, dass man sich in **Greektown** befindet. Griechische Restaurants, dunkle Kafenions, in denen Griechen ihren Mokka schlürfen, Nachtclubs und bunte Läden versetzen den Besucher ans östliche Mittelmeer.

In Toronto liegt **Indien** östlich von China – versteckt auf der Gerrard Street

East zwischen Greenwood und Coxwell Avenue. Hier hat sich eine indische Gemeinde mit Gemischtwarenläden und Sarigeschäften angesiedelt. In den Restaurants kann man hervorragende, preiswerte indische Küche probieren.

Überquert man das Don Valley westlich in Richtung Innenstadt, gelangt man nach **Cabbagetown**. Dieses Stadtviertel erhielt seinen wenig attraktiven Namen zwischen den beiden Weltkriegen, als die hier lebenden, meist irischstämmigen Arbeiter ihre Vorgärten hauptsächlich zum Anbau von Kohl benutzten. Heute leben in Cabbagetown Bewohner aus allen sozialen Schichten; in jüngster Zeit ist das Viertel jedoch besonders bei jungen Leuten mit Geld in Mode gekommen: Viele der hübschen Backsteinhäuser wurden geschmackvoll renoviert.

Stadtbewohner mit einem Faible fürs Landleben pilgern regelmäßig zur **Riverdale Farm** am Ostrand von Cabbagetown. Zu dieser großzügigen, vorbildlich geführten Farm gehören große Scheunen und mehrere Koppeln;

Foto: Sampete (Dreamstime)

besonders interessant für Kinder sind die Farmtiere. Sonntags kann man hier, keine zehn Minuten von Downtown entfernt, sogar legefrische Eier kaufen.

Frische Eier werden natürlich auch auf dem **Kensington Market** westlich der Spadina Avenue angeboten. Kensington Market, früher ein jüdisches Viertel, ist heute eine ethnisch gemischte Enklave mitten in Chinatown und erstreckt sich über ein Gebiet von acht Blocks zwischen College und Dundas Street. Obwohl die Geschäfte hier täglich außer sonntags ab 6 Uhr morgens geöffnet sind, eignet sich der lebhafte Samstag am besten für einen Besuch. Der Kensington Market liegt in einem der vibrierendsten Stadtteile. Während in der Nachbarschaft hauptsächlich Portugiesen leben, haben sich im Marktbereich Einwanderer aus Westindien niedergelassen. Es gibt jamaikanische Bäckereien und Restaurants, wo man Kokosbrot oder Fleischpasteten probieren kann, und die Geschäfte bieten Ziegenfleisch, exotische Gewürze und andere Spezialitäten aus der Karibik an.

Ende Juni feiert Toronto seine kulturelle Vielfalt mit dem Festival **International Caravan** – heute eines der größten multikulturellen Festivals Nordamerikas. Neun Tage lang kann man sich an den Ständen der verschiedenen ethnischen Gruppen der Stadt über ihre Kultur informieren, die farbenprächtigen Paraden durch das Zentrum genießen und an Veranstaltungen teilnehmen.

Ende Juli feiert die westindische Gemeinschaft ihre Wurzeln mit **Caribana**. Höhepunkt des zehntägigen Festivals ist ein Umzug durch die Innenstadt. Die Kostüme spiegeln die Mardi-Gras-Tradition wieder, die ganze Stadt pulsiert im Rhythmus der Karibik.

Obwohl mittlerweile viele Wolkenkratzer entstanden sind, blieben die meisten alten Gebäude unversehrt. Die 1827 erbaute **University of Toronto** erstreckt sich entlang College Street,

Oben: Daniel Libeskind hat für das ROM diesen kristallähnlichen Ausstellungsanbau entworfen. Rechts: In der Asiensammlung des Royal Ontario Museums.

Foto: Axel Mosler

östlich und westlich der University Avenue. Die medizinisch-wissenschaftliche Fakultät konnte bereits viele Erfolge verbuchen, z. B. die Entdeckung von Insulin im Jahr 1921; auch der erste Herzschrittmacher wurde hier entwickelt. Studenten bieten montags bis freitags kostenlose Führungen durch ihre Uni an. Nördlich der Kreuzung von College Street und University Avenue liegt das stattliche Sandsteingebäude von Ontarios **Parliament Building**.

Im Universitätsviertel, an der Nordwestecke von Bloor Street West und Queens Park, befindet sich das 1912 eröffnete ★★**Royal Ontario Museum** (**ROM**), Kanadas größtes Museum, mit großartigen archäologischen und naturwissenschaftlichen Abteilungen und dem spektakulären Erweiterungsbau **Michael Lee-Chin Crystal** von Daniel Libeskind. Das ROM besitzt eine der bedeutendsten Sammlungen fernöstlicher Kunst und kanadischer Fossilien sowie eine faszinierende ägyptische Ausstellung mit Mumien, 2000 Jahre altem Schmuck und Tonmodellen.

Im ★**George M. Gardiner Museum of Ceramic Art** gegenüber sind präkolumbische Töpferwaren, italienische Majolika, Porzellan aus Delft, Meißen, Sèvres und England ausgestellt. Ein ungewöhnliches Museum liegt an der Bloor Street: Das ★**Bata Shoe Museum** beschäftigt sich niveau- und humorvoll mit der Geschichte des Schuhs und zeigt von der ägyptischen Sandale bis zum Plateauschuh alles, was sich Menschen in drei Jahrtausenden über die Füße gestreift haben.

Das beste Kunstmuseum ist die ★★**Art Gallery of Ontario** (**AGO**) an der Dundas Street West Nr. 317, schon fast in Chinatown. Der englische Bildhauer Henry Moore war so beeindruckt von den Bewohnern Torontos, die Geld zum Ankauf seiner Statue vor dem neuen Rathaus aufbrachten, dass er der Stadt eine große Sammlung seiner Werke schenkte. Der Komplex ist nach Plänen des kanadischen Stararchitekten Frank Gehry um- und ausgebaut worden und mit 110 neuen Galerien 2008 wiedereröffnet worden.

» **Stadtplan S. 70-71, Info S. 80-81**

77

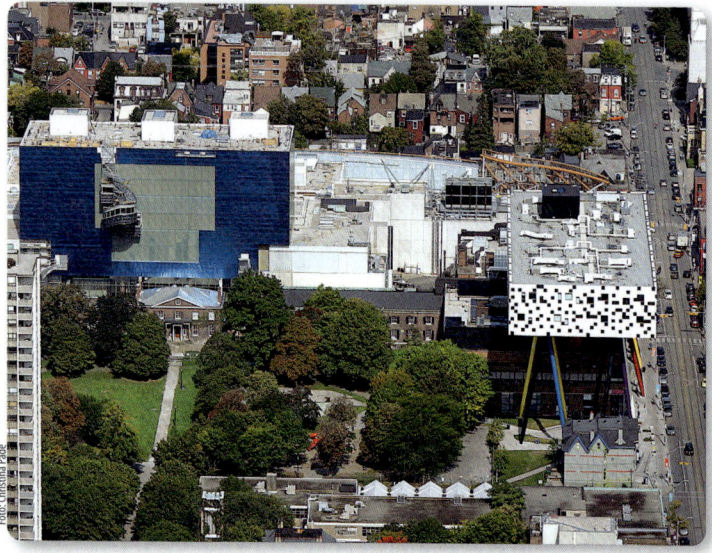

In der Innenstadt haben sich viele kleine **Kunstgalerien** angesiedelt. Zeitgenössische Kunst entdeckt man z.B. in **Queen Street Village** rund um die Queen Street West, Konservativeres in den exklusiveren Einkaufsgegenden entlang **Yorkville** und **Bloor Avenues** zwischen Avenue Road und Bay Street. Auf der **Hazelton Avenue**, von der Yorkville Ave nordwärts, liegen einige exklusive Kunstgalerien.

Nördlich des Stadtzentrums thront – auf dem Davenport Hill, am Nordende der Spadina Avenue – die viel besuchte ★**Casa Loma**, ein burgschlossartiges Gebäude mit 98 Zimmern (einige mit edelstem Interieur) und einem Turm. Der Multimillionär Sir Henry Pellatt, der ein Faible für das europäische Mittelalter hatte, ließ es 1911-1914 errichten. Auch die Aussicht von den Zinnen des Schlosses, das Hollywood-Regisseure gerne als Filmkulisse nützen, ist schön.

Oben: Die Art Gallery of Ontario nach ihrem spektakulären Umbau durch Frank Gehry. Rechts: Die Casa Loma von 1914.

AUSFLÜGE

Die Experimentierstationen im ★**Ontario Science Centre**, 10 km nordöstlich des Stadtzentrums (770 Don Mills Road), lassen nicht nur Kinderherzen höher schlagen lassen. Es ist ein Zentrum für Technologie und Naturwissenschaften.

1500 m weiter nordöstlich eröffnete 2014 das ★**Aga Khan Museum** für Islamische Kunst, mit der kostbaren Privatsammlung des Aga Khan (Führer der schiitischen Ismaeliten). Ausgestellt ist u. a. eine in Gold gewebte Koran-Sure.

Eine zwanzigminütige Fahrt über den Highway 401 führt zum ★**Toronto Zoo** im Osten der Stadt. Er ist einer der größten Zoos der Welt und erstreckt sich über 300 Hektar zwischen zwei Armen des Rouge River. Neben sieben Tierpavillons gibt es viele offene Tiergehege, die den natürlichen Lebensraum der über 4000 Zoobewohner nachahmen. Tierarten aller Kontinente sind vertreten. Eine Elektrobahn transportiert Besucher über 5 km durch das ka-

» **Stadtplan S. 70-71, Info S. 80-81**

Foto: Axel Mosler

nadische Gehege, wo sich Elche, Wölfe und Rotwild tummeln.

40 km nördlich von Toronto, in der Stadt **Kleinburg**, befindet sich die **Mc-Michael Canadian Art Collection** (Islington Avenue). Die wildromantisch in einem Nadelwald gelegene Galerie beherbergt **Landschaftsbilder** der berühmten **Group of Seven**, deren Mitglieder in den 1920er Jahren mit heroischen Bildern der kanadischen Wildnis einen eigenen Malstil begründeten – eine schöne Einstimmung für den Trip in den kanadischen Norden!

Eine Reise zurück in die gute alte Kutschenzeit ist der Besuch im Mennonitenland im Westen um den Marktort ★**St. Jacobs**. Hier bewahren die Alt-Mennoniten (**Amish**), der konservativste Zweig der aus dem deutschen Sprachraum stammenden Glaubensgemeinschaft, ihre gottesfürchtige Lebensweise, indem sie technische Neuerungen ablehnen und in Kutschen zum wöchentlichen **Farmer's Market** (Do u. Sa 7-15.50 Uhr, im Sommer auch Dienstags) von St. Jacobs fahren.

Ein Naturwunder lockt 125 km südlich von Toronto: die **Niagarafälle** (siehe auch Kapitel „Ontario"). Wo der Niagara River vom Eriesee in den Ontariosee fließt, stürzen 170 000 m^3 pro Minute in die Tiefe. **Goat Island** (Ziegeninsel) teilt die Niagarafälle in zwei Teile. Auf der amerikanischen Seite stürzen die **American Falls** über eine gerade Kante, während sich auf der kanadischen Seite die **Horseshoe Falls** wie ein Hufeisen biegen und einen nach einer Seite hin offenen Kessel bilden, aus dem die Gischt des 52 m tief abstürzenden Wassers wie Nebel aufsteigt. Diese wasserreichsten Fälle der Welt kann man von einem Tunnel hinter den Fällen, von einem Boot („Maid of the Mist") bzw. Hubschrauber aus, oder von einem der vielen Wanderwege (mit Aussichtsterrassen), die um die Fälle herumführen, bestaunen. Nachts werden die Fälle illuminiert. Den besten Blick über die gesamten Niagarafälle mit Umgebung hat man vom **Skylon Tower** auf der kanadischen Seite – die Aussicht von dem 234 m hohen Turm ist atemberaubend.

» **Stadtplan S. 70-71, Info S. 80-81**

Toronto (☎ 416)

Metropolitan Toronto Convention and Visitors Association, 207 Queens Quay West, Toronto, Ontario, Canada M5J 1A7, Tel. 203-2600, www.seetorontonow.com.

Niagara Falls Chamber of Commerce, 4056 Dorchester Rd., Niagara Falls, ONL2E 6M9, Tel. 905-374-3666, Fax 905-374-2972, www.niagara-fallschamber.com.

FLUG: **Pearson International Airport**, www.torontopearson.com; Airport-Express-Busse fahren alle 20 Min. in die City.

ZUG: Union Station, 65 Front Street, Tel. 864-3483, www.ttrly.com, ist eine Drehscheibe des gesamt-kanadischen Bahnverkehrs.

BUS: Eastern Canadian Greyhound Lines Ltd., Voyageur Colonial und andere Buslinien fahren vom Toronto Bus Terminal, 610 Bay Street, Tel. 1-800-661-8747, www.greyhound.ca, Ziele in Ontario und anderen kanadischen Provinzen an.

AUTO: Der Queen Elizabeth Hwy. verbindet Toronto mit Hamilton, den Niagarafällen, Fort Erie und New York State. Der Macdonald Cartier Fwy. (Hwy. 401) führt in Ost-West-Richtung durch Toronto. Die Hwys. 11 und 400 sind die größten Straßen nach Norden.

STADTVERKEHR: Die Busse, Straßenbahnen und U-Bahnen der Toronto Transit Commission (TTC), Tel. 393-4636 (www3.ttc.ca) für Fahrpreise, sind schnell, sauber, zuverlässig. In Bussen und Straßenbahnen muss man das genaue Fahrgeld parat haben, in der U-Bahn braucht man *tokens* (Fahrmarken). Fahrgast-Information: Tel. 393-INFO.

LUXUS:
Canoe, Rentier aus dem Yukon und anderes kanadisches Wildbret, raffiniert zubereitet, 66 Wellington St. W., im Toronto Dominion Tower, Tel. 364-0054.

GEHOBEN:
Ruth's Chris Steakhouse, die besten Steaks der Stadt in feinem Ambiente, 145 Richmond St. W. (im Hilton Hotel), Tel. 955-1455.

Trattoria Giancarlo, frische Pasta mit Pilzen und Garnelen, 41 Clinton St., Tel. 533-9619.

Barberian's, sehr beliebtes Steakhaus, 7 Elm Ave., Tel. 597-0335.

La Fenice, köstliche italienische Küche, gegrillter Fisch u. Pasta; gute Lage im Theaterbezirk, 319 King St. W., Tel. 585-2377.

MITTEL:
Penelope, gute griechische Küche Mo-Fr ab 11.30 Uhr, 225 King St., Tel. 351-9393.

The Keg Steakhouse & Bar Mansion, stilvolles Ambiente im früheren Herrenhaus der Familie Massey, sehr gute Steaks, elegante Bar im Obergeschoß, 515 Jarvis St, Wellesley, Tel. 964-6609.

PREISWERT:
Osgoode Hall, nobles Ambiente: Man speist wie in einer alten Bibliothek, mit hoher Decke und Buntglasfenstern, 130 Queen St. W., im Obergeschoss, Tel. 947-3361.

Duke of Westminster, pubähnliches Restaurant, Fish und Chips, Sandwiches, Burger sowie andere leckere Snacks, 77 Adelaide St., Tel. 368-2761.

Granite Brewery, Gaststätte mit eigener Brauerei, 245 Eglinton Ave E, Tel. 322-0723.

Hard Rock Café, die größten Hamburger und Ribs in Toronto, die üblichen Rock-Memorabilia hängen an der Wand, 279 Yonge St., Tel. 362-3636.

Salad King, Thai-Küche mit französischer Note, 340 Yonge St.

Royal Ontario Museum (ROM), Mo-Do und Sa-So 10-17.30, Fr 10-20.30 Uhr, 100 Queen's Park, Tel. 586-8000, www.rom.on.ca.

George M. Gardiner Museum of Ceramic Art, gegenüber ROM, Tel. 586-8080, www.gardiner-museum.com.

Art Gallery of Ontario (AGO), Di und Do-So 10-17.30, Mi 10-20.30 Uhr, 317 Dundas Street West, Tel. 979-6648, www.ago.net.

Ontario Science Centre, Mo-Fr 10-16, Sa-So bis 17 Uhr, 770 Don Mills Rd., Tel. 696-1000, www.ontariosciencecentre.ca.

3 Toronto

The Bata Shoe Museum, tgl. 10-17, Do 10-20 Uhr, 327 Bloor St. W., Tel. 979-7799, www.bata-shoemuseum.ca.

McMichael Canadian Art Gallery, Inuit-Kunst, tägl. 10-16 Uhr, Islington Ave., Kleinburg, Tel. 905/893-1121, www.mcmichael.com.

Hockey Hall of Fame, Mo-Fr 10-17, Sa 9.30-18, So 10.30-17 Uhr, 30 Yonge St., BCE Place, Tel. 360-7735, www.hhof.com.

Canadian Sports Hall of Fame, täglich geöffnet, Exhibition Place, Tel. 260-6789.

Casa Loma, tägl. 9.30-17 Uhr, 1 Austin Terrace, Tel. 923-1171, www.casaloma.org.

Toronto Zoo, tgl. 9.30-16.30 Uhr, Meadowvale Rd., Tel. 392-5900, www.torontozoo.com.

CN-Tower, eines der höchsten Gebäude der Welt, den Tisch für das Dinner im Drehrestaurant sollte man vorher reservieren, 301 Front St. E., Tel. 868-6937, www.cntower.ca.

Fort York, Mo-Fr 10-17, Sa u. So 12-17 Uhr, Ende Garrison Rd., Tel. 392-6907, www.fort york.ca.

Ontario Place, Freizeit- und Vergnügungskomplex, Mai-Sept., 955 Lakeshore Rd. W., Tel. 314-9900, www.ontarioplace.com.

Harbourfront, Kultur- und Freizeitkomplex, tägl. geöffnet, Queen's Quay W., Tel. 973-4000, www.harbourfrontcentre.com.

Queen's Quay Terminal, Kultur- und Freizeitkomplex, über 100 Geschäfte, Restaurants, Galerien unter einem Dach, tägl. geöffnet, 207 Queen's Quay W., Tel. 203-0510.

New City Hall, Nathan Phillips Sq., kostenlose Touren an Wochenenden nach Anmeldung unter Tel. 338-1200.

🎭 **Harbourfront Centre Theatre**, Harbourfront Centre, 235 Queen's Quay West, Tel. 973-4000

Sony Centre for the Performing Arts, Heimat des National Ballet of Canada und der Canadian Opera Company, 1 Front St. E., Tel. 368-6161, www.sonycentre.ca.

St. Lawrence Centre for the Arts (mit dem **Jane Mallet Theatre** und dem **Bluma Apple Theatre**), 27 Front St. E., Tel. 366-7723, www.stlc.com.

Horseshoe Tavern, Kneipe mit toller Livemusik, 370 Queen Street W., Tel. 598-4753, http://horseshoetavern.com.

🎉 **FEIERTAGE / FESTE**: Am Wochenende nach dem *24. Mai* wird der **Geburtstag Königin Victorias** mit Feuerwerk am Ontario Place gefeiert.

Im *Juni* findet das 10tägige **Toronto Jazz Festival** mit internationalen Musikern statt.

Die chinesische Gemeinde veranstaltet mit dem **Dragon Boat Festival** einen Wettbewerb mit 160 Drachenbooten.

Der **Canada Day** am *1. Juli* wird mit Feuerwerk und Paraden begangen.

Torontos westindische Bevölkerung feiert *Mitte Juli* **Caribana** mit Paraden und Musik.

Im *August* eröffnet die **Canadian National Exhibition** mit Ausstellungen, Unterhaltung und einer Flugshow.

Der *Herbst* beginnt mit dem **International Film Festival**.

Im *November* findet die **Royal Agricultural Winter Fair** statt.

🛒 **Toronto Eaton Centre**, riesiges Einkaufzentrum in Downtown mit Boutiquen, Fachgeschäften, Restaurants u. Imbissen, geöffnet Mo-Fr 10-21. Sa 9.30-19, So 12-18 Uhr, 220 Yonge St. In der **Bloor Street West** (zwischen Yonge St. und Avenue Rd.) gib t es Filialen von **Louis Vuitton** (Nr. 111), **Gucci** (Nr. 130) sowie **Chanel** und **Hermès** (Colonnade Shopping Arcade Nr. 131).

„Maman", die faszinierende Skulptur von Louise Bourgeois – ein Blickfang vor der National Gallery of Canada in Ottawa

Foto: Manfred Braunger

OTTAWA

**DIE BUNDESHAUPTSTADT
FESTIVALS**

★★OTTAWA

Als das Holzfällernest *Bytown* 1867 unter dem Namen ★★**Ottawa** Hauptstadt der neuen Kanadischen Konföderation wurde, war die Siedlung in den Wäldern kaum mehr als ein Vorposten der Zivilisation, der aus Forstarbeitercamps und einer Sägemühle bestand – heute leben hier 812 000 Menschen. Böse Zungen behaupten, dass sich Queen Victoria einst wegen einer romantisierenden Postkarte für Bytown entschied. Die Wahrheit ist, dass sie mit ihrer Wahl sowohl die Anglokanadier, die gerne Toronto als Hauptstadt gesehen hätten, als auch die Frankokanadier, die Montréal oder Québec favorisierten, bei Laune halten wollte. Ottawa dankte es und verwandelte sich von einem Provinznest in eine charmante Stadt mit Flair, die heute noch offiziell zweisprachig ist (zu 63 % englisch-, zu 15 % französischsprachig).

Die Anfänge Ottawas ließen nichts vom späteren Glanz der Stadt ahnen. Die Ottawa-Indianer, nach denen die Stadt benannt wurde, campierten auf ihren Wanderzügen regelmäßig am Ufer des gleichnamigen Flusses. Das unwirtliche Klima – statistisch ist Otta-

wa im Winter kälter als Moskau: Minusrekord 38,9°, dafür gab es im Sommer schon einmal über 37°C – schreckte Siedler ab. Samuel de Champlain legte 1613 in der Nähe des heutigen Parlamentsgebäudes eine kurze Pause ein, um die Chaudière-Fälle zu besichtigen.

Bedeutendster Faktor der frühen kanadischen Wirtschaft war der Pelzhandel, der im 18. und frühen 19. Jh. wichtigster Devisenbringer war. Der in großen Schleifen durch Ottawa fließende **Ottawa River** war Teil jener Kanuroute, auf der die *voyageurs* genannten Pelzhändler aus Montréal im Sommer in langen Frachtkanus zu ihren indianischen Handelspartnern an den Großen Seen reisten.

1796 führte der abenteuerlustige Neuengländer Philemon Wright seine Familie und Freunde an das Nordufer des Ottawa und gründete an der Stelle des heutigen Hull/Gatineau (Provinz Québec) die kleine Siedlung Wright's Town. Schon bald erkannte er das wirtschaftliche Potential der riesigen Weymouthskiefernwälder in diesem Gebiet. Da der Ottawa River streckenweise nicht schiffbar war, ließ er die Baumstämme zusammenbinden und stromabwärts flößen, um sie in Montréal zu verkaufen. Diese Methode wurde erfolgreich bis ins 20. Jh. benutzt.

1826 bekamen die Holzfäller Gesellschaft: Der britische Ingenieur und

Links: Einladung zum Besuch des Kanadischen Parlaments.

» Stadtplan S. 87, Info S. 93   85

Foto: Sergey Ivanov (iStockphoto)

Oberstleutnant John By erschien mit dem Auftrag, mit Hilfe tausender irischer Arbeiter, Armeeingenieure und Veteranen aus dem amerikanisch-kanadischen Krieg von 1812, einen Kanal von Ottawa nach Kingston am Ontariosee anzulegen. Das 200 km lange System von Schleusen, Dämmen, Flüssen und Seen sollte im Fall eines erneuten amerikanischen Angriffs als Nachschubroute dienen. Der ★★**Rideau-Kanal** (UNESCO-Welterbe) wurde in nur sechs Jahren fertig, doch der befürchtete Angriff der Amerikaner fand nie statt, und so wurde der 1832 eröffnete Kanal wirtschaftlich genutzt. Heute schätzen ihn im Sommer die Wassersportler, im Winter die Eisläufer. In Ottawa bilden seine aus acht Schleusen bestehende **Kanaltreppe** am Parlamentshügel ein gutes Fotomotiv.

Während des Kanalbaus ließ Oberstleutnant By die Stadt Bytown am Südufer des Ottawa River für seine Arbeiter anlegen. In jedem Frühjahr strömten hunderte von grobschlächtigen Flößern nach Bytown, um sich nach der einsamen Zeit in den Wintercamps in den Straßen und Tavernen der Stadt auszutoben. Bytown wurde berüchtigt für sein Rotlichtviertel und seine Massenschlägereien. Eine Flut von Einwanderern kam über den Rideau-Kanal nach Bytown; auch verarmte Iren siedelten sich in den 1840er Jahren an.

DIE BUNDESHAUPTSTADT

Das bereits 1857 von Königin Viktoria zur künftigen Hauptstadt Kanadas vorbestimmte Ottawa entwickelte sich nicht über Nacht: Zuerst wurde für $3750 das 11,6 ha große Gebiet des heutigen **Parliament Hill** gekauft, weitere $800 000 gingen an die Architekten Thomas Fuller und Chilion Jones, die von 1700 Bauarbeitern das neugotische Parlamentsgebäude auf einem 50 m hohen Hügel über dem Ottawa River erbauen ließen. Das kühne Projekt war 1867 soweit fertiggestellt, dass

---

Oben: Das Feuerwerk zum Canada Day illuminiert den Peace Tower auf dem Parliament Hill in Ottawa.

» Stadtplan S. 87, Info S. 93

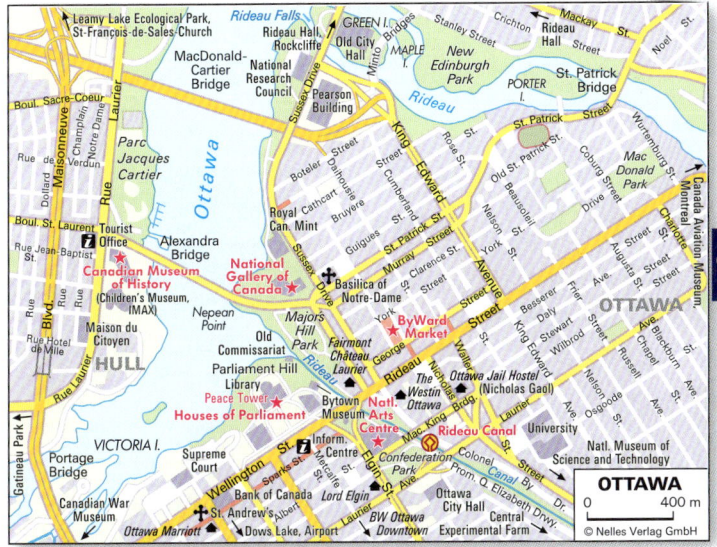

die Eröffnungssitzung des ersten Parlaments des neuen *Dominion of Canada* stattfinden konnte. Die heute vor den Parlamentsgebäuden brennende ewige Flamme wurde 1967 zum Gedenken an den hundertsten Jahrestag dieser historischen Versammlung entzündet.

Ein Besuch der ★★**Houses of Parliament** mit dem Peace Tower sollte auf keinem Ausflugsprogramm fehlen. Der **Centre Block** ist der Sitz des Senats und des Unterhauses; die Räume können besichtigt werden. Der Senat ist in einer eindrucksvollen Halle mit roten Teppichen und Stühlen untergebracht. Hier gibt es sogar einen Thron für die englische Königin oder ihren Repräsentanten, den Governor General. 1916 wurde der Centre Block fast vollständig durch einen Brand zerstört; nur die 1876 fertiggestellte **Parlamentsbibliothek** zwischen Senat und Unterhaus ist noch original erhalten. Im Zentrum der hellen runden Halle steht eine Marmorstatue Queen Victorias, und um die Wände mit den Bücherregalen verlaufen kunstvoll geschnitzte Holzgalerien.

Der **Westblock** wurde ursprünglich für die Staatsbeamten erbaut, von denen es 1867 nur ein paar Hundert gab. Die heute hier untergebrachten Büros der Parlamentarier sind für die Öffentlichkeit nicht zugänglich. Im **Ostblock** können vier historische Räume besichtigt werden: das Büro des ersten Governor General, das im Stil der Amtsperiode von Lord Dufferin (1872-1878) restauriert wurde; die Büros der Konföderationsväter Sir John A. Macdonald und Sir George-Etienne Cartier (1867) und die Kammern des Geheimen Staatsrats.

Die Grünanlage hinter den Parlamentsgebäuden ist mit vielen **Statuen** aufgelockert; die **Glocke** aus dem ersten Centre Block steht hinter der Bibliothek. Sie stürzte zu Boden, nachdem sie beim großen Brand von 1916 zu Mitternacht geläutet hatte. Für eine Tour durch den Centre Block und Ostblock, und die Wandertour *Discover the Hill* ist im Sommer eine Voranmeldung im Infozelt östlich des Centre Block nötig.

Im Sommer wird täglich (Mitte Juni

Foto: Denis Jr. Tangney (iStockphoto)

bis Mitte August) um **10 Uhr** auf der Grünfläche vor dem Parliament Hill die **Wachablösung der Royal Canadian Mounted Police** zelebriert. Dies ist zwar nicht der Buckinghampalast, aber doch ziemlich britisch – eine fotogene Inszenierung.

Den besten Blick über die Stadt bietet die **Aussichtsplattform** des **Peace Tower** vor dem Parlamentsgebäude an der **Wellington Street**, der 1927 als Mahnmal für die gefallenen kanadischen Soldaten des I. Weltkriegs errichtet wurde und ein Glockenspiel mit 53 Glocken besitzt. Von dem 89 m hohen Turm kann man weit in alle Richtungen blicken: Im bereits zur Nachbarprovinz Québec gehörenden frankophonen **Hull/Gatineau** ragen weitere Regierungsgebäude aus Glas und Beton am anderen Ufer des Ottawaflusses auf; dahinter liegt der **Gatineau-Park**, ein 35 200 Hektar großes Wildnis- und Freizeit-

paradies, das vor allem bei Wanderern und Kanufahrern sehr beliebt ist. Im Osten zieht sich der ★★**Rideau-Kanal** hin, den schöne **Radwege** und großzügige Blumenbeete über viele Kilometer hinweg begleiten. Im Sommer passieren Segelboote auf dem Weg zum Ontariosee diesen Abschnitt; im Winter verwandelt sich der Kanal in die längste Schlittschuhbahn der Welt.

Schon um 1900 träumte Sir Wilfried Laurier, der erste frankophone Premierminister Kanadas davon, ein „Washington des Nordens" zu schaffen, auch seinem Nachfolger Mackinzie King lag die Verwirklichung dieser Vision am Herzen. Über ein Jahrhundert später hat sich Ottawa in eine attraktive, kosmopolitische, kulturell interessante Stadt verwandelt. In der Metropolitan Area leben heute über 1,1 Million Menschen – diese Zahl schließt auch die Bewohner der Nachbarstadt Hull ein. Obwohl Hull bereits in Québec liegt, gehört es zum Verwaltungsbereich Ottawas, mit dem es durch Brücken verbunden ist. Ottawa vereint daher das beste aus beiden

Oben: Rideau Canal – rechts das Hotel Château Laurier, links der Parliament Hill. Rechts: Wachwechsel vor dem Parlament.

≫ Stadtplan S. 87, Info S. 93

Foto: Josef Hanus (Shutterstock)

Welten, vor allem das gastronomische Spektrum ist erstaunlich. Die französische und frankokanadische Küche lässt Gourmetherzen höher schlagen, in Spezialitätenrestaurants kann man kulinarischen Genüssen aus aller Welt frönen. Auch die Kulturszene ist kosmopolitisch: Auf den Bühnen des ★**National Arts Centre** (Confederation Square) geben Künstler aus der ganzen Welt jährlich über 900 Theater-, Opern- und Ballettvorstellungen; hier ist das Nationale Arts Centre Orchestra zuhause.

Die meisten Sehenswürdigkeiten Ottawas liegen nahe beieinander im ältesten Teil der Stadt, der sog. **Mile of History** entlang der **Wellington Street** (zu der die Fußgängerzone **Sparks Street Mall** parallel verläuft) und dem **Sussex Drive**. Hier findet man die höchste Konzentration von Nationalmuseen in Kanada. In einem der ältesten Steinhäuser Ottawas, dem **Old Commissariat** neben dem Rideau-Kanal, ist im **Bytown Museum** die Geschichte Ottawas dokumentiert.

In der Nähe liegt das **Nicholas Gaol** (Nicholas-Gefängnis), die ungewöhnlichste **Jugendherberge** der Welt, die von 1862 bis 1972 als Gefängnis diente. Das strenge Kalksteingebäude kann dienstags auf einer Tour besichtigt werden. Die Gäste übernachten hier stilgerecht in ehemaligen Gefängniszellen.

Oberstleutnant By residierte einst im **Major's Hill Park** auf der anderen Kanalseite. Heute steht am einstigen Standort seines Hauses sein Denkmal und eine alte **Kanone** aus dem Krimkrieg, die täglich mit großem Getöse abgefeuert wird (werktags um 12 Uhr, sonntags und feiertags um 10 Uhr). Ein Spaziergang durch den Park führt zum **Nepean Point**, der einen bezaubernden Blick über den Fluss und hinüber zu den Parliament Buildings bietet. Hier steht eine Statue von **Samuel de Champlain**, der ein Astrolabium (Vorgänger des Sextanten) in der Hand hält.

Bevor man die Mile of History erforscht, sollte man den ★**Byward Market** auf der York Street in Lower Town besuchen. Seit 1826 wird hier ein Bauernmarkt abgehalten, heute lockt eine

» **Stadtplan S. 87, Info S. 93**

89

Ottawa

4

Foto: Manfred Braunger

Vielzahl von Läden und Ständen die Passanten zum Kauf. Neben Gemüse und Obst kann man sich bei den meist frankophonen Händlern mit vielen anderen Dingen wie z. B. Parfum oder Ahornsirup eindecken. Auch Kunstgalerien, Cafés, **Restaurants** und Clubs haben sich in den Straßen um die alte Markthalle niedergelassen, so dass man sich nicht nur tagsüber, sondern auch nachts vergnügen kann.

Zurück zum **Sussex Drive**: Die Straße mit ihren Fahnen ist die Renommiermeile des Bundeshauptstadt. Hier liegen die schönsten Museen und Galerien, und sie führt zum noblen Diplomatenviertel **Rockcliffe**.

Im Abschnitt gegenüber den Parliament Buildings dominiert die römisch-katholische **Basilica of Notre Dame**, erbaut Mitte des 19. Jh. im neugotischen Stil. Ihr interessantester Aspekt ist die Statuenreihe um den Hauptaltar, deren Heilige mit Rücksicht auf die vielen verschiedenen Einwanderergruppen der Stadt ausgewählt wurden.

Das Gebäude der ★★**National Gallery of Canada** (380 Sussex Dr.) besteht fast ganz aus Glas und ist an sich schon ein Kunstwerk; es gehört zu den interessantesten modernen Bauten in Ottawa. Der Ausstellungsschwerpunkt liegt auf kanadischer Kunst, aber auch Werke großer amerikanischer und europäischer Maler (Rembrandt, Van Gogh, Picasso) sind zu bewundern. Die in einer der Hallen rekonstruierte **Rideau Street Convent Chapel** mit ihrer für Nordamerika einmaligen Decke aus Fächergewölben ist eines der schönsten Beispiele religiöser Baukunst in Kanada.

Im Annex der Nationalgalerie kann man sich vor oder nach den anstrengenden Museumsbesichtigungen in einem der drei **Restaurants** stärken.

Das **Canadian War Museum** (1 Vimy Place) dokumentiert Kanadas Rolle in den beiden Weltkriegen. Der nüchterne Entwurf für das Gebäude stammt von Raymond Moriyama.

In der Münzprägeanstalt **Royal Canadian Mint** (320 Sussex Drive) kann

Oben: Im Canadian Museum of Civilization.

» Stadtplan S. 87, Info S. 93

man eine Münzausstellung besichtigen und beim Prägen von Sondermünzen, Medaillen und Abzeichen zuschauen.

Rideau Hall (1 Sussex Drive) wurde 1836 vom schottischen Steinmetz Thomas McKay erbaut und dient bis heute als Residenz des Generalgouverneurs von Kanada; im Sommer sollte man die stündliche **Wachablösung** nicht versäumen. Der **Premierminister** wohnt in **24 Sussex Drive**.

Zwei Museen kann man am südöstlichen bzw. östlichen Stadtrand von Ottawa besuchen: das **Canada Aviation and Space Museum** (Luftfahrtmuseum) zur Geschichte der kanadischen Luftfahrt und das **Canada Science and Technology Museum**, das u. a. ein Observatorium bietet.

Die **Alexandra Bridge** überquert unweit der National Gallery den Ottawa River nach **Hull**, das seit 2002 ein Teil von **Gatineau** ist. Zuerst gelangt man zum ★★**Canadian Museum of History** an der Rue Laurier. Für die Exponate in diesem weitläufigen, teils interaktiven Museum benötigt man mehrere Stunden. Der Stolz des Museums sind sechs indianische Langhäuser mit **Totempfähle** von der Westküste und Rekonstruktionen von Schlüsselszenen der kanadischen Geschichte. In den **IMAX**-Kinos des Museums werden Filme in neuester Kinotechnik gezeigt. Im **Children's Museum** können Kinder kanadische und fremde Kulturen erforschen.

Die meisten Sehenswürdigkeiten von Hull liegen am Fluss. Ein Spaziergang in südliche Richtung auf der Rue Laurier führt zum modernen Rathaus, der **Maison du Citoyen**, mit einer kleinen Ausstellung kanadischer Kunst. Ein Stück weiter verläuft der **Sentier de Portage** am Fluss entlang. Dieser alte Pfad wurde einst von kanadischen Indianern benutzt. Nach Norden führt die Rue Laurier zum **Parque Jacques Cartier** – ein idealer Platz für einen Spaziergang oder ein Picknick. Der sich am Flussufer entlang schlängelnde Fahrradweg führt schließlich zum **Leamy Lake Ecologi-**cal **Park**; hier wird Freizeitvergnügen – einschließlich Golfen und Windsurfen – ganz groß geschrieben. Auch die hübsche neugotische Kirche **Saint-François-de-Sales** nahe des Messezentrums Gatineau Exhibition Centre lohnt einen Besuch.

Die MacDonald-Cartier-Brücke verbindet den Jacques Cartier Park mit dem grünen Flussufer Ottawas. Die Insel **Green Island**, am Zusammenfluss von Rideau-Kanal und Ottawa River, ist ein besonders hübsches Fleckchen Natur. Die **Rideaufälle** am Nordufer bestehen aus einem Doppelkatarakt, um den sich einst ein – inzwischen wieder abgerissenes – Industriezentrum erstreckte. Auf der Insel liegt inmitten von Bäumen das **Rathaus** von Ottawa, ein Gebäude aus den 1950er Jahren.

Dows Lake ist ein städtisches Erholungsgebiet im Westen; der Freizeitpark erstreckt sich um einen künstlichen kleinen, vom Rideau-Kanal gebildeten See. Westlich benachbart ist die über 500 ha große **Central Experimental Farm**. Hier kann man sich mit Haus- und Nutztieren wie dem Charolais-Rind oder dem Clydesdale-Zugpferd vertraut machen, ein Arboretum und ein Tropengewächshaus besichtigen, eine Kutschfahrt unternehmen oder picknicken. Wer an der Entwicklung der Landwirtschaft interessiert ist, kommt im **Agricultural Museum** auf seine Kosten. Auch für Familien lohnt ein Besuch, weil die Kleinen Tiere aus nächster Nähe beobachten können. Der **Gatineau-Park** am Quèbecer Ufer ist auf S. 88 beschrieben. Ein lohnendes Ausflugsziel ist das **Upper Canada Village**, 90 km südöstlich, siehe S. 117.

FESTIVALS

In Ottawa werden das ganze Jahr über Feste gefeiert. Das **Canadian Tulip Festival** im Mai ist das bezauberndste: Dann verwandeln über 200 Tulpenarten die Stadt in ein Meer von Farben. Ottawa besitzt die größte Tulpensammlung

» Stadtplan S. 87, Info S. 93   91

Foto: Photawa (Dreamstime)

Nordamerikas, und jedes Jahr fügt die holländische Königsfamilie neue Arten hinzu. Diese „holländische Verbindung" geht auf den II. Weltkrieg zurück, als Prinzessin Juliana während der Besetzung Hollands durch die Nazis nach Kanada floh und in Ottawa freundlich aufgenommen wurde. Als sie ihre Tochter Margriet 1943 im Ottawa Civic Hospital zur Welt brachte, schenkte sie der Stadt holländische Tulpen; die kanadische Regierung hatte das Krankenzimmer der Königin zum holländischen Territorium ernannt, um die holländische Staatsbürgerschaft der Prinzessin zu sichern.

Das Festival beginnt mit dem **National Capital Marathon**, danach finden jeden Abend Konzerte und andere Veranstaltungen im Major's Hill Park statt. Die Bootsshow **Rideau Canal Flotilla** zieht im Sommer Bootsbesitzer aus Ontario, Québec und den USA an, die mit ihren fantasievoll geschmückten Boo-

ten an den Zuschauern vorbeiziehen. Im Zentrum der Stadt, am Dows Lake, finden wilde Wasserrennen in motorisierten Badewannen und waghalsige Wasserskishows statt; neben Oldtimerparaden werden Heißluftballonfahrten und historische Vorführungen geboten. Auf dem Freiluft-Kunstgewerbemarkt in der Nähe des Parliament Hill zeigen Kreative aus der Region ihre Arbeiten.

Im Februar feiert Ottawa das 10-tägige Festival **Winterlude**, mit einer Parade, Eisskulpturen, Schlittenfahrten und Pferderennen. Zu den vielen anderen Festen in der Stadt gehören das von Restaurants veranstaltete Gourmetfest **A Taste for Life** bzw. *Bon Appetit Ottawa* im April/Mai, das **Franco-Ontarian Festival** und das **Capital City Beer Festival** im Juni, der am 1. Juli groß am Parliament Hill gefeierte Nationalfeiertag **Canada Day**, das **Cisco Systems Bluesfest** und das **Ottawa International Jazz Festival** im Juli, die **Ottawa Wine & Food Festival** im November sowie das Lichterfest **Christmas Lights Across Canada** im Dezember.

Oben: Die Champlain Rapids des Ottawa River bei Bate Island in Ottawa – eine Herausforderung für Kajaksportler.

Ottawa (☎ 613)

Ottawa Tourism & Convention Authority, 130 Albert St., Suite 1800, Ottawa, ON, Canada K1P 5G4, Tel. 237-5150, www.ottawa-tourism.ca. Das „Infocentre" befindet sich in 111 Albert St., Tel. 239-5000.

FLUG: **Ottawa International Airport**, Tel. 248-2000, www.ottawa-airport.ca, wird von Air Canada, Canadian Airlines und zahlreichen regionalen Airlines angeflogen. Der Flughafen befindet sich 20 Autominuten südlich der City. Shuttle-Busse, Tel. 260-2359, pendeln zwischen Flughafen und Innenstadt.

ZUG: Die Züge von VIA Rail verkehren täglich von und nach Montréal und Toronto.

AUTO: Der Trans Canada Highway verbindet Ottawa mit Montréal und führt in westliche Richtung nach Sault Ste. Marie, Thunder Bay und weiter nach Manitoba. Der Hwy. 7 ist die schnellste Route zwischen Ottawa und Toronto.

BUS: Greyhound Lines of Canada, Tel. 741-7753, Inter-City Busservice zu vielen kanadischen und amerikanischen Städten.

ÖRTLICHE VERKEHRSMITTEL: OC Transport ist für die Verkehrsverbindungen innerhalb Ottawas zuständig. Die Busse von OC Transport verkehren auf den Straßen der Stadt sowie auf dem Transitway – einem Netz von Straßen, ausschließlich für Busse bestimmt.

CONTINENTAL: **Courtyard Restaurant**, solide Küche wie z. B. Rumpsteaks oder Bœuf Stroganoff, 21 George (Byward Market), Tel. 241-1516.
INTERNATIONAL: **Greek Souvlaki House nc.**, traditionelle Küche Griechenlands, 3625 Rivergate Way, Tel. 695-4477.
Café Shafali Indian Restaurant, exotische Rezepte aus verschiedenen indischen Provinzen, angenehme Atmosphäre, 308 Dalhousie St., Tel. 789-9188.
Zak's Diner, authentischer Diner wie aus den 1950er Jahren mit Jukebox am Tisch, gute Burger, 16 Byward Market, Tel. 241-2401.

Fish Market, Seafood vom Feinsten, 54 York St., Tel. 241-3474.
ITALIENISCH: **La Dolce Vita**, u.a. auch glutenfreie Speisen, 180 Preston, Tel. 233-6239.
STEAK UND MEERESFRÜCHTE:
Blue Cactus Bar & Grill, Pub-Restaurant mit Burger, Nachos, Fajita, Sandwich, Salat etc., 2 Byward Market, Tel. 241-7061.
Mamma Teresa, unverfälschte italienische Küche, nettes Ambiente, schattige Terrasse, zahlreiche Promis waren hier schon zu Besuch, Bank St., Tel. 236-3023.

Winterlude: 10-tägiges Winterfest Ende Januar/Anfang Februar.
Canadian Tulip Festival: Mitte Mai wird mit Paraden, Musik, Feuerwerk und tausenden von Tulpen gefeiert.
Am 1. Juli ist **Canada Day**.

Canadian Museum of History, tägl. 9-18, Do 9-21 Uhr, 100 Laurier St., Hullr, Tel. 819/776-7000, www.civilization.ca.
Parliament Hill, tägl., Wellington St., Tel. 239-5000, www.parliamenthill.gc.ca.
Canadian Ski-Museum, Mo-Fr 9-17, Sa-So 11-16 Uhr, 1960 Scott St., Tel. 722-3584, http://skimuseum.ca.
Canada Aviation and Space Museum, Mai-15. Okt. tägl., sonst tägl. außer Mo, Rockcliffe Airport, nordöstlich der Stadt, Tel. 993-2010, www.aviation.technomuses.ca.
National Arts Centre, Confederation Square, Tel. 947-7000, www.nac-cna.ca.
National Gallery of Canada, im Sommer tgl. 10-17, Do bis 20 Uhr, sonst kürzer, 380 Sussex Dr., Tel. 241-9359, www.gallery.ca.
Canada Science and Technology Museum, tägl. 9-18, Fr 9-21 Uhr, 1867 St. Laurent Blvd., Tel. 991-3044, www.sciencetech.technomuses.ca.
Royal Canadian Mint, geführte Touren, Voranmeldung empfohlen, 320 Sussex Dr., Tel. 267-1871, www.mint.ca.
Bytown Museum, alles über die Gründungsgeschichte der Stadt, täglich 10-17, Do bis 21 Uhr, neben den Ottawa Locks, Tel. 234-4570, www.bytownmuseum.com.
Canadian Museum of Nature, von Mineralien bis zu Dinosauriern, 240 McLeod St., Tel. 566-4700.

Die Horseshoe Falls mit dem Schiff „Maid of the Mist" (kanadische Seite der Niagarafälle)

Foto: Axel Mosler

ONTARIO

GREY UND BRUCE COUNTIES
BRUCE PENINSULA
NIAGARA PENINSULA
HURONIA
MUSKOKA
ZENTRAL- UND OSTONTARIO
NORDONTARIO

5

Ontario

ONTARIO

Ontario bedeutet in der Sprache der Irokesen „schöner See" oder „schönes Wasser". Die Bezeichnung ist durchaus angebracht, wenn man bedenkt, dass über ein Sechstel der Provinz von Seen und Flüssen bedeckt ist. Gerade diese Gewässer mit ihren Sandstränden und der unberührten Natur machen Ontario zu einem idealen Urlaubsziel. Gut zwei Drittel der Provinz gehören zum Kanadischen Schild, der aus präkambrischem Gestein besteht. Der Schild erstreckt sich über den gesamten Norden Ontarios und reicht bis zu den Parks Muskoka und Algonquin, bis er dann zwischen den Städten Brockville und Kingston am St.-Lorenz-Strom abflacht. Abgesehen von den Großstädten und Highways besteht der Großteil Südontarios aus Farmland, das im Osten und Nordosten hügelig und im Südwesten flacher ist.

Die über 220 Provinzparks, zahlreichen Nationalparks und Erholungsgebiete an den Seen sind der Stolz der Provinz. Die Parks bieten gute Wanderwege und bieten meist auch hervorragende Möglichkeiten zum Angeln, Schwimmen, Kanu- und Bootfahren

Links: Totem der Algonquin im gleichnamigen Provincial Park.

und Campen. In manchen Parks ist es den Besuchern überlassen, die menschenleeren Wald- und Seegebiete mit den einheimischen Elchen, Bibern und Amerikanischen Wölfen auf eigene Faust zu ergründen, in anderen wiederum gibt es aufwendige Freizeiteinrichtungen, Naturlehrpfade und Campingplätze.

GREY UND BRUCE COUNTIES

Die Schwesterbezirke Grey und Bruce und die Bruce Peninsula liegen in Südontario zwischen Huronsee und Georgian Bay. Die Bezirke wurden Anfang des 19. Jh. von Weißen besiedelt, und die großen, wildwuchernden Hartholzwälder lockten Holzfäller an. Auf der Bruce Halbinsel und in ihrer Umgebung findet man die wohl schönste Verbindung von unbewohnten ursprünglichen Seengebieten und netten kleinen Urlaubsorten in ganz Südontario.

Es gibt drei landschaftlich schöne Highways, über die man die Bruce Peninsula erreicht: Auf dem Hwy. 26 in westlicher Richtung entlang der Nottawasaga Bay; von Toronto aus in nordwestlicher Richtung auf dem Hwy. 10 durch Dufferin und Grey County, und von Point Clark in nördlicher Richtung durch Bruce County am Lake Huron entlang. Die kleinen Orte in Bruce und Grey County sind durchweg gastlich und mit

» Karte S. 118-119, Info S. 120-121

97

ONTARIO

SÜDLICHES ONTARIO

0   25   50   75 km

© Nelles Verlag GmbH, München

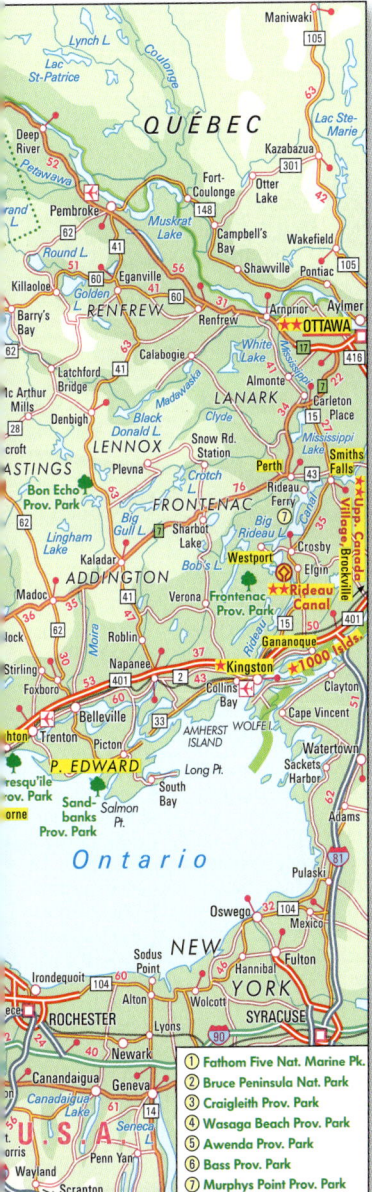

①	Fathom Five Nat. Marine Pk.
②	Bruce Peninsula Nat. Park
③	Craigleith Prov. Park
④	Wasaga Beach Prov. Park
⑤	Awenda Prov. Park
⑥	Bass Prov. Park
⑦	Murphys Point Prov. Park

Ontario 5

ihren Floh- und Bauernmärkten, Musik- und Kunstfestivals und Antiquitätenläden typisch für Ontario. **Owen Sound**, die größte Stadt der Region, liegt drei Autostunden von Toronto entfernt an der Georgian Bay. Dort gibt es einige interessante Museen, wie die **Tom Thomson Art Gallery** mit vielen Werken des bekannten kanadischen Landschaftsmalers und das **Grey Roots Museum**, in dem man viel über die Geschichte, Kultur und Architektur der Region erfährt.

Auf dem Hwy. 26 entlang der Nottawasaga Bay zur Bruce Peninsula gibt es im Grey County einige interessante Sehenswürdigkeiten. Der **Craigleith Provincial Park** liegt an der Bucht zwischen Collingwood und Thornbury und hat für Besucher Campingeinrichtungen und Naturprogramme. Besonders beliebt ist der Park bei Anglern, da es hier im Frühling und Herbst Regenbogen- und Bachforellen in Hülle und Fülle gibt.

Der kleine Ort **Thornbury** liegt im **Beaver Valley** 10 km westlich des Parks. In diesem netten Ort locken sehr gute B&Bs und Restaurants. Im Hafen von Thornbury gibt es eine Fischschleuse, in der Regenbogenforellen markiert und gemessen werden, bevor sie den **Beaver River** flussaufwärts zu ihren Laichplätzen schwimmen. Das Flusstal ist auch bei Kanuten beliebt.

Kimberley, etwas weiter südlich auf der Route 13, ist der Ausgangspunkt für Kanufahrten in Richtung Norden nach Heathcote. Die Fahrt dauert etwa vier Stunden und führt durch ein Gebiet mit vielen Vogelarten und Wildtieren. Die Route 13 gehört zu den reizvollsten Strecken Ontarios und ist im Herbst, wenn sich die Blätter färben, besonders schön.

Die landschaftlich reizvollsten Strecken vom südwestlichen Teil Ontarios zur Bruce Peninsula sind die kleinen Nebenstraßen entlang des **Lake Huron** durch Bruce County. Das Wasser ist relativ warm und sauber, also ideal für Familien und Wassersport. Den roten Son-

Foto: Sebastian Santa (iStockphoto)

nenuntergang über dem riesigen See sollte man sich nicht entgehen lassen.

Am Ufer des Lake Huron liegen viele nette Urlaubsorte, wie Kincardine, Port Elgin und Southampton. **Kincardine** wurde von schottischen Siedlern gegründet, und im Juli und August marschieren jeden Samstagabend Dudelsackkapellen durch die Innenstadt. Und wem dies nicht genügt, dem bieten die Stadt und ihre Umgebung mit ihren Häusern aus dem 19. Jh. romantische Steingärten, beleuchtete Plankenwege und Tanzsäle. Im Süden von **Port Elgin** befindet sich der 1204 ha große **MacGregor Point Provincial Park** am Ufer des Sees – als Ausgleich zum dortigen **Kernkraftwerk**, das besucht werden kann. Es gibt unterschiedlich ausgestattete private Campingplätze und hervorragende Wege zum Wandern oder Fahrradfahren. Hier kann man Biber, Wasservögel und über 200 einheimische

Vogelarten beobachten. Der Uferstrand von **Southhampton** gehört zu den ruhigsten in ganz Ontario – Autofahren ist hier verboten. Im **Bruce County Museum & Cultural Centre** erfährt man viel Interessantes über Geschichte und Kultur der Region.

Im Osten der Stadt befindet sich an der Route 21 das **Saugeen Indian Reserve**. Die Saugeen- und Newash-Indianer wurden im Jahr 1854 gezwungen, ihren Anspruch auf ihr Land, die heutige Bruce Peninsula, aufzugeben. Im Vertrag fand man sie mit sechs Landstrichen ab, von denen ihnen heute noch vier gehören. Von außen unterscheidet sich das Reservat überhaupt nicht von anderen Gemeinden der Region. Wenn man jedoch hineinfährt, sieht man etwas, das so gar nicht in unsere Zeit und in die Umgebung passt: ein griechisches Amphitheater, das im Jahr 1979 oberhalb des Saugeen Friedhofs erbaut wurde. Es befindet sich hinter der United Church, deren Gemeinde vor allem aus Indianern besteht, und überblickt das anmutige **Saugeen River Valley**.

Oben: Die Marina von Kincardine am Lake Huron.
Rechts: Der Halfway Rock Point teilt den berühmten Bruce Trail.

100   » Karte S. 118-119, Info S. 120-121

Foto: Heike & Bernd Wagner

BRUCE PENINSULA

Die Bruce Halbinsel liegt zwischen der Georgian Bay und dem Lake Huron. Sie ist der nördlichste Teil des **Niagara Escarpment**, das sich von Tobermory aus, an der Nordspitze der Halbinsel, über 1236 km nach Queenston in der Nähe der Niagarafälle erstreckt. Die Kalksteinfelsen tragen die Spuren der geologischen Veränderungen der vergangenen 440 Millionen Jahre. Früher war der Bereich des Escarpments vom Urmeer bedeckt. Als es sich vor etwa 250 Millionen Jahren zurückzog, blieb ein Korallenriff mit versteinerten Meeresrestieren zurück, aus dem durch die Erosion Kalksteinwände wurden. Durch die Ablösung großer Kalksteinblöcke entstand dann schließlich das Escarpment. Etwa vor zwei Millionen Jahren veränderte sich das Landschaftsbild noch einmal, als sich ein riesiger Gletscher seinen Weg durch die Region bahnte. 1967 wurde der Bruce Trail eröffnet, eine Wanderroute durch fast das gesamte Gebiet des Escarpment.

1990 wurde das Gebiet von den Vereinten Nationen zum *World Biosphere Reserve* ernannt, wodurch die einzigartigen geologischen Verhältnisse und der Lebensraum für zahllose Arten von Reptilien, Amphibien, Vögeln und Säugetieren als erhaltenswert anerkannt wurden.

Der ★**Bruce Peninsula National Park** und der ★**Fathom Five National Marine Park** liegen im Norden der Halbinsel. Man erreicht sie über den Hwy. 6. Entlang der kleineren Straßen, die vom Highway abgehen, liegen ruhige Campingplätze, schöne Wanderwege, Buchten und zerklüftete Wälder. Um möglichst viel von der Bruce Peninsula zu sehen, sollte man auf der einen Route die Halbinsel hinauf- und auf der anderen wieder herunterfahren. Die östliche Route ist wegen ihrer Nähe zum Bruce Trail und der wild zerklüfteten, einsamen Küste reizvoller.

Nach **Wiarton** verlässt man den Hwy. 6 und fährt auf der Route 9 nach Norden und 18 in Richtung Osten nach **Cape Croker**. Von dort hat man atem-

Foto: Sylvain Majeau (Ministère du Tourisme du Quebec)

beraubende Ausblicke auf die felsigen Klippen und die Georgian Bay. Nach fünf bis zehn Minuten gelangt man zu einer unbefestigten Straße (folgen Sie den Beschilderungen), die zum **Cape Croker Indian Park**, einem der Öffentlichkeit zugänglichen Gebiet der Ojibwa, führt. Trotz der einzelnen Farmhäuser wirkt das dicht bewaldete Reservat absolut unbewohnt. Es gibt einen privaten Campingplatz und Möglichkeiten zum Bootfahren und Angeln. Auf der Rückfahrt zur Route 9 (Achtung! Die Beschilderungen sind sehr schlecht) kommt man über einen kurzen Weg in Richtung Norden nach **Hope Bay**. Steile Klippen umgeben das kleine Dorf an der Bucht, das mit den Bauernhütten und dem Wohnwagenplatz nicht wie ein kommerzialisierter Urlaubsort wirkt. Ganz in der Nähe befinden sich auch die **Greig's Caves**. Auf der Route 9 fährt man in nördlicher Richtung und

biegt rechts nach **Rush Cove** ab. Nach etwa 800 m auf einer schlechten Straße gelangt man zu zwölf Kalksteinhöhlen mit dunklen Grotten und verborgenen Höhlen, die besonders außerhalb der Besucherzeiten etwas urzeitliches und unheimliches an sich haben. Wieder auf der Route 9 in Richtung Norden, kann man auf der Fahrt durch **Lion's Head** den Ausblick auf die Isthmus Bay genießen. Die kurvenreiche Strecke führt durch einen Teil des Bruce Trail an dicht bewaldetem Gebiet vorbei. Lion's Head ist der modernste Urlaubsort auf der Halbinsel.

Der **Bruce Peninsula National Park** ist von hier aus nicht weit entfernt. In dem verhältnismäßig großen Gebiet gibt es Kalksteinklippen, saubere Angelseen, Sandstrände, Mischwälder und üppiges Marschland. Obwohl Scharen von Besuchern in den Park kommen, ist doch genügend Platz, um in Ruhe umherzuwandern und die einheimischen Tiere, wie Stachelschweine, Luchse und Wölfe zu beobachten. Im Frühling blühen hier 40 Orchideenarten.

Oben: Große Freiheit an den Großen Seen. Rechts: Wo der Postmann keinmal klingelt – rationelle Zustellung.

Ontario 5

Der nördliche **Bruce Trail** führt durch den Park. Er gehört zu den schönsten Ontarios. Will man einen Spaziergang mit atemberaubenden Ausblicken verbinden, ist **Cyprus Lake** westlich von Highway 6 der passendste Ort. Man parkt am **Head of Trails** und geht von dort auf dem **Horse Lake Trail** etwa 1 km bis zum Rand der Felsvorsprünge. Dann folgt man dem Weg nach links zu den einzigartigen Felsformationen, überhängenden Felsvorsprüngen und Stränden, an denen Felsblöcke wie gestrandete Wale im Sand liegen. Um zu einem anderen schönen Wanderweg zu gelangen, fährt man auf den Hwy. 6 und biegt in die Dorcas Bay Road West nach links ein. Man folgt dieser Straße, bis man zum Wegweiser zum Singing Sands Beach gelangt. Am besten lässt man sein Auto möglichst weit nördlich stehen und überquert die Brücke über den kleinen Fluss, hinter der das **Dorcas Bay Nature Reserve** beginnt. Über die linke Abzweigung gelangt man auf eine alte unbefestigte Straße, die an der Küste entlang führt und einen wunderba-

ren Ausblick auf die Lake-Huron-Seite der Halbinsel bietet. Gute Wanderschuhe oder Stiefel sind hier unerlässlich.

Cyprus Lake ist das Aktivitäten-Zentrum des Bruce-Parks. Dort gibt es Zeltplätze, die mit Tischen und Feuerstellen ausgerüstet sind. Es gibt zwar keinen Strom, doch fließendes Wasser und Toiletten. Vom 15. Juni bis 15. September ist Motorbootfahren verboten.

An der Nordspitze der Bruce Peninsula liegt **Tobermory** am Hwy. 6. Die meisten Besucher zieht es hier in den **Fathom Five National Marine Park**. Die Fläche des Parks bildet ein Dreieck, in dem, nördlich von Tobermory, 19 Inseln liegen. Früher war dies eine wichtige Passage für Handels- und Transportschiffe, doch die Gewässer an dieser Stelle waren gefährlich, und viele Schiffe sanken an den Kalksteinriffen. Heute kann man durch die Glasböden der Ausflugsboote einen Blick auf über 20 Wracks werfen. Wirkliche Abenteurer müssen es aber nicht dabei belassen, denn sie können die Schiffswracks auch mit Tauchgeräten aus nächster

Foto: Viktorus (Dreamstime)

NIAGARA PENINSULA

Die Halbinsel zwischen **Lake Ontario** und **Lake Erie** ist durch den **Niagara River** vom US-Staat New York getrennt. Sie ist wohl das berühmteste Ausflugsziel Kanadas. Drei Brücken verbinden die kanadische Stadt ★★**Niagara Falls** mit der gleichnamigen amerikanischen; v.a. die **Rainbow Bridge** bietet tolle Blicke auf die Schlucht. Auch die **Aussichtstürme** (Skylon, Minolta Tower) auf kanadischer Seite sind 24 h zugänglich.Parallel zu den Stromschnellen verläuft der **White Water Walk**.

Mit dem amerikanischen Unabhängigkeitskrieg begann in den 1770er Jahren die Besiedlung dieser Region durch Weiße. Hunderte von englandtreuen Amerikanern (Loyalisten) flohen in dieses Gebiet, und während Frauen und Kinder im Fort Niagara auf der amerikanischen Seite des Niagara River untergebracht wurden, zogen die Männer an die Front. Auf der kanadischen Seite wurden die Fort Butler's Barracks errichtet, und bald entstanden an diesem westlichen Ufer Farmen für Flüchtlingsfamilien. Nach einem Vertrag mit den Mississauga-Indianern zogen immer mehr Siedler nach Westen.

Die Hauptattraktionen dieser Region liegen am Ostufer des Niagara River. Wenn Sie aus Toronto kommen und diese sehen möchten, nehmen Sie einfach den Gardiner Expressway West im Süden von Downtown Toronto. Dieser Highway nennt sich später QEW und führt am Westufer des Lake Ontario entlang zum Hwy. 55, auf dem man nach Niagara-on-the-Lake gelangt.

Die flache idyllische Landschaft erlebt man am intensivsten, wenn man in **Hamilton** den QEW verlässt, auf dem Hwy. 8 in östlicher Richtung und weiter auf der Route 81 fährt. Die Route 81 gehört zur **Niagara Wine Route** und führt durch ca. 40 **Weingüter**, die an der Strecke zwischen der Ostgrenze von Niagara County und den Wasserfällen liegen. Die meisten Betriebe bieten kostenlose

Nähe unter die Lupe nehmen. Unterwasserhöhlen, bizarre Felsformationen und Meerestiere machen diese Unterwasserausflüge doppelt interessant. Außerdem werden Bootsrundfahrten zu den Inseln angeboten. Die Bezeichnung **Flowerpot Island** stammt von den zwei riesigen blumentopfförmigen Kalksteinsäulen auf der Insel. Zu diesen „flowerpots" und zu zahlreichen Höhlen führen Wanderwege.

Von Mai bis Mitte Oktober verkehrt die **Chi-Cheemaun Ferry** zwischen Tobermory und **Manitoulin Island**, der größten Süßwasserinsel der Welt. Sie ist eines der großen, verhältnismäßig unerschlossenen Gebiete Ontarios und kann auch von Highways im Norden Ontarios aus erreicht werden. Die malerischen kleinen Dörfer gehören zu den schönsten der Provinz, und die Insel eignet sich hervorragend zum Angeln.

Oben: Kalksteinsäule auf Flowerpot Island. Rechts: Weinbau bei Niagara.

» Karte S. 118-119, Info S. 120-121

Besichtigungen und Kostproben an.

Abseits der Route 81 in östlicher Richtung liegen weitere sehenswerte Orte. Das Schutzgebiet **Beamer Memorial Conservation Area**, durch das ein Teil des Bruce Trail führt, erreicht man, wenn man bei Grimsby auf die Route 12 in südlicher Richtung fährt. Fährt man weiter östlich bei **Ball's Falls** auf die Road 24 in Richtung Süden, gelangt man zu einem Schutzgebiet mit zwei Wasserfällen am **Twenty Mile Creek**.

Niagara-on-the-Lake

Bei **St. Catherines**, wo Mitte bis Ende September das **Niagara Wine Festival** mit Weinproben und Konzerten gefeiert wird, fährt man auf der Route 34 in nördlicher Richtung zur Route 87, die an Obst- und Weingärten vorbei bis nach ★★**Niagara-on-the-Lake** führt. Der Ort war in den 1790er Jahren die Hauptstadt Oberkanadas und wurde zunächst Newark genannt. Die Hauptstraße ist die Queen Street. Die restaurierte, 1886 erbaute Apotheke, alte Bäckereien und Süßwarenläden lassen hier die lockere Atmosphäre, die Eleganz und den Wohlstand vergangener Zeiten wieder aufleben. Zu Ehren der Opfer des I. Weltkriegs wurde ein Glockenturm errichtet. Das Luxushotel **Prince of Wales**, ein viktorianisches Gebäude, ist der Mittelpunkt der Straße. Von Mitte April bis Ende Oktober findet in Niagara-on-the-Lake das *Shaw Festival* zu Ehren des irischen Dramatikers George Bernard Shaw und seiner Zeitgenossen statt.

Außerhalb der Stadt gelangt man auf dem Hwy. 55 zur Parfümfabrik **French Perfume Factory**, in dem man erfährt, wie die Düfte früher hergestellt wurden. In der **Wine Country Cooking School** in Strewn werden Kochkurse angeboten. Der **Fort George National Historic Site** liegt am Stadtrand am Niagara Parkway und ist von Mitte Mai bis Oktober geöffnet. Die Rekonstruktion des zweimal zerstörten Forts, das auch nach der Amerikanischen Revolution von

Foto: Photobulb (Dreamstime)

Ontario **5**

den Briten zu Verteidigungszwecken genutzt wurde, ist einen Besuch wert.

Winston Churchill nannte den ★**Niagara Parkway** „die schönste Strecke der Welt für Nachmittagsausflüge". Er führt von Niagara-on-the-Lake in Richtung Süden am Niagara River entlang bis zu seiner Mündung am Fort Erie. Der US-Bundesstaat New York befindet sich in östlicher Richtung am gegenüberliegenden Flussufer. Die Fahrt dauert etwa 40 Autominuten und bietet einen herrlichen Blick auf ein hügeliges Flussufer, das in eine immer tiefer eingeschnittene Kalksteinspalte übergeht, je näher man den Wasserfällen kommt.

Fahren Sie auf der Allee nach **Queenston** und folgen Sie der Beschilderung zu den **Queenston Heights**. Auf einem großen Hügel steht die Statue von **General Isaac Brock**, der seine Truppen bei einem Kampf gegen die Amerikaner während des Kriegs 1812 zum Sieg führte und dabei selbst fiel. Das Denkmal ist wegen seiner Größe und der Überheblichkeit seines Ausdrucks untypisch für Kanada. Der Ge-

Foto: Ron Sumners, Sunnersgraphicsinc (Dreamstime)

neral auf dem hohen Sockel blickt mit ausgestrecktem Arm beinahe spöttisch in Richtung Bundesstaat New York.

★★Niagarafälle

Der Parkway führt dann zu den berühmten ★★**Niagarafällen**. Parkplätze in der Nähe sind in der Saison knapp. Die ★★**Horseshoe Falls** auf der kanadischen Seite sind die gewaltigsten. Der Anblick der 170 000 m³ Wasser, die pro Minute über das 52 m hohen Kalksteinwall herabstürzen, ist imposant. Ein großartiges Erlebnis ist die Fahrt mit dem Schiff **Maid of the Mist** (5920 River Rd.) durch das aufgewühlte Wasser direkt vor die Fälle (Regenkleidung im Fahrpreis inbegriffen).

Die Parkway Route endet am 29 km südlich gelegenen **Fort Erie**, nach dem die dort gelegene Stadt benannt ist. Das Fort wurde zweimal von Stürmen

dem Erdboden gleichgemacht. 1813 brannten es dann auch noch die US-Amerikaner nieder. Das neue Fort besitzt einen Wassergraben und ist mit einer Zugbrücke und Kanonen bestückt. Beim Exerzieren tragen die Soldaten Originaluniformen, und im Inneren des Forts kann man Ausrüstungen der amerikanischen und britischen Armeen besichtigen.

Auf der Rückfahrt nach Toronto fahren Sie auf den Hwy. 3 in westlicher Richtung und dann die Route 58 in Richtung Norden, bis Sie auf den Hwy. 20 stoßen. Biegen Sie dann nach links nach Westen ab, und fahren Sie auf der landschaftlich schönen Route an Ackerbaugebieten vorbei bis Sie nach Hamilton wieder auf den QEW gelangen. Als Alternative bietet sich ein Abstecher zu einem der Strände südlich der Road 3 am Nordufer des Lake Erie an. **Crystal Beach** liegt nicht weit von Fort Erie und ist ein beliebter Urlaubsort.

Allerdings kann man den Südwesten Ontarios nicht als Urlaubsgebiet empfehlen. Die 15 Bezirke südlich von

Oben: Feuchter Ausflug – per Schiff zu den Niagara Fällen. Rechts: Kanuten ziehen die Flüsse und Seen von Huronia vor.

Foto: János Kalmár

Bruce und Grey County und westlich der Niagara Peninsula bieten nicht die landschaftlichen Schönheiten oder die Geschichte, die in anderen Regionen Ontarios vorhanden sind. Sicher gibt es auch dort interessante Orte, doch das Gebiet, in dem sie liegen, ist so großräumig, dass eine Rundfahrt hauptsächlich aus anstrengendem Fahren besteht. So benötigt man z. B. 10 Autostunden, um vom **Selkirk Provincial Park** südlich von Hamilton entlang der Küste nach **Point Clark** an der Südwestgrenze von Bruce County zu gelangen.

HURONIA (SIMCOE)

Huronia (oder **Simcoe County**) erstreckt sich von Norden nach Süden vom Awenda Provincial Park an der Georgian Bay bis zum ländlichen Farmland, 60 km nordwestlich von Toronto, und von Westen nach Osten von Collingwood an der Nottawasaga Bay bis zum Lake Simcoe. Es ist nicht verwunderlich, dass die Ufergebiete der Georgian Bay (mit der Nottawasaga Bay) und

des Lake Simcoe die meisten Besucher in der Region anziehen. Auf dem Expressway 400 gelangt man von Toronto in etwa 1,5 Stunden mit dem Auto nach **Barrie**, das nördlich liegt. Von dort aus erreicht man die interessanten Abschnitte der Ufer der beiden großen Seen über die großen Highways in 30 bis 45 Autominuten.

Wenn man nicht unbedingt gleich ans Wasser möchte, bietet das Gebiet westlich des Expressway 400 schöne malerische Nebenstraßen und nette kleine Städte. Etwa 20 km südlich von Barrie befindet sich eine Abzweigung in westlicher Richtung auf den Hwy. 89, der durch zwei interessante Orte führt. **Cookstown** ist ein wiederaufgebautes Dorf aus den 1830er Jahren; **Alliston** wird auch *Potato Capital of Ontario* genannt. Etwa 15 km westlich von Cookstown liegt der **Earl Rowe Provincial Park**. Der Park mit seiner dicht bewaldeten Flusslandschaft eignet sich hervorragend zum Campen, Kanufahren, Schwimmen, Angeln und Wandern. Wenn man auf dem Hwy. 89

» **Karte S. 118-119, Info S. 120-121**

107

Ontario 5

Foto: Gerhard Bersick

ein paar Kilometer zurück in Richtung Osten fährt, gelangt man zur Route 10. Sie führt in nördlicher Richtung zum **Wasaga Beach Provincial Park**. Linkerhand sieht man entlang der Strecke nach Brentwood, das nördlich von Angus liegt, Reitställe und die **New Lowell Conservation Area**, in der man Campen, Kanufahren und Angeln kann.

Wasaga Beach ist zwar die Hauptattraktion des Wasaga Beach Provincial Park, doch er bietet auch andere landschaftliche Reize wie den **Nottawasaga River**, wo man Angeln und Kanufahren kann; Sanddünen, eine Schwemmebene und eine Lagune. Besonders interessant sind die **Dünen**, denen die Nordwestwinde eine sichelförmige Gestalt verleihen. Der kurze, aber sehr schöne **Blueberry Plains Trail** führt durch dieses Dünengebiet.

Der ★**Wasaga Beach** ist mit 14 km der längste Süßwasserstrand der Welt.

Oben: In „Ste-Marie among the Hurons". Solche Schnitzbänke benutzten die Jesuiten der Missionsstation schon im 17. Jh.

Sportausrüstung wird günstig vermietet, und so ist an diesem schönen Badestrand – auch im Wasser – im Sommer sehr viel los, vor allem im Abschnitt **Beach Area 1** nahe der Flussmündung, wo sich am Wochenende die Badeurlauber drängen. Weiter südlich und nördlich an der Nottawasaga Bay gibt es ruhigere Strände. In dieser Gegend werden Hütten und Ferienwohnungen vermietet. Die Straße am Ufer entlang wird durch Hütten vom See getrennt.

★★Sainte-Marie among the Hurons

Östlich dieser kleinen Strände liegen in der Nähe der **Georgian Bay Inlet** die zwei großen Urlaubsorte der Gegend, ★**Midland** und **Penetanguishene**, auf einem Hügel mit herrlichen Ausblicken auf die Umgebung. Auf dem Hwy. 93 in nördlicher Richtung gibt es eine Abfahrt, die zu den beiden, nur fünf Autominuten voneinander entfernten Orten führt. An der Stelle des heutigen Midland befand sich früher eine der ersten weißen Siedlungen Kanadas,

★★**Sainte-Marie**. Die Missionsstation wurde 1639 von französischen Jesuiten gegründet, die die hier lebenden Wendat-Indianer (Huronen) zum Christentum bekehren wollten. Anfangs hatten sie damit auch Erfolg, doch sie brachten neben europäischen Sitten und Gebräuchen auch europäische Krankheiten mit, gegen die die Indianer nicht immun waren. Durch die fortdauernden Rivalitäten zwischen den Wendat und den ebenfalls hier lebenden Irokesen verschlimmerte sich die Situation weiter; 1648 brannten die französischen Siedler und eine Gruppe christlicher Wendat aus Furcht vor einem Angriff der Irokesen Sainte-Marie nieder und zogen sich nach Québec zurück. Heute steht in Midland eine authentische Nachbildung dieser Gemeinde. Man kann sie von Ende Mai bis Oktober besichtigen. Nur selten fühlt man sich so stark in eine andere Zeit zurückversetzt wie an diesem Ort. Sainte-Marie bietet mit einem **Wendat-Langhaus**, der katholischen **Kirche**, dem Hufschmied und dem 300 Jahre alten Friedhof einen historischen Blick zurück.

In Midland und Penetanguishene gibt es noch weitere historische Stätten, so die Nachbildung eines Huronen-Dorfs beim ★**Huronia Museum** in Midland; in Penetanguishene befindet sich der **Discovery Harbour**, wo man die Rekonstruktion eines britischen Marine- und Militärstützpunkts aus dem 19. Jh. besichtigen kann. Beide Stätten sind von Mai bis Oktober geöffnet.

Von Midland und Penetanguishene aus werden Bootsrundfahrten zu den 30 000 Inseln der Georgian Bay angeboten, die abends besonders schön sind. Von den Häfen beider Orte werden Bootsausflüge zum ★★**Georgian Bay Islands National Park** organisiert, der aus 59 Inseln besteht und eine Fläche von etwa 12 km^2 umfasst. Wie viele der National- und Provinzparks in Ontario bietet auch er hervorragende Camping-, Angel- und Wandermöglichkeiten. Das Besondere an ihm sind seine unberührte landschaftliche Schönheit und die Abgeschiedenheit. Die Landschaft auf den nördlichen Inseln und der Nordteil von **Beausoleil Island**, dem Zentrum des Parks, sind hauptsächlich durch kahle Felsen und stämmige Pinien geprägt. Der Süden von Beausoleil hingegen ist dicht bewaldet. Wenn Sie diesen Park besuchen, nehmen Sie alles nötige mit, da es keine Einkaufsmöglichkeiten gibt.

Lake Simcoe

Verglichen mit der Georgian Bay ist das Ufer des **Lake Simcoe** nicht ganz so attraktiv. Man gelangt oft nur etwas umständlich ans Wasser. Landschaftlich reizvolle Abschnitte gibt es an seinen Ost- und Nordwestufern. Hin und wieder führen kleine Nebenstraßen ans Seeufer, doch die Strände sind im Vergleich zu den erstklassigen Seeuferstränden im übrigen Ontario klein und schlechter ausgestattet. Am See gibt es zwar Hütten, in denen man übernachten kann; das Gebiet um den Lake Muskoka im Norden jedoch verfügt über eine bessere touristische Infrastruktur.

Dennoch gibt es einladende Provinzparks: **Sibbald Point** im Süden (mit Badestrand) sowie **McRae Point** und **Mara** am Nordufer des Lake Simcoe, und den **Bass Lake Park** an einem kleinen See westlich von Orillia. In allen dreien kann man nach Schwarzbarschen, Seeforellen und hechtartigen Muskellungen angeln. Mit 30 000 Einwohnern ist **Orillia** der größte Ort der Region; er bietet Abwechslung zur Natur. Im restaurierten Zentrum der Stadt gibt es gute Geschäfte und hervorragende Restaurants. Außerdem finden dort häufig Festivals und Märkte statt. Theateraufführungen kann man im alten Opernhaus von 1895 besuchen; das **Stephen Leacock Museum**, ein von dem Politologen und Autor S. Leacock 1928 gestaltetes Herrenhaus, gewährt einen Einblick in die Lebensart des bekanntesten Humoristen Kanadas (u. a. *Die Hohenzollern in Amerika*).

5

Ontario

Foto: Photawa (Dreamstime)

MUSKOKA

Die Einwohner Ontarios lieben diese Region, die sich bis zu den Seengebieten nördlich von Huronia zwischen der Georgian Bay und dem Algonquin Park erstreckt. Mit dem Auto gelangt man von Barrie nach Gravenhurst, der größten Stadt im Süden von Muskoka, in gut 40 Minuten über den Hwy. 11.

Muskoka ist ein Urlaubsgebiet, in dem man sich ein paar Tage Aufenthalt gönnen sollte. 1870 baute der wohlhabende New Yorker Bankier W.H. Pratt am Ufer des Lake Rousseau eine Villa und begann, die Zimmer an Gäste zu vermieten. Obwohl die Einheimischen zunächst der Ansicht waren, er sei verrückt, machte sein Beispiel Schule. Anfangs logierten vor allem reiche Besucher aus Toronto und aus den nahegelegenen amerikanischen Städten in den Häusern, doch heute sind sie für fast jeden Geldbeutel erschwinglich. Hierher kommen Urlauber, die zwar die freie Natur genießen möchten, es dennoch vorziehen, die Nacht in komfortablen Räumen zu verbringen. Neben Resorts der gehobenen Klasse gibt es einfache Unterkünfte mit Frühstück und Abendessen „wie bei Muttern". Den Tag verbringt man natürlich an einem der 1600 Seen, wo man Kanu-, Wasserskifahren oder Schwimmen kann. Im Winter sind Skifahren und Schlittschuhlaufen beliebte Freizeitaktivitäten.

Das Gebiet liegt im Bereich des Kanadischen Schildes, und die weitgehend grüne Landschaft wird immer wieder durch die grauen und braunen Farbtöne der Milliarden Jahre alten Felsen unterbrochen. Dort, wo nicht ausreichend Erde für Bäume vorhanden ist, kommt der kahle Fels zum Vorschein.

Ist man mit dem Auto unterwegs, lässt sich Muskoka am besten auf einer Tour um die drei größten Seengebiete erkunden. ★**Lake Muskoka** liegt zentral im Süden, **Lake Rousseau** im Nordwesten und **The Lake of Bays** im Nordosten der Region. Die etwa 60 km lange Lake Muskoka Route beginnt in ★**Gravenhurst**, einem hübschen, für Ontario typischen Ort, dem die viktorianische Architektur eine gediegene Eleganz verleiht. Die *R.M.S. Segwun* hat hier ihren Heimathafen. Sie ist das letzte Dampfschiff Nordamerikas, 1887 in Schottland gebaut und 1925 restauriert. Von Mai bis Oktober finden mit diesem Dampfer romantische Rundfahrten auf dem Lake Muskoka statt. Im nahegelegenen **Gull Lake Park** gibt es ein großes Treibboot, und im Sommer werden jeden Sonntagabend im Musikpavillon Konzerte veranstaltet.

Von Gravenhurst führt der Hwy. 169 in nördlicher Richtung nach **Bala**. Der kleine ländliche Ort liegt zwischen dem Mill Stream und den **Bala Falls** und wird wegen seiner acht Brücken auch Bridge Town genannt. Das schönste an Bala sind die Wasserfälle, deren Rauschen man in der ganzen Gegend hört.

Oben: Neugieriges amerikanisches Streifenhörnchen. Rechts: Picknick auf den kahlen Felsen am Lake Muskoka.

» Karte S. 118-119, Info S. 120-121

Foto: János Kálmár

Der Highway führt weiter durch **Glen Orchard**. Rechts biegt man in östlicher Richtung auf den Hwy. 118 nach **Port Carling** ab. (Wenn man kurz vor Port Carling auf die Route 7 in Richtung Norden fährt, gelangt man auf die Route um den Lake Rousseau). In dem ansprechenden kleinen Ort zwischen Lake Muskoka und Lake Rousseau kann man gut übernachten.

Früher war Port Carling ein Ojibwa-Dorf, doch die weißen Siedler zwangen die Indianer, wegzuziehen. Mitte der 1880er Jahre kamen jedoch wieder Mohawk und Caughnawaga Indianer in das Gebiet, und heute gibt es am Seeufer ein kleines **Indianerdorf**, in dem die Indianer Kunsthandwerk verkaufen. Im Sommer findet in Port Carling das Muskoka Music Festival statt; dann werden in der Memorial Hall erstklassig inszenierte Theaterstücke aufgeführt.

Von Port Carling führt der Highway weiter in Richtung Südosten nach Bracebridge. Kurz nach **Valley Green Beach** kommt man zum **Huckleberry Rock Cut**. An dieser äußerst unge-

wöhnlichen Stelle führt der Highway zwischen zwei steil abfallenden Wänden aus rosafarbenem Granit hindurch. Diese tiefe Schlucht wurde zwar von Menschenhand gesprengt, doch sie erweckt eher den Eindruck, als hätte eine himmlische Hand sie mit einem gigantischen Messer in den Fels gehauen.

In **Bracebridge** endet die Fahrt um den Lake Muskoka. Die Stadt gehört zu den großen Touristenzentren der Region und ist durch ihre Lage am stufenförmig herunterfließenden Muskoka River ein idealer Ort für Spaziergänge und zum Fahrradfahren. Das Seeufer im Stadtzentrum ist der Ausgangspunkt für Bootsrundfahrten auf dem Lake Muskoka, die etwa 2,5 Stunden dauern. Der Vergnügungspark **Santa's Village** liegt nur 4 km in westlicher Richtung an der Santa's Village Road und bietet Kindern ein riesiges Unterhaltungsprogramm.

Mit dem Flussdampfer **Lady Muskoka** kann man von Mai bis Oktober Ausflugsfahrten auf dem Muskoka River unternehmen und dabei die reizvolle

Foto: János Kalmár

Landschaft kennen lernen – vor allem während der Laubverfärbung im Herbst ein lohnendes Unternehmen.

Die Fahrt um den **Lake Rousseau** beginnt in Port Carling oder, wenn man die Muskoka Route verlässt, in Glen Orchard an der Kreuzung der Route 7 mit dem Hwy. 118. Diese Route sollt man sich nicht entgehen lassen, denn sie verläuft durch großartige Naturgebiete von atemberaubender Schönheit. Auf der Route 7 fährt man Richtung Norden, bis sie zum Hwy. 632 wird. Kurz vor der Kreuzung mit Hwy. 141 in Richtung Norden gelangt man zum **Shadow River**.

Die Flüsse dieser Region sind wegen ihrer Stille bekannt, die auch die Stimmung in ihrer Umgebung bestimmt. Vom Fluss aus fährt man auf den Hwy. 141 in südlicher Richtung bis man etwa nach 7 km an die Rousseau River-Stromschnellen gelangt. Hier kann man ein Picknick machen oder auf der spektakulären Strecke weiterfahren.

Oben: Elchgeweih am Lake Klotz, eine begehrte Trophäe. Rechts: Kanutour auf dem Lake of Bays.

Im Bereich der **Skeleton Bay** gibt es dramatische, steil abfallende Klippen. Bei Ullswater fährt man auf die Route 24 in südlicher Richtung. Biegt man an der North Shore Road links ab, gelangt man zu den **Dee Bank Falls**. Nach einer kurzen Strecke weiter auf der Route 24 folgt man dem Wegweiser nach **Windermere**, wo man im **Windermere House** eine der ältesten und elegantesten Ferienunterkünfte der Region findet. Die Fahrtstrecke um den Lake Rousseau hat eine Länge von etwa 60 km.

Die **Lake of Bays Circle Tour** hingegen ist über 100 km lang, und ihr Ausgangspunkt ist weiter von Huronia entfernt. Auf dem Hwy. 11 von Orillia aus fährt man 61 km in Richtung Norden und dann kurz nach Bracebridge 16 km auf dem Hwy. 117 in östlicher Richtung, bis man nach **Baysville** gelangt. Von diesem ehemaligen Holzfällerdorf aus kann man entweder links oder rechts um den Lake of Bays fahren, wobei das Westufer interessanter ist. Im Herbst sind die Farben der Landschaft entlang dieser hügeligen Strecke besonders schön.

Nach 11 km kommt man nach **Browns Brae**, wo man unbedingt ein kurzes Stück auf den Old Highway Nr. 117 fahren sollte. Er führt näher am Ufer und am **Lake of Bays Park** entlang. Hier versetzt angeblich ein riesiger Stör die Schwimmer in der Bucht in Angst und Schrecken.

Fährt man wieder auf den neuen Highway 117, gelangt man bereits nach einigen Kilometern nach **Dorset**, wo Wegweiser zum **Dorset Ontario Scenic Lookout Tower** führen, einem ehemaligen Feuerbeobachtungsturm mit grandioser Aussicht. Im **Dorset Heritage Museum** informieren Ausstellungen über das frühere Pionierleben, das Leben lokaler Siedler und über die Holzwirtschaft. Außerdem gibt es in Dorset den **Robinson's General Store**, der wegen seiner großen Auswahl erstklassiger Artikel in dieser Gegend als Kanadas bestes Kaufhaus bekannt ist.

Foto: Daniel Desjardins (Ministère du Tourisme du Quebéc)

Nach Dorset führt der Hwy. 35 zunächst an den atemberaubenden Felseinschnitten von Birkendale vorbei und dann zu den mächtigen Marsh's Falls kurz vor der Kreuzung der Hwy. 35 und 60. Biegt man dort ab, gelangt man nach einer kurzen Strecke zur Westzufahrt des Algonquin Provincial Park. Wenn man die Lake of Bays Circle Tour hier beenden möchte, biegt man links in die Route 60 ein. Trifft man auf die Route 9 in Richtung Süden, biegt man dort wieder links nach Baysville ab. Die Strecke bietet zwar keine Attraktionen, doch man kann die schönen Ausblicke auf den See genießen. An vielen Stellen ist er leicht erreichbar, und das kühle, seichte Wasser ist ideal zum Baden.

★Algonquin Provincial Park

Der große ★**Algonquin Park** im Norden Ontarios ist etwa 3 Autostunden von Toronto entfernt und für Naturfreunde eines der interessantesten Urlaubsgebiete Kanadas. Er liegt im Bereich des Kanadischen Schildes, und die Landschaft besteht aus einer herrlichen Mischung felsiger Ufergebiete, windgepeitschter Pinien, üppiger Sumpfgebiete und schöner Flüsse. Auf den Seen tummeln sich Scharen von Seetauchern und auf den Hügeln wachsen Ahornbäume.

Weite Teile des 7700 km² großen Parks sind noch fast unberührt. Im Park sind Hirsche, Biber, Schwarzbären und viele Elche zu entdecken. Im August können Besucher das Parkpersonal auf Expeditionen begleiten, bei denen Naturforscher das Geheul der einheimischen Amerikanischen Wölfe nachahmen und auf diese Weise mit ihnen Kontakt aufnehmen. Zwei weitere beliebte Aktivitäten im Park sind die Vogelbeobachtung und das Angeln.

Es gibt zwei Möglichkeiten, den Park kennen zu lernen: Entweder man schlägt sich allein durch die einsamen Parkgebiete, oder man nimmt den bequemeren Weg auf dem **Hwy. 60**, der 56 km durch den Park führt und an dem Lodges und moderne Campingplätze liegen.

Foto: Axel Mosler

Wenn man auch mit weniger Komfort auskommen kann, sollte man die erste Möglichkeit wählen. Mit dem Auto gelangt man zwar ein kleines Stück ins Parkinnere, doch den Großteil des Parks kann man nur zu Fuß oder mit dem Kanu entdecken. Im Algonquin Provincial Park gibt es unzählige verlockende Wanderwege und 1500 km Kanurouten. Selbst während der Urlaubsmonate im Sommer ist es nicht schwer, Gebiete zu finden, in denen man vollkommen ungestört ist. Im Parkinneren gibt es zahlreiche einfache Campingplätze. Über ein Dutzend sogenannte *outfitter* vermieten und verkaufen Ausrüstung und geben Tipps für den Besuch.

Der **Parkway Corridor** am Hwy. 60 ist etwas weniger abenteuerlich. Er bietet moderne Campingplätze und sogar Luxuslodges mit fast unmittelbarem Zugang zur Wildnis. Die Wege sind nicht so anstrengend, und dementsprechend

ziehen die Flüsse und Seen viele Besucher an. 15 km von der Westzufahrt zum Park beginnt der lange Wanderweg **Mizzy Lake Trail**. Er ist 11 km lang und führt an vielen Teichen und Seen vorbei, an denen man Wildtiere beobachten kann.

Der **Peck Lake Trail** ist ein hervorragender kurzer Wanderweg, der einen Einblick in einige der Ökosysteme des Parks vermittelt. Er beginnt nach einigen Kilometern auf dem Hwy. 60 in westlicher Richtung und führt um den See herum.

Der knapp 3 km lange Rundwanderweg **Big Pines Trail** beginnt bei Km 40.3 gegenüber der Rock Lake Road führt durch Bestände von über 80 Jahre alten Bäumen und ein ehemaliges Holzarbeitercamp vom Ende des 19. Jahrhunderts. Wer sich für die Geschichte der Holzindustrie interessiert, findet Ausstellungen dazu am East Gate des Parks im Algonquin Logging Museum, zu dem auch ein kleiner Wanderweg durch den Nachbau eines historischen Logger Camps gehört.

Oben: An Leihkanus mangelt es nicht im Algonquin Park. Rechts: Passion wärmt – hartgesottener Eisangler.

Foto: Axel Mosler

ZENTRAL- UND OSTONTARIO

Am schnellsten gelangt man von Toronto nach Ottawa, wenn man auf dem Expressway 401 in Richtung Osten und dann etwa 20 km östlich von Brockville auf den Hwy. 416 in Richtung Norden fährt. Die Fahrt dauert rd. fünf Stunden. Die schönsten Urlaubsgebiete zwischen den beiden Großstädten liegen am Lake Ontario und dem St.-Lorenz-Strom sowie in der Region der ★Kawartha Lakes und weiter östlich in den netten kleinen Orten um das Rideau-Kanal-System.

Die Kawartha-Seen gehören zum **Trent Waterway System**, das sich vom **Balsam Lake** östlich von Lake Simcoe bis zum Rice Lake nördlich von **Cobourg** erstreckt. 1615 fuhr der französische Entdecker Samuel de Champlain mit seinem Kanu von der Georgian Bay durch das Wasserwegenetz zum Lake Ontario. Heute ist das Wasserwegesystem durch Schleusen und Kanäle verbunden, die im 19. Jh. der Industrie dienten, heute jedoch in ers-

ter Linie von Touristen genutzt werden. Das Kawartha-Seengebiet bietet ideale Bedingungen zum Angeln, Kanu- und Bootfahren. Die Region ist auf Fremdenverkehr eingerichtet, und so findet man überall gemütliche Gästehütten und Ferienunterkünfte.

Schöne ländliche Gemeinden wie **Millbrook**, **Lakefield** und **Burleigh Falls** bieten mit ihren Museen und ihrer Architektur aus dem 19. Jahrhundert Einblicke in die Vergangenheit der Region. Sie hat außerdem eine lange indianische Vorgeschichte, da die Algonquin-Indianer das Gebiet bereits vor 1000 Jahren besiedelten. Ein Besuch des **Petroglyphs Provincial Park** mit den in Fels gemeißelten Bilderschriftzeichen beweist das: Bis in 21 m Höhe sieht man auf einem Marmorfelsen, der von den Indianern **Teaching Rock** genannt wird, über 900 Piktogramme, die die Algonquin vor 500 bis 1000 Jahren in den Stein meißelten. Der Park befindet sich nördlich des Stoney Lake; von Cobourg (90 km) fährt man auf den Straßen 45 und 40 in Richtung Norden und dann

Foto: Manfred Braunger

auf der 6 in nordöstlicher Richtung.

Die schönste Strecke nach Brockville, am Nordufer des Lake Ontario entlang, ist der malerische Hwy. 2, der auch **Great Pine Road** genannt wird. Am Anfang dieser Strecke liegt der **Presqu'île Provincial Park** südlich von **Brighton** an der Route 66. Er befindet sich auf einer kleinen Halbinsel, die in die **Presqu'île Bay** hinausragt. Hier gibt es Sandstrände, einen alten Leuchtturm und Wanderwege (einer führt durch die Marsch am Ufer), Wohnmobilstellplätze, Zeltplätze und eine Hütte. Im Frühling und im Herbst bietet der Park gute Plätze zur Vogelbeobachtung von Zugvögeln.

Eine kurze Strecke nach dem Park lohnt ein Umweg auf den Hwy. 33 in Richtung Süden nach **Prince Edward County**. Die Halbinsel bietet sehr schöne Landschaften, idyllische kleine Orte, **Sanddünen** und schöne **Sandstrände**

im **Sandbanks Provincial Park** am Ufer des Ontariosees. Dank des milden Seeklimas werden hier Trauben kultiviert und guter **Wein** gekeltert. Zudem gibt es viele Käsereien.

Als nächstes sollte man einen Abstecher nach ★**Kingston** machen. Die Stadt, durch die die Hwys. 2 und 33 führen, ist eine der ältesten Siedlungen Ontarios, am Ende des Ontario-Sees und dem Beginn des St.-Lorenz-Stroms – 1673 wurde sie als französische Pelzhandelsbastion an dieser strategisch wertvollen Position gegründet. Das ★**Old Fort Henry** (nahe der Kreuzung der Hwys. 2 und 15) lässt die Vergangenheit wieder aufleben. Einst der größte britische Militärstützpunkt Oberkanadas, ist es im Stil des 19. Jh. wiederhergerichtet und vermittelt einen Eindruck von der Lebenswelt der damaligen Besatzung, mit **Wachablösung**, Paraden und Kanonenschüssen. Außerdem gibt es dort öfter klassische und auch rockige Livemusik. Kingston hat zudem gute Pubs und Restaurants, dank vieler Studenten eine attraktive Kulturszene – es

---

Oben: Kanone vor Old Fort Henry in Kingston.
Rechts: Ländliche Idylle am St.-Lorenz-Strom bei Thousand Islands.

Foto: Manfred Braunger

ist die Geburtsstadt von Bryan Adams – und schöne britische Kalksteinbauten des 19. Jahrhunderts wie das alte **Rathaus**. Am Hafen werden **Bootsausflüge**, sogar mit einem **Raddampfer**, angeboten. Das **Marine Museum** informiert über die Schiffahrt auf den Großen Seen, ein ausrangierter **Eisbrecher** dient als Museumsschiff.

Im **St.-Lorenz-Strom** ziehen sich die ★★**Thousand Islands** von Kingston in östlicher Richtung bis nach Brockville hin; 21 dieser Inseln bilden den **St.-Lawrence-Islands-Nationalpark**. Von **Gananoque** bis **Brockville** reist, wer Zeit hat, direkt am Strom auf dem -★**Thousand Islands Parkway**. Die Landschaft an dieser 40 km langen Route ist wunderschön, kurze Stichstraßen zweigen immer wieder zum Ufer ab. Über die mautpflichtige **Thousand Islands Bridge** ist ein Abstecher in die USA oder wenigstens zum kanadischen Aussichtspunkt **Skydeck** auf **Hill Island** möglich. Der beliebteste USA-Abstecher führt per Boot (Reisepass nötig!) vom kanadischen **Rockport** nach **Heart Island** zum romantischen **Boldt Castle** des Waldorf-Astoria-Hoteliers, der es 1904 nach dem Tod seiner geliebten Gattin unvollendet ließ – ein amerikanisches Neuschwanstein mit Generatorenhaus und „Alsterturm".

Hinter Brockville fährt man entweder flussnah auf dem **King's Highway 2** oder auf der schnelleren 401 ostwärts. Unterwegs zweigt der Hwy. 416 nach Ottawa ab, der dann im Norden den Rideau Canal berührt (siehe unten).

Es lohnt sich jedoch, zunächst weiter nach Osten zu reisen, denn 10 km hinter Morrisburg lockt ein Besuch im ★★**Upper Canada Village**: Ein Landstädtchen des 19. Jahrhunderts ist hier als „lebendes" Freilichtmuseum sehr gelungen inszeniert; die Kulisse bilden historische Gebäude, die – wegen des Ausbaus des St. Lawrence Seaway von Überflutung bedroht – hierher umgesetzt wurden. Kostümierte Schauspieler sorgen für authentisches Flair und Unterhaltung.

Eine andere Route von Kingston nach Ottawa führt über den Hwy. 15 in nördlicher Richtung, dann auf dem Hwy. 43

in Richtung Osten und schließlich auf dem Hwy. 416 in nördlicher Richtung. Diese Strecke führt durch das ★★**Rideau Canal System**, das nach dem kanadisch-amerikanischen Krieg 1812 von Kingston bis Ottawa gebaut wurde und als sichere militärstrategische Verbindung zwischen Montréal und dem Marinehafen Kingston dienen sollte. Der Kanal wurde 1832 fertiggestellt; mit seinen 47 Schleusen zählt er seit 2002 zum UNESCO-Welterbe. Heute ist er als Wasserstraße bei Freizeitkapitänen und Kanuten sehr beliebt. Die Orte entlang des Rideau Canal Highway sind typisch für Ontario: hübsche kleine Dörfer am Ufer mit der eleganten und prachtvollen Atmosphäre des alten Kanada. Einen Abstecher sind außerdem **Westport** und **Perth** wert. Westport ist eine der schönsten Städte Ontarios. Man erreicht sie über den Hwy. 42 bei der Sammelgemeinde Rideau Lakes. Zu dem malerischen Ort Perth, in dem es viele schöne Steinhäuser gibt, gelangt man von **Smith Falls** aus in südlicher Richtung über den Hwy. 43. Die Routen 1 und 21 führen nach 12 km zum Provinzpark **Murphy's Point**, wo eine alte Glimmermine zu besichtigen ist.

NORDONTARIO

Der Norden Ontarios unterscheidet sich in vielem vom Rest der Provinz. Es gibt weniger Städte, und sie liegen weiter voneinander entfernt. Außerdem fehlt ihnen der viktorianische Charme, da sie meist Bergbau- und Holzfällerorte waren oder sind. Besucher kommen hierher, weil die Angel- und Jagdgebiete zu den besten der Welt gehören. Die Urlaubsorte in den Seengebieten sind nicht so kommerzialisiert und überlaufen wie die im Süden der Provinz.

Die Region liegt im Bereich des Kanadischen Schildes und erstreckt sich über die Gebiete westlich von Québec und nördlich von Muskoka, der Georgian Bay, dem Lake Huron und dem Lake Superior und dem Bundesstaat Minnesota. Im südlichen Teil östlich und westlich des Lake Superior findet man Mischwälder, Flüsse und Seen. Weiter im Norden dünnt die Vegetation spärlicher, bis man nur noch verkrüppelte Bäume in Sumpfgebieten sieht. Den Großteil des Nordens erreicht man nur mit Buschflugzeug, Kanu oder dem Zug.

Die nördliche Route – Hwy. 11

Der Hwy. 11 führt von Barrie in Huronia bis nach **North Bay**. Von dort gibt es zwei Möglichkeiten, den Norden mit dem Auto kennen zu lernen: Entweder man fährt weiter auf dem Hwy. 11 in Richtung Norden oder auf dem landschaftlich schöneren Hwy. 17 in westli-

cher Richtung. Der Hwy. 69 nördlich von **Victoria Bay** am Fuß der Georgian Bay bietet eine kürzere Verbindung nach **Greater Sudbury**, einem Ort mit dem bekannten und besonders für Kinder unterhaltsamen ★**Science North Museum**. Die Route auf dem Hwy. 11 führt durch Bergbau- und Holzfällerorte. Die Städte in der Region, wie z.B. **Kirkland Lake** und **Iroquois Falls**, haben noch ein bisschen Pionieratmosphäre.

In **Cochrane**, 40 km nördlich von **Iroquois Falls**, startet der **Polar Bear Express**. Der Zug fährt von Ende Juni bis Anfang September; man sollte sich die Fahrt durch dichte Wälder, vorbei an kristallklaren Seen, Flüssen, trockenen Buschgebieten und Sümpfen nicht

entgehen lassen. Sie endet nach 300 km in **Moosonee** an der Südspitze der subarktischen James Bay. Hier werden Bootsausflüge zum **Shipsands Islands Waterfowl Sanctuary** und zur Stadt **Moose Factory** auf der gleichnamigen Insel angeboten, außerdem eine sechsstündige Bootsfahrt in der **James Bay**. Moosonee, 1673 von der Hudson's Bay Company gegründet, ist eine der ältesten Siedlungen Kanadas. Noch sind Gebäude aus dem frühen 19. Jh. erhalten, im **Centennial Museum Park** sind die Anfänge dokumentiert. Von Moosonee gibt es Flüge zum arktischen **Polar Bear Provincial Park**, in dem große Bären-, Elch- und Rentierpopulationen existieren (Sondergenehmigung nötig).

Ab Moosonee muss man mit dem Zug nach Cochrane zurück oder sich ein Flugzeug oder Wasserfahrzeug suchen, das einen zu anderen Orten bringt, da es hier keine Highways mehr gibt.

Westlich von Cochrane liegen am Hwy. 11 die Papier- und Zellstoffgewinnungszentren **Kapuskasing** und **Hearst**. Diese Strecke ist 530 km lang und endet bei **Nipigon,** wo die nördliche auf die südliche Route, den Hwy. 17 trifft. Fährt man auf dem Hwy. 11 weiter südwärts, kann man bei ★**Thunder Bay** das „lebende Museum" ★**Fort Williams** besuchen, ein rekonstruiertes Pelzhandelsfort von 1803 mit rund 40 originalgetreu wieder aufgebauten Gebäuden aus der Trapperzeit.

Die südliche Route – Hwy. 17

Die südliche Route verläuft entlang des Hwy. 17 von North Bay bis an die Provinzgrenze mit Manitoba. Entlang der Strecke gibt es zwar Sehenswertes und unberührte Natur, doch für Besucher, die erstmals nach Ontario kommen und die Provinz kennen lernen möchten, ist diese Route zu lang. Außerdem sind die Sehenswürdigkeiten denen im Süden Ontarios ähnlich, aber schwerer zugänglich. Der Hwy. 17 führt von Ost nach West vorbei am **Killarney-,** ★**Lake Superior-,** ★**Pukaskwa-** und **Quetico-Park,** in deren Wildnis es hervorragende Outdoor- und Campingmöglichkeiten in der Nähe von Seen gibt. Auch am **Lake Nipissing**, **Lake Nipigon** und am ★★**Lake of the Woods** gibt es schöne Erholungsgebiete.

Wer den Hwy. 17 im Herbst fährt, kann den herrlichen „Indian Summer" erleben, die Laubverfärbung. Im ★**Killarney Provincial Park** am Nordufer des Huron-Sees etwa veranstalten feuerrote Ahornbäume, Birken in Buttergelb bis Ocker und sattgrüne Tannen im September ein Farbenfeuerwerk. Erfahrene Trekker können den Park auf dem ca. 100 km langen **La Cloche Silhouette Trail** in 8-10 Tagen durchwandern.

ONTARIO

Ministry of Tourism and Recreation, 900 Bay St., Toronto, Ontario M7A 2E1, Tel. 416-326-9326, www.tourism. gov.on.ca.

Algonquin Visitor Centre, hervorragende Informationsquelle für Aktivitäten im Park und Ausstellungen über Geschichte von Mensch und Natur im Park, Mai-Okt. tägl. 10-18 Uhr, sonst nur an Wochenenden, 43 km vom West Gate entfernt am Hwy 60, Tel. 705-633-5572, www.algonquin-park.on.ca.

FLUG: Die meisten internationalen Fluggesellschaften, darunter KLM, Air France, Alitalia und Lufthansa fliegen Torontos **Lester B. Pearson International Airport** an. Ottawa Uplands ist ebenfalls ein internationaler Flughafen. Air Canada fliegt von Toronto andere kanadische Städte an.

ZUG: Die Züge von VIA Rail durchfahren die gesamte Provinz und haben Anschluss an das Amtrak-Zugnetz in Montréal, Windsor und Niagara Falls.

BUS: Eastern Canadian Greyhound Lines Ltd., Voyageur Colonial und weitere Busunternehmen bieten einen Busservice zu allen Gegenden Ontarios.

AUTO: Der Macdonald Cartier Freeway (Hwy. 401) vom südwestlich gelegenen Michigan verbindet Windsor, London, Toronto und Kingston. Die Hwys. 401 und 417 (Québec Hwy. 40) verbinden Ontario mit Québec. Die Hwys. 17 und 11 durchqueren Nordontario. Hwy. 17 verläuft über Manitoba und Hwy. 11 über Minnesota. Der Queen Elizabeth Way führt südwestlich von Toronto um den Lake Ontario und verbindet die Stadt mit Hamilton, Niagara Falls und New York State.

Ontario ist ein Paradies für Angler und Jäger. Angel- und Jagdscheine sind bei **Natural Resources District Offices** erhältlich oder können in Läden für Sportartikel und Sportbekleidung (Outfitter) erstanden werden. Landkarten für Angler und Jäger bekommt man beim **Ministry of Natural Resources**, 300 Water St.,

---

120

P.O. Box 7000, Peterborough ON K9J 8M5, Tel. 705-755-2000, www.mnr.gov.on.ca.

Ontario Süd

ALGONQUIN PROVINCIAL PARK: Killarney Lodge, das Restaurant der Lodge bietet Wildbret, Geflügel und eine gute Weinkarte, Hwy. 60, Algonquin Park, PO Box 10005, P1H 2G9, Tel. 1-877-767-5935, www.killarneylodge.com.

GODERICH: Benmiller Inn, zwei alte Mühlen am Ufer des Sharpe's Creek sind schön renoviert worden, feines Restaurant mit französischer Küche, 81175 Benmiller Rd., Tel. 519/524-2191, www.benmillerinnandspa.com.

JONES FALLS: Hotel Kenney, vom Restaurant Blick auf die Schleusen am Whitefish Lake, Lock Rd., Tel. 613/359-5500, www.hotelkenney.com.

Niagara Peninsula

NIAGARA-ON-THE-LAKE: Trius Winery Restaurant, exzellentes Restaurant mit deftiger Küche, Hwy 55, Tel. 905/468-7123, www.triuswines.com.

The Buttery Theatre Restaurant, jeden Tag gibt es neben guten Steaks und kleineren Gerichten ein spezielles Seafood-Angebot, jedes Wochenende fünfgängiges Dinnertheater, 19 Queen St., Tel. 905-468-2564, www.dine.to/thebutterytheatre.

Huronia

MIDLAND: Cellarman's Ale House, gute regionale Küche und himmlische Kuchen zum Nachtisch, in der Lounge gibt es ein Dutzend Biere vom Fass, 337 King St., Tel. 705/526-8223.

Theo's Eatery, Lokal mit ungezwungener Atmosphäre, es gibt Pasta, Pizzen, Steaks, Salate und Rippchen zu günstigen Preisen, 214 Memorial Ave., Tel. 705-329-4444, www.theoseatery.ca.

COOKSTOWN: Cookstown Manufacturer's Outlet Mall, Markenmode für bis zu 70 % Ermäßigung, 3311 Simcoe Rd. 89, Tel. 705/458-1371.

Cookstown Antique Market, ein in einer ehemaligen Scheune untergebrachter Antiquitätenmarkt, in dem man beim Stöbern hübsche Reisemitbringsel entdecken kann, tägl. 10-17.30 Uhr, Hwy 27 ca. 1 km nördlich von Hwy 89, Tel. 705/458-1275.

Muskoka

GRAVENHURST: Boathouse Grill, Familienrestaurant mit zwangloser Atmosphäre, beim Taboo Golf Resort, Muskoka Beach Rd., Tel. 705/687-2233.

Zentral- und Ost-Ontario

KINGSTON: Kingston Brewing Company, originell gestyltes Brauerei-Pub mit mehreren Biersorten und passenden, einfachen Gerichten, 34 Clarence St., Tel. 613/542-4978.

KINGSTON: Cataraqui Town Centre, großes Einkaufszentrum mit über 140 Geschäften, Restaurants und Imbissen, 945 Gardiners Rd, Tel. 613/389-7900.
Frontenac Mall, Einzelhandelsgeschäfte, Supermärkte und Restaurants auf einem Fleck, 1300 Bath Rd., Tel. 613/544-9134.

Ontario Nord

GREATER SUDBURY: Radisson Hotel, gutes Hotel-Restaurant mit italienischer Küche, 85 Ste. Ann Rd. P3E 454, Tel. 705/675-1123, www.radisson.com.

WAWA: The Wawa Motor Inn, beliebtes Motel-Restaurant mit gigantischer Feuerstelle und kanadischer Küche, 118 Mission Rd. P0S 1K0, Tel. 705/856-2278, www.wawamotorinn.ca.

5

Ontario

Promenade am Alten Hafen und Marché Bonsecours in Montréal

MONTRÉAL

1 Palais des Congrés
2 Banque de Montréal
3 Centre de Commerce Mondial
4 Bourse de Montréal

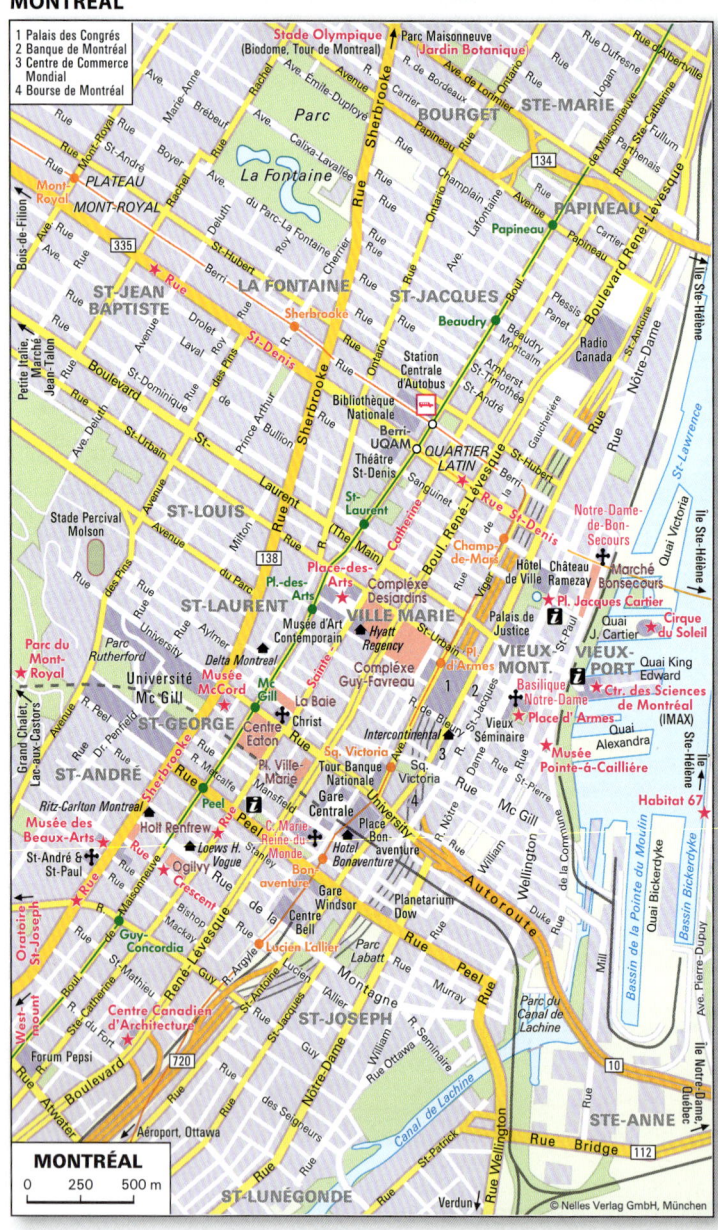

MONTRÉAL

0   250   500 m

© Nelles Verlag GmbH, München

MONTRÉAL

VIEUX-MONTRÉAL
INNENSTADT
KUNST UND UNTERHALTUNG
GOLDEN SQUARE MILE
PARKS

★★MONTRÉAL

Das französischsprachige **Montréal** liegt auf einer 50 km langen, bumerangförmigen Insel im Sankt-Lorenz-Strom, mit dem namensgebenden 233 m hohen Berg als höchster Erhebung. Der Winter hier ist zwar lang und kalt, doch im kurzen feuchtwarmen Sommer kann man bis morgens um drei das gallisch angehauchte urbane Leben genießen. In der Metropolregion leben über 3,6 Millionen Menschen – beinahe die Hälfte der Bevölkerung der Provinz Québec. Montréals günstige Insellage im Zentrum dieses Wasserwegs war für den hochprofitablen Pelzhandel von größter Bedeutung: obwohl nach der Gründung 1642 immer wieder Irokesen die französischen Siedler attackierten, wurde es im 18. Jh. zur reichsten Stadt Nordamerikas – und 1760 von den Briten übernommen. Statt französischer Adliger managten fortan Schotten den Pelzhandel. Nach dem Zusammenschluss von Upper Canada (Ontario) und Lower Canada (Québec) diente es 1844-49 der neuen britischen Kolonie „Province of Canada" als Hauptstadt.

Mitte des 19. Jh. verfügte Montréal bereits über den größten Binnenhafen Kanadas sowie eine Bahnverbindung mit New York. Seine Bedeutung als wichtigstes Handels- und Transport-zentrum konnte es mit der Gründung der Canadian Pacific Railway Company 1873 noch vergrößern; als die Eisenbahnstrecke 1885 die kanadische Ostküste mit der Westküste verband, hatte sich Montréal auch als Industriezentrum Kanadas etabliert. In den folgenden 50 Jahren konnte die Stadt mit dem größten wirtschaftlichen Wachstum des Landes aufwarten, und Anfang des 20. Jh. war sie – mit 370 000 Einwohnern – Kanadas größte und reichste Stadt. In den 1970er Jahren gab es Abspaltungsbestrebungen der Frankokanadier, was den sehr schmerzhaften Abzug anglo-kanadischen Kapitals zur Folge hatte.

Nur etwa ein Fünftel der Bewohner Montréals spricht Englisch als Muttersprache; Amtssprache ist Französisch – dies ist (die Metropolregion eingerechnet) die größte französischsprachige Stadt außerhalb Frankreichs. Das Sprachen- und Kulturengemisch verleiht Montréal sein besonderes Flair: Juden, Chinesen, Italiener, Schwarze, Japaner, Vietnamesen, Portugiesen, Griechen, Argentinier, Chilenen, Haitianer, Jamaikaner, Libanesen und Letten sind nur einige der ethnischen Gruppen, die als *les autres* in Montréal das polyglotte Spektrum bereichern. Sie brachten ihre Traditionen, religiösen Bräuche und Handelsbeziehungen in das Leben der Stadt ein, und ihre gastronomischen Spezialitäten verleihen Montréal den

6

Montréal

Foto: Chrishowey (Dreamstime)

Ruf eines Gourmet-Paradieses – dessen Glanzlicht natürlich die französische Cuisine ist.

Vor Ankunft der Europäer war die Gegend von Indianern besiedelt. Südlich der Stadt, am Ufer des Sankt-Lorenz-Stroms, liegt das **Mohawk-Reservat Kahnawake**, 40 km weiter westlich das Mohawk-Reservat Khanesetake. Die Indianer beider Reservate sorgten 1990 für Schlagzeilen, als sie sich wegen Land- und Ureinwohnerrechten mit Polizei und Militär Kämpfe lieferten („Oka-Krise"), bei denen ein Polizist starb. 1992 wurden dann den Ureinwohnern Kanadas im ganzen Land mehr Landrechte eingeräumt – heute ist das Mohawk-Reservat Kahnawake ein Zentrum für Online-Glücksspiele.

VIEUX-MONTRÉAL

Die Stadtbesichtigung beginnt man am besten in der Altstadt **Vieux-Mon-**

tréal und dem Hafenviertel **Vieux-Port** am Sankt-Lorenz-Strom – am Alten Hafen kann man dafür auch Fahrräder leihen (Montreal bietet 750 km Radwege!). 1642 wurde die Stadt als Missionsposten *Ville-Marie* von den Franzosen gegründet, um die Indianer zum Christentum zu bekehren. Erforschen Sie die europäisch wirkende Altstadt zu Fuß oder mieten Sie sich eine **Pferdekutsche** (*calèche*). Viele der heute noch gut erhaltenen oder renovierten Originalgebäude aus dem 17. bis 19. Jahrhundert können besichtigt werden.

Vom **Quai Victoria** nach Norden erstrecken sich enge Straßen mit Kopfsteinpflaster – die älteste ist die ehemalige Hauptstraße ★**Rue St-Paul** – und jahrhundertealte Häuser aus grauem Naturstein vor dem Panorama von Montréals Skyline. Auf dem allgegenwärtigen Mont Royal, dem Namensgeber der Stadt, kann man die auffällige Kuppel des Oratoire St-Joseph ausmachen. Der Blick nach Osten über den Fluss fällt auf die Île-Sainte-Hélène und Île-Notre-Dame. Hier stehen die Pavillons der

Oben: Die Skyline Montréals. Rechts: Gemächlich unterwegs in der Altstadt Montréals.

Weltausstellung Expo '67, die teilweise neuen Bestimmungen zugeführt wurden, wie z. B. der Pavillon Frankreichs, in dem heute das Casino de Montréal untergebracht ist.

Im Uferbezirk des Vieux-Port wurde mit großem Aufwand renoviert. Heute präsentieren sich die meisten Gebäude so wie vor 200 oder 300 Jahren. Im Hafengebiet und entlang der **Rue de la Commune**, an der noch vor 100 Jahren die Kaimauer und Anlegestellen lagen, befindet sich der Geburtsort der Stadt. Dieses 38 Hektar große Gebiet, das sich westlich bis zur Rue McGill, östlich zur Rue Berri und nördlich zur Rue St-Antoine erstreckt, entspricht ungefähr dem Gelände der ursprünglichen, einst von Mauern umgebenen Stadt.

In dieser Fundgrube der Vergangenheit kann man wahre Schätze entdecken: das ★★**Pointe-à-Caillière** (Musée d'Archéologie et d'Histoire de Montréal) liegt in der Nähe der **Place Royale** – hier befand sich einst die erste europäische Siedlung Ville-Marie. Das Museum, das über dem ältesten Friedhof und der ersten Befestigungsanlage errichtet wurde, dokumentiert die Frühgeschichte Montréals, und in einer Sonderausstellung wird die Rolle der Stadt als kulturelles und wirtschaftliches Zentrum beleuchtet.

Östlich der Place Jacques Cartier, gegenüber dem Rathaus **Hôtel de Ville**, liegt das 1705 erbaute **Château Ramezay** – eins der wenigen noch erhaltenen Steingebäude aus der französischen Zeit. Hier befindet sich heute ein Museum mit Exponaten aus dem 18. Jh. Das Château diente Claude de Ramezay, Montréals elftem Gouverneur, in den Jahren 1705-45 als Wohnhaus. Als es 1775 während der unglückseligen amerikanischen Besetzung der Stadt eingenommen wurde, wohnten hier Benjamin Franklin, Benedict Arnold, General Richard Montgomery und John Carroll.

In der Nähe liegt die 1845 erbaute Markthalle **Marché Bonsecours**, die mit ihren Kolonnaden und der silber-

Foto: Tibor Bognar (Ministère du Tourisme du Québec)

nen Kuppel sofort ins Auge sticht. Das Gebäude diente vielen verschiedenen Zwecken: Das kanadische Parlament versammelte sich hier 1849, bis 1863 war es Montréals Rathaus und später lange Zeit Gemüsemarkt. Heute befinden sich hier die Büros der Stadtverwaltung und es dient wieder als öffentliches Gebäude mit einem kulturellen Informationszentrum sowie einer Ausstellungs- und Kongresshalle.

Gleich in der Nähe (am Ende der Rue Bonsecours) stößt man auf das älteste Sakralgebäude der Stadt, die 1771 geweihte Kapelle ★**Notre-Dame-de-Bonsecours**, in dem sich das archäologische und historische **Marguerite Bourgeoys Museum** befindet.

Die Basilique Notre-Dame und das Vieux Séminaire de Saint-Sulpice liegen am ★**Place d'Armes**, dem alten Exerzierplatz von Vieux-Montréal. Im Zentrum des Platzes erhebt sich die 3,5 m hohe Statue des Gründers von Montréal, **Paul de Chomedey**, Sieur de Maisonneuve. Dieses Denkmal ehrt auch Jeanne Mance, die 1644 das erste

» Stadtplan S. 124, Info S. 136-137

6

Montréal

127

Foto: Denis Jr. Tangney (iStockphoto)

Krankenhaus von Montréal gründete, und Charles LeMoyne, dessen Söhne weiterzogen und New Orleans und Mobile in Alabama gründeten.

Das 1685 in spätgotischem Stil erbaute **Vieux Séminaire de St-Sulpice** (Sulpizianerseminar) ist eines der ältesten erhaltenen Gebäude Montréals und seit über 300 Jahren im Besitz der Sulpizianermönche, die die Insel Montréal einst vom Sieur de Maisonneuve und der Societé de Notre-Dame de Montréal kauften. Das Vieux Séminaire ist für Besucher nicht geöffnet, aber die neogotische ★**Basilique Notre-Dame** (s. Bild S. 34) von 1843 kann besichtigt werden. Häufig finden in der Kirche, die mit ihrem üppigen, raffiniert ausgeleuchteten Inneren als eine der schönsten Nordamerikas gilt und für ihre hervorragende Akustik berühmt ist, **Klassik-Konzerte** und CD-Aufnahmen statt.

Ein Spaziergang vom Place d'Armes nach Norden führt über die Rue Notre-

Dame zur ★**Place Jacques Cartier**, dem „Herz" der Altstadt und um 1804 ihr Marktplatz; heuten tummeln sich hier Straßenkünstler und Touristen. Am Platz liegt der **Vauquelin-Brunnen** vor dem im Second-Empire-Stil erbauten **Rathaus** – hier rief im Jahr 1967 der französische Staatspräsident Charles de Gaulle seine berühmten, politisch brisanten Worte: „Vive le Québec libre". Heute ist der Platz einer der beliebtesten Treffpunkte der Stadt. Die 1808 errichtete **Nelsonsäule** – das erste Denkmal in der Neuen Welt, das den britischen Sieger der Schlacht von Trafalgar ehrte – war Generationen frankophoner Hardliner ein Dorn im Auge und wird bis heute immer wieder verunstaltet.

In den Sommermonaten finden unter dem Big-Top-Zelt am nahegelegenen **Quai Jacques Cartier** Konzerte statt, und hier gibt auch Montréals international bekannter Zirkus, der ★**Cirque du Soleil**, Vorstellungen. Die Place Jacques Cartier öffnet sich direkt zum restaurierten Hafenviertel **Vieux-Port**. Neben Fahrradwegen, Picknickarealen, Pedal-

Oben: Vieux-Montréal am Abend mit Blick auf den Marché Bonsecours.

booten, Souvenir- und Imbissständen
gibt es hier auch, am **King-Edward
Pier**, das ★**Montreal Science Center**
mit unterhaltsam präsentierten Ausstellungen und interaktiven Einrichtungen
zu den Themen Naturwissenschaften,
Kultur und Bildung. Zum Komplex gehört ein **IMAX-Kino**, in dem spannende
Naturfilme auf Großleinwand gezeigt
werden.

ÎLE-STE-HÉLÉNE

Wem der Sinn nach Freizeitvergnügen steht, kommt auf der **Île-Ste-Hélène** auf seine Kosten. Ein weiter, bewal-
deter Park ist das perfekte Ausflugsziel
für ein Picknick, und die Benutzung des
öffentlichen Schwimmbads ist kostenlos. Daneben lockt der **Vergnügungspark La Ronde** mit einer der größten
Achterbahnen der Welt, Wasserrutschen, Riesenrädern, Bootsfahrten, einem internationalen Zirkus, einem re-
konstruierten Québec-Dorf und vielen
weiteren Attraktionen die einen Besuch
zu einem kurzweiligen Vergnügen machen. Der Vergnügungspark ist von Mai
bis Anfang Juni nur an Wochenenden
geöffnet, von Mitte Juni bis Labor Day
täglich.

Die Wurzeln der kanadischen Geschichte erforschen kann man im komplett renovierten **David M. Stewart
Museum**. Es ist auf der **Île-Ste-Hélène**
in dem alten **Fort** untergebracht, das
1820-1824 im Auftrag des Herzogs von
Wellington als Bollwerk gegen amerikanische Streitkräfte gebaut wurde. Das
Museum beherbergt eine umfangrei-
che und berühmte Sammlung, die Kanadas frühe Kolonialgeschichte bis zur
Mitte des 19. Jh. dokumentiert. In weiteren Räumen kann man sich mit der Geschichte der kanadischen Seefahrt und
der Rolle der amerikanischen Indianer
im Pelzhandel beschäftigen oder die
Entdeckungsreisen von Christoph Kolumbus, Amerigo Vespucci, John Cabot,
Jacques Cartier und Samuel de Champlain nachvollziehen.

Die prächtigen Innenräume wurden
Ende des 19. Jh. mit üppigen Ornamen-
ten verziert, und auf den Buntglasfenstern ist die Geschichte von Montréal
dargestellt. Hier werden das ganze Jahr
über interessante **Konzerte** und Lieder-
abende veranstaltet.

Das **Restaurant** Le Festin du Gouverneur im Museum lässt die Gäste in die
Atmosphäre vergangener Zeiten eintauchen: Bei regelmäßig stattfindenden
Banketten werden authentische Speisen von damals serviert, begleitet von
Balladensängern und Komödianten. Im
Sommer führt die Compagnie Franche
de la Marine auf dem Paradeplatz des
Forts mittelalterliche Turniere auf, und
die 78th Fraser Highlanders geben Du-
delsackkonzerte.

Neben der Île-Ste-Hélène liegt die
von Menschenhand geschaffene **Île-
Notre-Dame**; die futuristischen Türme
des **Casino de Montréal** – einst der
französische Pavillon auf der Expo '67
– fallen sofort ins Auge. Fans von For-
mel-I-Autorennen treffen sich hier beim
Grand Prix du Canada, dem einzigen
nordamerikanischen Autorennen von
Weltformat; die rund um das Spielkasino verlaufende Rennstrecke **Circuit Gilles Villeneuve** zieht dann ein großes,
internationales Publikum an.

Von der Île Sainte-Hélène aus lässt
sich zu Fuß über den Pont du Havre das
1967 preisgekrönte Wohungsbaupro-
jekt ★★**Habitat '67** erreichen, ein zur
Zeit der Eröffnung als revolutionär ge-
feierter Versuch, monotone Bauweisen
zu durchbrechen.

INNENSTADT

Die Innenstadt (Downtown) hat sich
nordwärts bis zur Altstadt Vieux-Montréal verschoben. Die **Rue St-Jacques**,
die um 1900 als James Street die „Wall
Street Kanadas" war, hat wieder an Bedeutung gewonnen, seit 1992 hier das
Centre de Commerce Mondial (World
Trade Centre) eröffnet wurde. Der gi-
gantische preisgekrönte Komplex, in

Foto: Axel Mosler

dem sich eine aparte Mischung aus renovierten alten Häusern und modernen Bauten zu einer eleganten architektonischen Symbiose verbindet, erstreckt sich über mehrere Häuserblocks. Obwohl das Geschäftsleben in Vieux-Montréal nie ganz zum Erliegen kam, ist es doch durch das Welthandelszentrum deutlich wiederbelebt worden. Kanadas älteste Bank, die 1817 gegründete **Bank of Montréal**, hat seit 1840 ihre Hauptgeschäftsstelle auf der Place d'Armes in einem neoklassizistischen Gebäude, das dem Pantheon in Rom nachempfunden wurde.

Am **Square Victoria**, einem hübsch gestalteten, nach Queen Victoria benannten Platz, erheben sich der schwarze Turm der **Bourse de Montréal** (Aktienbörse) und die silbern glänzenden Doppeltürme von **Bell Canada-Banque Nationale**. Beide Gebäude bilden den äußersten Südostzipfel der riesigen **Ville Souterraine** (Unterirdischen Stadt). Diese Bezeichnung ist nicht ganz zutreffend, denn ein Teil dieses weitläufigen Einkaufsbezirks liegt auf Straßenebene. In den zehn durch Arkaden wettergeschützten Einkaufszentren befinden sich über 1700 Läden, sieben Hotels, 40 Kinos, Konzertsäle und Theater, 12 Geschäftshäuser, Wohnblöcke, 200 Restaurants, Bars und Cafés, zwei Bahnhöfe und mehrere Métrostationen, die viele Ziele der Innenstadt durch ein unterirdisches Netz von rund 30 Kilometern Tunneln, Plätzen und Passagen miteinander verbinden. Überall in Downtown führen Rolltreppen hinunter in die Shopping-Unterwelt. Der älteste Teil der Untergrundstadt liegt um die **Place Ville – Marie**. Die neuesten Prachtpassagen sind **Les Promenades de la Cathédrale**.

Ein paar Gehminuten östlich vom Square Victoria und dicht neben Montréals kleiner **Chinatown** liegen das **Palais des Congrès** (Kongresszentrum), der **Complexe Guy Favreau** und der **Complexe Desjardins** mit der **Place**

Oben: „La foule illuminée" von Raymond Masson vor der Nationalbank. Rechts: In der Rue Crescent vergnügen sich Touristen ebenso wie Einheimische.

Foto: KievVictor (Shutterstock.com)

Galleria auf mehreren Ebenen und dem eleganten Luxushotel **Hyatt Regency Montréal**.

An der **Hauptgeschäftsstraße** von Downtown, der ★**Rue Ste-Catherine**, steht das Kaufhaus **Ogilvy**, eines der nobelsten der Stadt. Nach umfassenden Renovierungen glitzern hier nun wieder die alten Kronleuchter, und man kann über breite Treppen durch die alle Edel- und Designmarken bereithaltenden Etagen schreiten. Andere besuchenswerte Konsumtempel hier sind das **Eaton Centre** (mit rund 175 Shops) und das traditionsreiche Großkaufhaus **La Baie**, wo das Angebot vom Umstandskleid über den Nerz bis zum Hörgerät reicht.

Das heutige Modekaufhaus **Holt Renfrew** (mit **holts café**) an der Einkaufsstraße **Rue Sherbrooke Ouest** (Ecke Rue de la Montagne) wurde im Jahr 1837 in Québec City als Pelzhandlung Henderson, Holt und Renfrew eröffnet. Selbst das britische Königshaus schmückte sich mit deren vornehmen Pelzen.

KULTUR UND UNTERHALTUNG

Montréals Innenstadt ist das Zentrum für Kunst, hochkarätige Kultur und Unterhaltung. Die meisten großen Kultureinrichtungen liegen in dem Rechteck zwischen Rue Sherbrooke und Boulevard René Lévesque, begrenzt etwa von der Rue St-Denis im Norden und der Rue Atwater im Süden.

Den Nordosten dieses Rechtecks bildet das lebhafte Studentenviertel **Quartier Latin** um die Universität und die Rue St-Denis. Es ist integriert in das **Quartier des Spectacles**, Montreals Entertainment-Distrikt um die Place des Arts, wo Sinfonieorchester Konzerte veranstalten, unter freiem Himmel Feste stattfinden und Theater, Kulturzentren und Galerien für Abwechslung sorgen.

Im Südwesten trumpfen Kanadas harte Männer auf: im **Centre Bell** am Blvd. René-Lévèsque – dem Heimstadion des berühmten Eishockeyteams *Canadiens*; über 20 mal haben sie den Stanley Cup gewonnen. Das Centre bietet zudem mehrere Sportrestaurants.

» **Stadtplan S. 124, Info S. 136-137**   131

Unweit der Halle liegt das ★**Centre Canadien d'Architecture** (CAA), das der Architektur gewidmet ist. Es umgibt das stilvolle Shaughnessy House von 1874. Gestiftet hat dieses außergewöhnliche Ensemble Phyllis Lambert, die der äußerst wohlhabenden Montréaler Schnapsbrenner-Familie Bronfman entstammt. Phyllis Lambert, die auch das **Segal Centre for the Performing Arts** als eine Hommage an ihren Mentor Mies van der Rohe entwarf, investierte ein Vermögen, um mit dem Centre Canadien ihren Traum zu verwirklichen. Zwei strenge, schmucklose Seitenflügel vom Montréaler Architekten Peter Rose flankieren das wunderschön restaurierte Shaughnessy House, das Phyllis Lambert einige Jahre zuvor vor dem Abbruch retten konnte. Das CCA arrangiert regelmäßig Architekturausstellungen und Vorlesungen, und im eleganten **Paul Desmarais Theater** mit seiner perfekten Akustik finden Konzerte statt.

Ein weiteres architektonisches Juwel ist die ★**Cathédrale Marie-Reine-du-Monde** weiter nördlich auf dem Boulevard René Lévesque, an der Ecke des **Square Dorchester**, der ursprünglich ein katholischer Friedhof war. Die Kathedrale, das Lieblingsprojekt des Bischofs Ignace Bourget, wurde 1894 als kleinere Kopie des Petersdoms erbaut. An der Nordseite des Square Dorchester befindet sich die **Touristeninformation** („Infotouriste").

15 Gehminuten östlich des Platzes liegt die ★**Place des Arts**, Montréals wichtigstes Kulturzentrum. Dies ist die Heimat des weltberühmten **L'Orchestre Symphonique de Montréal** unter der Leitung von Charles Dutoit, der Balletttruppe **Les Grands Ballets Canadiens** sowie der **Opéra de Montréal**. Hier und in den Kinos der Innenstadt findet das Festival Mondial du Film, das Festival International du Jazz, das Festival de Théâtre des Amériques und das Festival International de Danse statt wie auch Gastspiele internationaler und kanadischer Tanz- und Theaterensembles. Zum Kulturzentrum gehört außerdem das **Musée d'Art Contemporain** (Museum für Zeitgenössische Kunst). Es beherbergt u. a. eine riesige Sammlung von Werken zeitgenössischer Künstler aus Québec. In Sonderausstellungen werden dem Publikum berühmte internationale Künstler und neue Kunstströmungen nahegebracht.

Während des internationalen **Jazzfestivals** in den ersten beiden Juliwochen verwandeln sich die Place des Arts und die umliegenden Straßen in eine einzige riesige Party. Jede Straßenecke, jeder Bürgersteig und jeder zur Verfügung stehende Raum wird dann von Musikern für ihre Jam-Sessions mit Beschlag belegt, und bis zu 500 000 Menschen swingen zu den Klängen aus aller Welt. Ebenso interessant ist das **Festival Juste Pour Rire**, das internationale Comedy-Festival, das Ende Juli bis Anfang August entlang der ★**Rue St-Denis** begangen wird; die Shows der nordamerikanischen Komikerelite finden auf der Bühne des **Théâtre St-Denis** statt. Generell ist abends um den **Boulevard St-Laurent** („The Main"), die **Rue St-Denis** und die Partymeile ★**Rue Crescent** viel los, hier warten Clubs und Bars auf Gäste. Die Rue Crescent überragt zudem **Leonard Cohen** – als 21 Stockwerke hohes, fotorealistisches Wandgemälde.

Wer um Mitternacht Hunger bekommt, sollte sich in dem jüdischen Traditions-Deli-Restaurant **Schwartz's** (3895 Bd. St-Laurent) *Smoked meat* gönnen – wie Angelina Jolie oder die Stones. Wo die Rue St-Denis die Avenue Mont-Royal schneidet, kann man im charmanten Szene-Viertel **Plateau Mont-Royal** nett bummeln: dort locken ausgefallenere Läden, originelle Cafés und angesagte Restaurants.

Mit seinem multiethnischen Obst-, Gemüse- und Imbissangebot, von bio bis nordafrikanisch, zieht der **Marché**

Rechts: Im Musée des Beaux-Arts de Montréal, Kanadas ältester Kunstgalerie.

Foto: Benoit Daoust (Shutterstock.com)

Montréal **6**

Jean-Talon, im entdeckenswerten italienischen Viertel **Petite Italie**, die ganze Woche tagsüber viele Besucher an (7075 Casgrain Ave, Metro: Jean-Talon; nicht weit vom Parc Jarry); der **Marché des Saveurs** lockt darin u. a. mit 225 Käsesorten aus der Region.

„GOLDEN SQUARE MILE"

Die folgenden Sehenswürdigkeiten der Innenstadt liegen nahe beieinander entlang der ★**Rue Sherbrooke**, in einem Gebiet, das einst „**Golden Square Mile**" genannt wurde: Dort errichtete von 1850 bis 1930 die anglophone Elite – enorm reich gewordene englische und schottische Banker, Industrielle und Pelzhändler – herrschaftliche Villen. Einige sind noch erhalten und beherbergen öffentliche Einrichtungen, Privatclubs, Boutiquen, Kunstgalerien und Konsulate.

Die 1821 gegründete **Université McGill** geht auf ein Vermächtnis des wohlhabenden Pelzhändlers James McGill zurück. Gegenüber steht das

sehenswerte ★★**Musée McCord**. Der kanadische Patriot und Sammler David McCord gründete 1921 dieses Museum zur Kanadischen und Montrealer Geschichte, indem er seine riesige Sammlung von Kanadiana, darunter Trachten (auch indianische), Kunsthandwerk und Gemälde, seiner Heimatstadt hinterließ. Das Museum beherbergt auch eine Ausstellung der Fotografien William Notmanns, die ab 1856 entstanden, sowie eine Mode- und Design-Ausstellung.

Einige Blocks westlich befindet sich das ★**Musée des Beaux-Arts de Montréal**, Kanadas älteste Kunstinstitution, beidseitig der Rue Sherbrooke, aufgeteilt in fünf Pavillons. Der 1912 erbaute **Hornstein Pavillon** wurde von den berühmtesten Architekten der edwardianischen Ära, den Montréaler Brüdern Maxwell, entworfen. Gegenüber steht der 1991 eröffnete **Jean-Noël Desmarais Pavillon** des kanadischen Stararchitekten Moshe Safdie. Dieser einst in Montréal ansässige Architekt hat sich mit seiner unkonventionellen Linienführung weltweit einen Namen gemacht. In den vergangenen Jahren sind im Musée des Beaux-Arts sensationelle internationale Sonderausstellungen gezeigt worden. Ein besonderes Anliegen des Museums ist es, Künstlern aus Montréal und Québec ein Forum zu bieten.

Am besten erkundet man die geschichtsträchtige Square Mile zu Fuß. Bei **Infotouriste** (s. S. 136) erhält man eine Routenbeschreibung des Viertels – der vorgeschlagene Rundgang dauert etwa eine Stunde. Die historischen Gebäude sind leicht ausfindig zu machen, bronzene Gedenktafeln informieren über die Bedeutung des jeweiligen Bauwerks. Viele der Gebäude erinnern an die Zeit, als Montréals Gesellschaft von mächtigen Familienclans „regiert" wurde – den McGills, McTavishes, McConnels, Drummonds, McIntyres und anderen, die nach 1736 mit spärlicher Habe, aber stählernem Überlebenswillen und neuen Ideen in Kanada ankamen. Auf ihrem Weg nach oben beeinflussten sie nicht nur das Schicksal Montréals, sondern das des ganzen Landes. Sie waren so erfolgreich, dass sich vom Ende des 19. Jh. bis zum II. Weltkrieg 70% des kanadischen Volkseinkommens in den Händen von ca. 25 000 Montréalern überwiegend britischer Abstammung befand, die innerhalb der Golden Square Mile lebten und arbeiteten.

PARKS

Als Jacques Cartier 1535 hier ankam, wurde er von Irokesen aus dem Palisadendorf Hochelaga zum Gipfel des ★★**Mont Royal** geführt. Dort errichtete er ein Holzkreuz, dankte Gott für die sichere Reise und beanspruchte das umliegende Land für Frankreich. Sieur de Maisonneuve folgte 1643 Cartiers Beispiel und dankte hier für die göttliche Intervention, die die nun aufblühende Siedlung Ville-Marie vor einer Überflutung bewahrt habe. Seit 1850

Rechts: Der schiefe Turm des Stade Olympique bietet eine hervorragende Aussicht auf Montréal.

ziehen sich **Friedhöfe** für Katholiken und Protestanten über die Westflanke des Bergs. Auf dem Gipfel des Mont Royal erhebt sich ein 31 m hohes beleuchtetes **Kreuz**, das nachts weithin sichtbar ist – errichtet 1924 von der St-Jean Baptiste Society als Erinnerung an den katholischen Stadtgründer Maisonneuve.

Im 19. Jh. hatten sich die Landgüter der Montréaler immer weiter über die Bergterrassen auf der Westmount- und Outremont-Seite geschoben, während sich die Innenstadt peu à peu über die Ostseite ausbreitete. Der dem Einhalt gebietende, um 1870 vom Landschaftsarchitekten Frederick Law Olmsted geplante **Parc Mont-Royal** erhebt sich 233 m über die Stadt – ein Refugium für Erholungsuchende. Mehrere **Wanderwege** führen ab der Metro-Station Mont-Royal durch die grüne Oase. Ein Großteil des Parks ist dicht bewaldet und von Kleintieren und Vögeln bevölkert. Im Herbst kann man hier die farbenprächtige **Foliage** bewundern – das Ahornlaub färbt sich dann blutrot.

Im Zentrum des Parks liegt das **Grand Chalet**, 1931 im Stil eines Herrensitzes errichtet. Hier kann man verschnaufen. Von der **Aussichtsterrasse** bietet sich ein großartiger Panoramablick über die darunterliegende Stadt und den Lorenzstrom bis zu den Green Mountains in Vermont. Westlich des Chalets liegt der „Bibersee" **Lac-aux-Castors** (mit Bootsverleih), umgeben von einer Picknickwiese.

An der Südflanke des Bergs befindet sich das monumentale ★**Oratoire St-Joseph**, das dem Schutzheiligen Kanadas geweiht ist. 1926 begann man mit dem Bau der kuppelgekrönten Basilika, die erst 1966 fertiggestellt wurde. Ursprünglich stand hier eine Kapelle, die 1904 Bruder André von der Kongregation des heiligen Kreuzes erbaut hatte. Er bewirkte Wunderheilungen und wurde selig gesprochen; zu seinem Grab in der Basilika strömen viele Pilger.

Wenn sonntags die **Tamtams** am **Monument G.-E.-Cartier** (am Nord-

Foto: Sampete (Dreamstime)

ostrand des Parks) ertönen, darf jeder mittanzen – eine Art Miniwoodstock, geliebt von Jung- und Althippies.

Südlich vom Mont-Royal erstreckt sich der exklusive Stadtteil der Anglokanadier: ★★**Westmount** (Métrostation: Atwater); der Liedermacher Leonard Cohen wuchs hier in einer wohlhabenden jüdischen Familie auf. Der **Westmount Square** von 1967 ist ein Spätwerk des in Aachen geborenen Ludwig Mies van der Rohe – eines der bedeutendsten Architekten der Moderne.

Montréals zweite populäre grüne Oase ist der **Parc Maisonneuve** (Métrostation: Pie IX) mit dem ★★**Jardin Botanique de Montréal**. Der Botanische Garten, entstand während der großen Depression als Arbeitsbeschaffungsprojekt, initiiert vom langjährigen Bürgermeister Camilien Houde. Den Botanischen Garten – der drittgrößte der Welt – schätzen z. B. Fotografen als Hintergrund von Hochzeitsfotos. Hauptattraktionen sind der **Japanese Tea Ceremony Pavilion** (Japanisches Teehaus) und der **Dream Lake Friendship Garden**, ein Geschenk Chinas zum 350. Geburtstag der Stadt. Das **Montréal Insectarium** besitzt 250 000 Insekten aus 100 Ländern.

Der 1992 eröffnete ★**Montréal Biodome** entwickelte sich bald zu einer Attraktion: Das Umweltmuseum im früheren Olympic Velodrome zeigt fünf Ökosysteme – die Laurentiden, den Golf des Sankt-Lorenz-Stroms, die Polarwelt, die Labradorküste und den tropischen Regenwald mit den passenden Tieren (wie Pinguinen, Affen oder Papageien) und Gewächsen.

Nebenan im **Parc Olympique** befindet sich das futuristische ★**Stade Olympique** (Olympiastadion), das für die Sommerolympiade 1976 gebaut wurde und heute Heimstadion des Baseballteams Montréal Expos ist. Hier finden auch Konzerte statt. Vom **Aussichtsdeck** des **Tour de Montréal**, des höchsten schiefen Turms der Welt, hat man – nach einer Fahrt mit der Doppelkabinenseilbahn – aus 166 m Höhe eine tolle Aussicht über Montréal und den Lorenzstrom.

Montréal (☎ 514)

 Centre Infotouriste, 1255 Peel St., Ecke Ste-Catherine St. West, Suite 100, P.O Box 979, Montréal H3C 2W3, Tel. 873-2015. Eine lohnende Investition ist der Montreal Museums Pass, der für 3 Tage und 38 Museen gültig ist und auch sonstige Vergünstigungen bietet. Man kann ihn im Infocentre kaufen oder in teilnehmenden Museen. Der Pass kostet 60 bzw. 65 Can$. **Vieux-Montréal Welcome Office**, Pl. Jacques Cartier, 174 Rue Notre Dame E.

FLUG: **Montréal-Trudeau International Airport**, für Linienflüge, im Westen der Île de Montréal, 20 Minuten von der Innenstadt, Tel. 394-7377, www. admtl.com.
Montréals zweiter internationaler Flughafen ist (50 Min. nördlich) **Mirabel**, Mirabel International Airport wird jedoch derzeit nur von Frachtflugzeugen frequentiert.

BUS: **L'Aérobus**, Shuttle-Service vom internationalen Flughafen zur Montréal Central Bus Station (505, De Maisonneuve Blvd., Tel. 842-2281). An diesem Busbahnhof gibt es kostenlose Pendelbusse zu allen größeren Hotels im Stadtzentrum. Buslinien innerhalb der Provinz Québec, zu anderen Provinzen und amerikanische Buslinien fahren ab Busbahnhof Station Centrale d'Autobus, Adresse und Tel. s.o.

CITIBUS UND MÉTRO (U-BAHN): Die Busse und U-Bahnen der Société de Transport de la Communauté de Montréal (www.stm.info) haben Anschluss an die Buslinien und Vorortzüge des Großraums Montréal. Passagiere können kostenlos zwischen Bus und Métro umsteigen (vor dem Verlassen der Métro am Automaten einen *transfer slip* ziehen!). Vier U-Bahnlinien verbinden 68 Stationen und verkehren von 5.30 bis 1 Uhr früh (die Blue Line fährt jedoch nur bis 23 Uhr). Für die Busse benötigt man genau abgezähltes Fahrgeld.

TAXI: Taxis mit Taxameter sowie Limousinen verkehren an den Flughäfen. Fahrpreis von Montreal-Trudeau in die Innenstadt 38 Cdn$., per Limousine ca. 55 Cdn$.

LEIHWAGEN: Das Buchen von Mietwagen vor Ort ist meist teurer als im Heimat-Reisebüro, allerdings gibt es Sonder- u. Wochenendangebote. **Hertz**, Tel. 938-1717, www.hertz.com; **National Car Rental**, Tel. 1-877-222-9058, www.nationalcar.com, und **Thrifty**, Tel. 989-7100, www.thrifty.com, haben Büros in den Flughäfen u. der Innenstadt.

BAHN: **VIA Rail Canada**, Tel. 989-2626, www.viarail.ca u. **AmTrak**, Tel. 1-800/872-7245, www.amtrak.com (aus USA): **Gare Centrale**, 895 Rue de la Gauchetière Ouest.

GEHOBEN:
Moishe's, sehr gute Steaks, 3961 Blvd. St-Laurent, Tel. 845-3509.
Estiatorio Milos, griechisch, bekannt für exzellente Fischgerichte und mediterrane Küche, 5357 Ave. du Parc H2V 4G9, Tel. 272-3522.
Gibby's Restaurant, gediegene Atmosphäre in einem Altstadthaus, Steaks, Seafood, Fisch, 298 Place d'Youville H2Y 2B6, Tel. 282-1837.

MITTEL:
Toqué!, superbe französische Küche, 900 Place Riopelle, Tel. 514-499-2084.
Café des Beaux-Arts, Bistro im Kunstmuseum, 1384 Sherbrooke St. West H3G 1J5, Tel. 843-3233.
Le Vignoble, Kenner kommen am Sonntag zum Brunchen, 1415 Saint-Hubert St. H2L 3Y9, Tel. 842-4881.

PREISWERT:
Lola Rosa Cafe, tgl. geöffnetes vegetarisches mexikanisches Lokal, u.a. Hanfburger, 545 Rue Milton, Tel. 287-9337.
Schwartz's Montréal Hebrew Delicatessen, seit Generationen *das* Lokal für Rauchfleisch, 3895 St-Laurent, Tel. 842-4813.
Café Santropol, leichte, gesunde Kost, große Sandwiches, 3990 St-Urbain St., Tel. 842-3110.
St-Viateur Bagel Café, populäres Café, leckere Montrealer Bagels aus dem Holzofen, üppig belegt, in vielen Variationen, 1127 Mont-Royal East, Tel. 528-6361.

Pub Sir Winston Churchill, populäre Bars und Cafés auf drei Etagen, älteres Publikum, 1459 Rue Crescent H3G 2B2, Tel. 288-3814.

Peel Pub, Sports-Pub, 1107 Rue Ste-Catherine O. H3B 1H8, Tel. 844-7296.

Le Vieux Dublin, traditionsreiches Irish Pub und Restaurant, fast jeden Abend irische Live-Musik, etliche Biersorten, 636 Rue Cathcart, Montréal, QC H3B 3C4.

Comedyworks, anglophones Kabarett, 1238 Rue Bishop H3G 2E3, Tel. 398-9661.

Café Campus, bei Studenten beliebte Bar/ Disco, auch Konzerte, 57 Prince-Arthur St. E, H2X 1B4.

Tokyo Bar, Musikbar, mit DJs, Dancing und Cocktails, Terrasse, 709 Blvd. St-Laurent, Tel. 842-6838, tgl. 22-3 Uhr.

Hurleys Irish Pub, gemütliche Bierbar, 1225 Crescent St., Tel. 861-4111.

Wiggle Room, sehr unterhaltsame Burlesque-Shows, 3872 Rue Saint Laurent, Tel. 844-4717.

L'Barouf, Sportbar mit vielen Biersorten vom Fass, so auch belgisches, 4171 St-Denis, H2W 2M7, Tel. 844-0119.

Musée Gilles Villeneuve, 960 ave. Gilles-Villeneuve, tägl. 9-17 Uhr, Berthierville, www.museegillesvilleneuve.com.

Pointe-à-Caillière Musée d'archeologie et d'histoire de Montréal, Di-Fr 10-17, Sa u. So 11-17 Uhr, 350 Place Royale, Tel. 872-9150, www.pacmuseum.qc.ca.

David M. Stewart Museum, Mi-So 11-17 Uhr, www.stewart-museum.org, und **Restaurant Le Festin du Gouverneur**, Tel. 879-1141, 20 Chemin Tour, Île-Ste-Hélène.

Centre Canadien d'Architecture, Sommer Di-So 11-18, Do bis 21 Uhr, Winter tägl. 11-18, Do bis 20 Uhr, 1920 Rue Baile, Tel. 939-7000, www.cca.qc. ca.

Musée d'Art Contemporain. Di-So 11-18, Mi bis 21 Uhr, 185 Rue Ste-Catherine O., Tel. 847-6226, www.macm.org.

Musée du Château Ramezay, Museum zur Stadtgeschichte in historischem Gebäude, 15.6.-15.9. tägl., sonst Mo geschl., 280 Rue Notre-Dame E., www.chateauramezay.qc.ca.

McCord Museum of Canadian History, Di-Fr 10-18, Sa u. So 10-17 Uhr, 690 Rue Sherbrooke W., www.mccord-museum.qc.ca.

Musée des Beaux-Arts de Montréal, Di-Fr 11-17, Sa/So 10-17 Uhr, 1380 Rue Sherbrooke O., Tel. 285-2000, www.mbam.qc.ca.

Montreal Science Centre, Old Port, Mo-Fr 9-16 Uhr, Sa-So 10-16 Uhr, Tel. 496-4724, www.centre-dessciencesdemontreal.com.

Théâtre St-Denis, 1594 Rue St-Denis, Tel. 849-4211.

Centaur Théâtre, 453 Rue St-François-Xavier, Tel. 288-1229.

L'Orchestre Symphonique de Montréal, 85 Rue Ste-Catherine O., Tel. 842-3402.

L'Opéra de Montréal, 260 Blvd. de Maisonneuve O., Tel. 985-2222.

FESTIVALS: Festival des Films du Monde, 1455 Blvd. de Maisonneuve E., Tel. 848-3883, im August.

Festival International de Jazz de Montréal, Tel. 871-1881, Juni/Juli.

Montréal Museums Day, im Mai, Gratis-Museumeintritte.

Festival Juste Pour Rire, 2101 Blvd. St-Laurent, Tel. 845-3155.

PARKS: Jardin Botanique de Montréal, tägl. 9-17, Sommer bis 19 Uhr, 4101 Rue Sherbrooke E.

Montréal Biodome, tägl. 9-17, Sommer bis 19 Uhr, 4777 Ave. Pierre-de-Coubertin, www2.ville.montreal.qc.ca/biodome.

La Ronde Amusement Park, Juni-15. Okt. tägl., Mai an Wochenenden, Île-Ste. Hélène, www.laronde.com.

6

Montréal

QUÉBEC CITY

OBERSTADT
UNTERSTADT
UNTERHALTUNG
WINTERSPORT
AUSFLUGSZIELE

Québec City **7**

★★QUÉBEC CITY

Die Bezeichnung Québec stammt von dem Wort *Kebec*, das in der Sprache der Algonquin „Ort, an dem sich der Fluss verengt" bedeutet. Die schöne, teils von Mauern umgebene, französisch geprägte ★★**Ville de Québec** (Québec City) mit ihrem Hafen war über 300 Jahre ein Haupttor zum Kontinent. Es ist die „europäischste" Metropole Nordamerikas (Amtssprache: Französisch) und eine von nur zwei Städten nördlich von Mexiko, die zum UNESCO-Welterbe zählen – die andere ist die deutsche Gründung Lunenburg in Nova Scotia.

Vieux-Québec (Old Quebec), der historische Teil, besteht aus Haute Ville (der Oberstadt) und Basse Ville (der Unterstadt), die durch das 107 Meter hohe Kliff Cap Diamant getrennt sind.

81 % aller frankophonen Kanadier leben in Québec-Stadt, wo sie 78 % der Bevölkerung stellen. *Je me souviens* auf den KFZ-Schildern bedeutet: „Ich erinnere mich daran, dass Québec vor der britischen Eroberung französisch war" – wobei die einst hier im vorkolonialen Dorf *Stadacona* ansässigen Sankt-

Links: In der Rue du Petit Champlain, der ältesten Straße von Québec, drängeln sich in den Sommermonaten die Touristen.

Lorenz-Irokesen ausgeblendet werden.

Bis zur Einnahme durch die Briten im Jahr 1759 lebten die Gouverneure der französischen Kolonie, Priester, Missionare und Militärbefehlshaber in der Oberstadt, während Kaufleute, Händler, Pelzhändler, Fischer und Arbeiter in der Unterstadt am Flussufer wohnten. Heute sind die beiden Stadtteile Orte durch Straßen, 28 Treppen (herrlich beim Hinuntersteigen, doch ziemlich anstrengend beim Hinaufsteigen) und den *Funiculaire* verbunden. Diese Standseilbahn, eingeweiht 1879, transportiert jeweils bis zu zehn Passagiere auf das Kliff und bietet dabei einen wunderbaren Ausblick auf die Unterstadt und die Île-d'Orléans im Sankt- Lorenz-Strom.

Die 1608 von Champlain gegründete und damit älteste Stadt der Provinz ist noch heute „partout française": Über 95 % der 570 000 Einwohner sprechen Französisch. Die Altstadt erinnert mit ihren Stadtmauern und dem Kopfsteinpflaster eher an eine französische Provinzstadt. Der englische Dichter M. Arnold charakterisierte 1884 die hohe Lebensqualität in Québec so: „Lieber wäre ich ein armer Priester in Québec, als ein reicher Schweinezüchter in Chicago."

Obwohl Neufrankreich 1763 dann ganz an Großbritannien fiel, blieb Québec City eine Bastion französischer Kultur. Das Séminaire de Québec, Mittelpunkt des intellektuellen und religiösen

» **Stadtplan S. 143, Info S. 151**

141

Foto: Axel Mosler

Lebens Neufrankreichs, wurde 1663 von dem französischen Bischof François de Montmorency Laval gegründet und war die erste Universität Kanadas. Diese katholische Institution ist heute in die Université Laval eingegliedert. Viele führende Politiker Québecs und Kanadas erhielten hier ihre Hochschulbildung.

Zwischen 1615 und 1639 gründeten die großen katholischen Missionsorden – Franziskaner, Jesuiten, Ursulinerinnen und Augustiner – hier ihre ersten Niederlassungen in Neufrankreich. Die ★**Basilique Notre-Dame-de-Québec** ist die älteste Kathedrale nördlich von Mexiko. 1678 errichtet, war sie einst das Oberhaupt einer Diözese, die im Süden bis nach New Orleans reichte. In Québec-Stadt sind außerdem einige der führenden Theatergruppen der Provinz beheimatet. Um die lokale Theaterszene machte sich vor allem das 1957 in Quebec geborene Theaterwunderkind

Oben: Studenten aus ganz Amerika toben sich während des Carnaval d'Hiver aus.

Robert Lepage verdient. Wie Montréal bemüht sich auch Québec City, besonders aufgrund der großen Bedeutung des Tourismus für die Stadt, um seine Museums- und Festivalvielfalt. Das größte Sommerereignis ist das **Festival d'Eté International de Québec** im Juli, bei dem über 1000 Sänger, Musiker, Tänzer, Clowns und Zauberkünstler aus 20 Ländern auftreten.

Im Winter drängen sich während des zehn Tage dauernden **Carnaval de Quebec** (Québec Winter Carnival) trotz der eisigen Kälte ebenso viele Menschen in den Straßen wie zur Sommerzeit. Seit fast 40 Jahren zieht das Fest jedes Jahr über 1,5 Millionen Zuschauer in die Stadt. Viele Besucher machen hier zum ersten Mal Bekanntschaft mit der *belle province* und Französisch-Québec. Sagenhafte Eispaläste, Eisskulpturen, alle möglichen Wintersportarten, reichlich Essen und Trinken, Paraden, die von dem Maskottchen *Bonhomme* – einem riesigen Schneemann mit Schal und Barett – angeführt werden, machen Québec im Februar zu einem der „heißesten" Orte des Kontinents.

OBERSTADT (HAUTE VILLE)

Der bekanntere Teil von **Vieux-Québec** ist die ummauerte **Oberstadt (Haute Ville)**, die 1620 Samuel de Champlain als *Fort St-Louis* gründete. Die bereits 1608 von ihm gegründete Unterstadt war die erste dauerhafte Siedlung Neufrankreichs und entwickelte sich zu dessen Mittelpunkt. Anfangs lebten hier die Adligen und Geistlichen. Doch nach einigen Jahren zogen sie in die neu befestigte Haute Ville auf die Spitze des Cap Diamant, wo sie sich vor der Bedrohung durch die englische Navy sicherer fühlten. Von 1663 bis 1759 (bis der englische General Wolfe die Franzosen unter Montcalm besiegte), wuchs die Bevölkerung Neufrankreichs langsam aber beständig, und der Pelzhandel, damals der größte Handelszweig, blühte; frankokanadische Entdecker stießen im

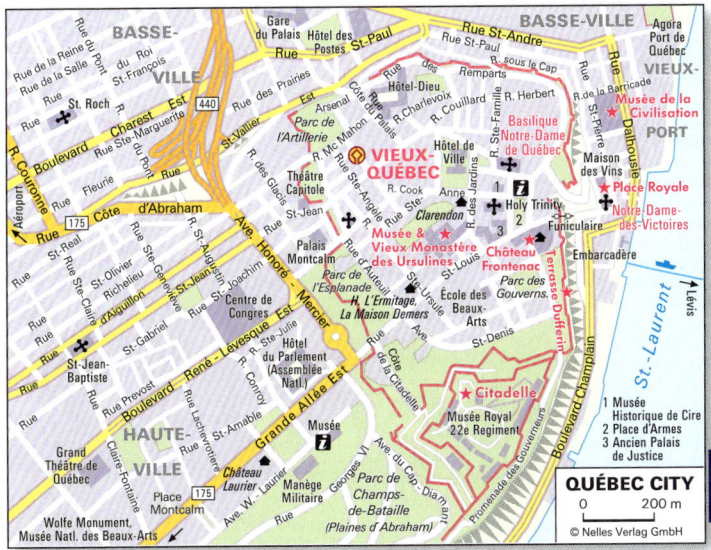

Süden bis zum Golf von Mexiko und im Westen bis zu den Rocky Mountains vor und beanspruchten dieses riesige Gebiet für Frankreich.

Da die siegreichen Briten fürchteten, die rebellischen Amerikaner könnten Québec-Stadt erobern und die Frankokanadier für ihren Kampf gegen die britische Kolonialmacht gewinnen, bauten sie die noch heute existierende **Stadtmauer**. Bei einem Rundgang kann man die ursprünglichen Bastionen, Türme und Tore der Stadtbefestigung erkunden. 1832 wurde der Bau der mächtigen sternförmigen ★★**Zitadelle**, die auf dem **Cap Diamant** thront, beendet. Die Furcht der neuen britischen Herren war begründet, denn bereits 1775 und 1812 hatten US-amerikanische Invasionstruppen versucht, die Stadt zu erobern.

Québec-Stadt hat schon immer eine besondere Rolle in der Geschichte Kanadas gespielt. Durch das *Constitution Act* von 1791 wurde sie zur Hauptstadt Unterkanadas und blieb es bis 1840, als der *Act of Union* diesen Titel auf Montréal übertrug. Der *British North*

America Act von 1867 brachte die offizielle Anerkennung von Québec, Ontario, New Brunswick und Nova Scotia als Provinzen des modernen Kanada; Québec City wurde Provinzhauptstadt und blieb eine Bastion französischer Kultur auf nordamerikanischem Boden. Was die Stadt jedoch in politischer und kultureller Hinsicht gewann, verlor sie im wirtschaftlichen Bereich, da sich das Handelszentrum Ostkanadas erst nach Montréal und später, aufgrund dortiger frankophoner separatistischer Bestrebungen, nach Toronto verlagerte.

Da die meisten Straßen in der Ober- und Unterstadt enge Pflastersteingassen sind und es kaum Parkplätze gibt, erforscht man sie am besten zu Fuß.

Wer aus Montréal anreist, erreicht südwestlich vor der Zitadelle die **Plaines d'Abraham** – hier kann die Entdeckungsreise beginnen. Dieser heute so friedliche Teil des **Parc des Champs-de-Bataille** (Battlefields Park) war der Ort, an dem 1759 die Schicksalsschlacht zwischen den britischen Truppen von Wolfe und den französischen Truppen

Foto: Heike & Bernd Wagner

unter Montcalm stattfand, durch die Neufrankreich letztendlich in die Hände des Königreichs Großbritannien fiel. Der Verlauf der Schlacht ist auf im Park aufgestellten Tafeln nachgezeichnet. Politisch stellte der 15-minütige Kampf die Weichen für die weitere Entwicklung Kanadas: Im Frieden von Paris 1763 musste Frankreich alle seine kanadischen Besitzungen an England abtreten. Seitdem wird in Kanada hauptsächlich Englisch gesprochen. Der Satz *Je me souviens* (Ich erinnere mich) auf den Kfz-Kennzeichen der Provinz Québec ist eine Mahnung an den Rest Kanadas, dass man diese Niederlage und die darauffolgende erniedrigende Behandlung durch die Briten nie vergessen wird.

Im **Musée Historique de Cire** in der Rue Ste-Anne stehen Wachsfiguren von Montcalm und Wolfe. Der Schädel von General Montcalm ist im ★**Musée des Ursulines** in der Rue Donacona ausgestellt. Das Frauenkloster ★★**Vieux Monastère des Ursulines** wurde 1639 gegründet und diente der Erziehung junger Französinnen und Indianerinnen.

Das ★**Musée National des Beaux-Arts** steht auf dem einsigen Schlachtfeld; davor prangt das Monument des siegreichen, aber gefallenen britischen Generals Wolfe. Das Museum besteht aus zwei Wahrzeichen von Québec City: dem ursprünglichen Museumsgebäude, das zu Ehren des früheren Direktors und Kunstgeschichtlers **Gérard-Morisset Pavilion** heißt; und dem **Baillairgé Pavilion**, der einst Stadtgefängnis war, entworfen von dem bekannten Architekten Charles Baillairgé. Eine zweistöckige Installation des Montréaler Künstlers David Moore im Gefängnisturm und ein echter Zellenblock von damals erinnern an die ursprüngliche Funktion des Gebäudes. Seit der Eröffnung des Museums 1933 wurden hier Werke aus fast 400 Jahren Québecer Kunstgeschichte gezeigt, darunter viele berühmte einheimische Künstler wie

Oben: Die „Compagnie franche de la marine" erinnert an die englische Belagerung von 1759. Rechts: Wohnen wie der Comte de Frontenac im gleichnamigen Schlosshotel.

Foto: Axel Mosler

7

Québec City

Clarence Gagnon, Alfred Pellan, Jean-Paul Riopelle, Jean-Paul Lemieux und Paul-Emile Borduas. Die ständige Ausstellung umfaßt 15 000 Werke.

Der 172 Jahre alten, eindrucksvollen britischen **Zitadelle** verdankt Québec City den Spitznamen „Gibraltar of America", den auch Sir Winston Churchill während einer Weltkriegskonferenz hier 1943 zitierte: Vom 17. bis zum 19. Jahrhundert spielte dieser strategische Punkt bei der Kontrolle des gesamten Nordens Amerikas eine Schlüsselrolle, und noch heute ist er ein Stützpunkt der kanadischen Armee. Es dauerte von 1820 bis 1850, bis der gewaltige, sternförmige britische Festungsbau, inspiriert vom französischen Stil Vaubans, fertiggestellt war. Die Hauptattraktionen der 25 Gebäude sind die **Residenz des Generalgouverneurs**, das Offizierskasino, die Cap Diamant Kasematte von 1863 und besonders das **Royal 22e Regiment Museum**, das in einer Pulverkammer aus dem Jahr 1750 untergebracht ist. Erinnerungen an die militärischen Aktivitäten in Vieux-Québec

wecken auch der **Zapfenstreich** im Sommer samstags um 18 Uhr und die im Sommer täglich um 10 Uhr morgens stattfindende **Wachablösung**.

Aussichtspromenade und Schlosshotel

Ebenso schön wie die Aussicht von den Grashängen der Zitadelle ist der Blick von der nostalgischen ★**Terrasse Dufferin,** einer Holzplankenpromenade hoch über dem Strom. Hier oben steht auch das meistfotografierte Hotel der Welt, das riesige ★★**Château Frontenac**. Es ist das Flaggschiff der Fairmont-Hotelkette und wurde im Jahr 1892 an der Stelle des einstigen Militärhauptquartiers von Neufrankreich, dem 1620 erbauten Fort Louis, errichtet. Benannt wurde es nach dem Comte de Frontenac, der die französische Kolonie von 1672 bis 1698 regierte und die Briten mehrere Male in die Flucht schlug. In den vergangenen 100 Jahren waren hier zahlreiche gekrönte Häupter, Politiker und Prominente zu Gast. Entworfen

» **Stadtplan S. 143, Info S. 151**

Foto: Christina Pade

wurde dieses Schloss mit seinen Türmen und dem schrägen grünen Kupferdach von dem New Yorker Architekten Bruce Price. Von den öffentlichen Räumen ist der große Ballsaal mit 700 Sitzplätzen besonders eindrucksvoll; seine Einrichtung wurde von der Spiegelgalerie in Versailles inspiriert. Price entwarf auch die Pläne für den **Gare du Palais** der Stadt (und den ebenso prachtvollen Bahnhof Gare Windsor in Montréal).

Die **Place d'Armes** vor der Haustür des Château diente früher als Exerzierplatz für die französischen Soldaten. Heute ist es ein schöner kleiner Park; belebt durch Straßenmusiker und gesäumt von alten Bäumen. An der Stelle des 1887 erbauten majestätischen **Ancien Palais de Justice**, der das Gerichtsgebäude von 1650 ersetzte, standen einst die Kirche und das Frauenkloster des Récollet-Ordens. Die ersten Mönche kamen 1615 nach Neufrankreich; der **Brunnen** in der Platzmitte erinnert an ihre katholische Mission, die Staue von **Samuel de Champlain** an dessen Stadtgründung hier 1608. Am Ostrand, beim Schlosshotel, kommt der **Funiculaire**, die historische Standseilbahn, von der Unterstadt aus dem Quartier Petit Champlain herauf – 1879 als Wasserballastbahn konstruiert (was in den kalten Wintern Vereisungsprobleme bereitete), 1907 elektrifiziert und 1998 nochmals modernisiert. Touristen fahren gerne mit dieser originellen Aufstiegshilfe.

Von der Place d'Armes zweigt die **Rue du Trésor** ab, eine malerische Gasse, die im Sommer Malern als Freiluftgalerie dient. Hier verkaufen sie ihre Werke, darunter Bilder des Château Frontenac und Portraits auf Bestellung.

In der Rue des Jardins im Herzen dieses Stadtteils liegt die **Holy Trinity Anglican Cathedral**, die im Jahr 1804 als erste anglikanische Kathedrale außerhalb des Vereinigten Königreichs gegründet wurde. Die heutige Kathedrale wurde im Auftrag von König Georg III.

Oben: Straßenmusiker bei der Station des Funiculaire in der Oberstadt unterhalten Passanten.
Rechts: Place Royale in der Unterstadt mit einer Büste von Ludwig XIV.

Foto: Gerhard Bersick

am Standort der originalen, 1681 errichteten Kirche und des Klosters der Récollet-Mission gebaut. Als Québec britisch wurde, stellten die Récollet-Mönche sie den Anglikanern für ihre Gottesdienste zur Verfügung. In der Holy Trinity gilt noch heute der Erlass, die Nordempore nur für Mitglieder der königlichen Familie und deren Vertreter zu öffnen.

Ein kurzes Stück weiter erreicht man die Hauptverkehrsader der Stadt, den breiten, eleganten Boulevard **Grande Allée**, Québecs Flaniermeile. Dort stehen die Gebäude des **Hôtel du Parlement** (National Assembly Parliament), Sitz der Provinzregierung. Die Regierungsgebäude wurden zwischen 1877 und 1884 errichtet. Der Québecer Architekt Étienne Tache hat sie im Empire-Stil entworfen, der zur gleichen Zeit in Paris bei repräsentativen Bauten Verwendung fand. Um den Innenhof ziehen sich vier Flügel. Die Statuen vor dem Gebäude ehren die Gründerväter Jacques Cartier, Samuel de Champlain, den Gouverneur Comte de Frontenac und die Generäle Wolfe und Montcalm.

Führungen werden in englischer und französischer Sprache angeboten.

Gegenüber dem Regierungssitz steht das altehrwürdige **Hôtel Château Laurier**. Es ist kleiner als die modernen Hotelklötze, sehr gemütlich und erschwinglich und ein guter Ausgangspunkt für die Besichtigung der Stadt.

Die Grande Allée wird oft auch wegen der schönen Bäume, den majestätischen Gebäuden, zahllosen Cafés, und Restaurants als Québecs „Champs Elysées" bezeichnet; hier bummelt man gerne am Abend. Wenn man ihr weiter folgt, gelangt man zum **Place Montcalm** und dem **Montcalm Monument**.

UNTERSTADT (BASSE VILLE)

Die Erkundung der **Basse Ville** beginnt man üblicherweise oben am Place d'Armes. Der untere Teil der Québecer Altstadt ist nicht nur wegen der **Antiquitätenläden** in der **Rue St-Paul** ein Muss, sondern auch wegen anderer hübscher Geschäfte, Cafés, den historischen Stätten und Straßenmusikern,

Foto: Christina Pade

Jongleuren und Clowns. Um rasch in die Unterstadt zu gelangen, steigt man auf der **Escalier Casse-Cou** – wörtlich „Genickbruch-Treppe" – in der Nähe der Place d'Armes zum Flussufer hinab. Schneller geht es mit dem **Funiculaire** von der Terrasse Dufferin aus, der in der Basse Ville im **Maison Louis-Jolliet** hält. Dieses Haus wurde 1683 für Louis Jolliet erbaut, der 1672 den Mississippi River entdeckte und bis zu seinem Tod im Jahr 1700 hier lebte.

Die Hauptattraktionen der Unterstadt sind die ältesten Stadtviertel Nordamerikas: ★★**Place Royale** und **Quartier Petit Champlain**. Noch heute ist ihr Ursprung als erste dauerhafte Siedlungen Neufrankreichs nicht zu verkennen, und Spuren von Militär- und Handelsaktivitäten aus jener Zeit sind überall sichtbar. Ursprünglich wurde das Viertel Place du Marché genannt, bis es 1686 zu Place Royale umbenannt

wurde, als die Siedler eine Büste des Sonnenkönigs Ludwig XIV. aufstellten.

Die ★**Kirche Notre-Dame-des-Victoires** an der Südseite der Place Royale wurde ab 1687 an der Stelle von Champlains erstem Wohnhaus errichtet. Ihr Name stammt von zwei Siegen der Franzosen über die Briten, 1690 und 1711. Ironischerweise wurde die Kirche 1759 während der „Eroberung" von britischem Granatfeuer zerstört und seitdem zweimal neu aufgebaut. Die Attraktionen des Gebäudes sind der Altar in Form einer Burg, das maßstabsgetreue Modell der *Le Brézé* (das Boot, welches 1664 den Marquis de Tracy und die Soldaten des Carignan-Regiments nach Neufrankreich brachte), die Ste-Geneviève, der Schutzheiligen von Paris geweihte Kapelle und die hervorragenden Werke von Malern wie Van Dyck, Van Loo und Boyermans.

Ebenfalls an der Place Royale liegt das **Maison des Vins** in einem anno 1869 erbauten Lagerhaus, dessen Architekt Claude Bailiff auch das Haus von Jolliet entwarf. In diesem Paradies für

Rechts: Die alte Kirche Notre-Dame-des-Victoires lohnt wegen ihres originellen Altars eine Innenbesichtigung.

Weinkenner sind mehr als 1000 seltene und teilweise uralte Weine in vollklimatisierten Kellergewölben gelagert.

In dem nahegelegenen Quartier Petit Champlain gibt es Boutiquen, Restaurants und zahllose Kunst- und Kunsthandwerksgalerien, die meist in schön restaurierten Häusern aus dem 17. Jh. untergebracht sind. Die *Bon-Vivant*-Atmosphäre in diesem Tag und Nacht lebendigen Viertel steckt Einwohner und Urlauber gleichermaßen an, und in den Frühlings- und Sommermonaten zieht es alle hinaus auf die Straße. Einige Schritte vom Ende der Escalier Casse-Cou entfernt liegt eines der besten Restaurants in Québec City, in dem original Québecker Gerichte und verschiedene Provinzdelikatessen serviert werden. **Le Marie Clarisse** befindet sich in einem der alten Häuser am Platz. Die Steinwände, die Holzdecke, der große Kamin und die blauen Farbtöne sorgen bei kaltem wie bei warmem Wetter für eine angenehme Atmosphäre.

Bevor Sie sich auf den Rückweg zur Haute Ville begeben, besuchen Sie das ★**Musée de la Civilisation**, das im Gebiet des **Vieux-Port** (Alter Hafen) nahe der Place Royale liegt. Das 1989 eröffnete Museum (geplant von Moshe Safdie) erhielt internationale Anerkennung wegen seiner lebendigen Ausstellungen zur Geschichte von Québec, zur frankokanadischen Kultur und zu Kulturen anderer Völker.

In diesem Stadtviertel befindet sich zwischen dem River und Customs Gebäude das riesige **Agora Port de Québec Amphitheater** mit 5800 Sitzplätzen. Hier finden neben Veranstaltungen für Kinder auch klassische und moderne Konzerte sowie verschiedene Veranstaltungen wie Folkloretänze statt.

UNTERHALTUNG

Das Nachtleben in Québec City ist während des ganzen Jahres sehr lebendig. In den wärmeren Jahreszeiten spielt sich ein Großteil der Aktivitäten auf den Straßen und Gassen der Haute und der Basse Ville ab, während in den kälteren Monaten (und es kann hier sehr kalt werden) die Bars, Restaurants, Theater, Konzerthallen und Sportarenen die beliebtesten Treffpunkte sind.

Das älteste Orchester Kanadas ist das **Orchestre Symphonique de Québec**, das international bekannt ist und in seiner Heimatstadt eine treue Anhängerschaft besitzt. Die Konzerte finden im **Grand Théâtre de Québec** statt, wo auch andere Theatergruppen und Tanzensembles das ganze Jahr über ihre Aufführungen veranstalten. Zwei weitere Theater zeigen internationale Künstler.

Das 1932 eröffnete **Palais Montcalm** verfügt über eine Konzerthalle mit 1100 Sitzplätzen. Außerdem gibt es eine von der Stadt geführte Galerie, die die Werke zeitgenössischer Künstler zeigt, und ein Ausstellungszentrum mit thematischen Ausstellungen über die Geschichte der Stadt.

Das Gebäude des historischen **Théâtre Capitole** wurde ebenfalls nach einer umfangreichen Renovierung wiedereröffnet und stellt heute ein architektonisches Glanzstück mit modernen Bühneneinrichtungen dar.

Wie in Montréal, war auch in Québec City Eishockey sehr populär; im **Colisée Pepsi** spielten die *Remparts de Québec* gegen ihre Erzfeinde aus Montréal. In den Neunzigern wurden sie in die USA verkauft, wo sie als *Colorado Avalanches* bereits zweimal den Stanley Cup gewonnen haben.

WINTERSPORT

Québec City ist auch ein Ziel von Wintersportlern, die aus der ganzen Welt hierher kommen, um in den Skigebieten von Mont Tremblant, Mont Ste-Anne und Stoneham Ski zu fahren. Die Skigebiete gehören zu den besten Nordamerikas und sind ebenso beliebt wie die der Laurentides und der Eastern Townships (Cantons de l'Est).

Québec City 7

Foto: Axel Mosler

Im Gebiet von Greater Québec City gibt es fünf Skizentren mit 120 Pisten zum Skifahren am Tag und 66 beleuchtete Abfahrten für die Nacht. Außerdem gibt es 22 auf Skilanglauf spezialisierte Skizentren mit 300 gepflegten Loipen, die auf eine Fläche von etwa 1600 km² verteilt sind und beheizte Hütten entlang der Loipen bieten.

AUSFLUGSZIELE

Für Ausflüge in die Umgebung von Québec-Stadt empfehlen sich die 10 km nördlich gelegenen **Chûtes Montmorency**, 84 m hohe Wasserfälle mit aussichtsreichen Wanderwegen in ihrer Umgebung. Außerdem liegt 35 km nordöstlich von Québec die 1658 gegründete Siedlung ★**Ste-Anne-de-Beaupré** mit der mächtigen **Klosterkirche**, die, 1923 in neuromanischen Stil erbaut, ein bedeutender Wallfahrtsort

ist; zurückgelassene Krücken erinnern an wundersame Heilungen.1984 pilgerte auch Johannes Paul II. hierher.

Die historische **Île d'Orléans** ist eine 35 km lange, 9 km breite Insel im St.-Lorenz-Strom, erreichbar vom Hwy. 138. Seit 1935 ist die Insel mit dem Festland durch eine Stahlhängebrücke verbunden. Die komplett unter Denkmalschutz stehende Insel bietet idyllische Dörfer mit Kirchen aus dem frühen 18. Jahrhundert.

Tierfreunde finden in der Umgebung von Québec City nur noch eine Attraktion, denn der Zoo in Charlesbourg, einst Heimat von über 300 Tierarten, musste aus finaziellen Gründen schließen; ein Teil davon dient nun als **Parc des Moulins**. Aber bei einem Abstecher zum **Parc Aquarium du Québec** in **Sainte-Foy** (südlich von Québec) kann man auf einem Freigelände Seehunden und Eisbären zuschauen und die im Sankt-Lorenz-Strom heimischen Fischarten aus nächster Nähe hinter Glas betrachten.

Oben: Zu den Wettkämpfen während des Carnaval d'Hiver gehört auch ein Bootsrennen auf dem St.-Lorenz-Strom.

Québec City (☎ 418)

i **Québec City Tourism**, 835 Ave. Wilfrid-Laurier, Québec, QC G1R 2L3, Tel. 641-6290 oder 1-877-783-1608, www.quebecregion.com; oder 3300, Ave. des Hôtels. Tel. 641-6290.

FLUG: Der **Jean-Lesage International Airport**, Route de l'Aéroport, Ste-Foy, Tel. 640-3300, www.aeroportdequebec.com, 19 km von der Innenstadt entfernt, wird überwiegend von nationalen Fluglinien, z.B. Air Canada und Air Alliance, Tel. 1-888-247-2262, www.aircanada.ca, angeflogen.

TAXI: Taxis mit Taxameter sowie Limousinen verkehren vom und zum Flughafen. Taxis kosten ca. Can$ 32,50 für die 30minütige Fahrt bis Vieux-Québec.

BUS: Die Busse von Réseau de Transport de la Capitale fahren von Mo-Fr vom Internationalen Flughafen zum Les Saules Bus Terminal in der Stadt (4028 Rue Michelet (Blvd. Masson), Tel. 627-2511. **Orleans Express Coach Lines** (www.orleansexpress.com) verbindet Québec City mit der Provinz, **Intercar Côte-Nord** (www.intercar.qc.ca) mit Orten an der Nordküste. Beide verkehren vom Bus Terminal an der 320 Rue Abraham-Martin, Tel. 525-3000.

CITIBUS: Tageskarte oder Einzelfahrschein nötig (genaues Fahrgeld bereithalten!). Verlangt man beim Einsteigen einen *transfer slip*, kann man ohne Zuzahlen umsteigen.

ZUG: VIA RAIL, Tel. 1-888-842-7245, www.viarail.ca. Zugverkehr aus der Provinz Québec und den Atlantikprovinzen kommt im Bahnhof **Gare du Palais**, 450 Rue de la Gare, Tel. 648-9992, in der Innenstadt an.

✕ **Le Lapin Sauté**, gemütlich, im rustikalen Stil, mit Terrasse, französische Landküche, Hase aus dem Backofen, Gratins, Ente, Lamm und Lachs, 52 Rue du Petit Champlain, Tel. 6925325.
Le Buffet de L'Antiquaire, Lokal im Diner-Stil, preiswert und gut, Burger, Ham and Eggs, Sandwiches etc., 95 rue St-Paul (Unterstadt), Tel. 692-2661.

🏛 **HAUTE VILLE**: **Musée de l'Amérique française**, dokumentiert die Besiedlungsgeschichte Neufrankreichs, tägl. Juni-Sept. 10-

17.30, sonst bis 17 Uhr, 2, côte de la Fabrique, Tel. 692-2843, www.mcq.org.
Old Port of Quebec Interpretation Centre, historische Ausstellungen über frühere Hafenaktivitäten,100 Quai St-André, Tel. 648-3300.
Musée des Ursulines, gute Dokumentation der Geschichte Neufrankreichs, tägl. Mai-Aug. Di-Sa 10-12, 13-17, Sept.-April 13-16.30, So 12.30-17 Uhr, 12 Rue Donnacona, Tel. 694-0694, www.museedesursulines.com. **Musée du Fort**, Do-So 11-16, im Sommer 10-17 Uhr, 10 Rue Ste-Anne, Tel. 692-2175, www.museedufort.com.
Musée National des Beaux-Arts, Sommer tägl. 10-17.45, Winter Di-So 10-17 Uhr, Parc des Champs-de-Bataille, Tel. 643-2150, www.mnba.qc.ca. **Royal 22e Regiment Museum**, in der Zitadelle, Sommer tägl. 9-17, im Winter nur eine einstündige Führung tgl. um 13.30 Uhr, Tel. 694-2815, www.lacitadelle.qc.ca. **La Citadelle**, Sommer tägl. 9-17, Winter nur 13.30 Uhr, Côte de la Citadelle, Tel. 648-3172, www.lacitadelle.qc.ca.

BASSE VILLE: **Musée de la Civilisation**, u.a. Ausstellungen zur Stadtgeschichte, Sommer tägl. 10-19, Winter 10-17 Uhr, 85 Rue Dalhousie, Tel. 643-2158, www.mcq.org. **Agora Port de Québec**, Amphitheater für klassische und Rock-Konzerte, Edifice du Havre, 120 Rue Dalhousie, Tel. 691-7211. **Basilica of Ste-Anne-de-Beaupré**, ab Québec 35 km nordöstlich von Hwy. 138, Tel. 827-3781. **Naval Museum of Québec**, Marinegeschichte, 170 Dalhousie St., Tel. 694-5387, http://navalmuseumofquebec.com.

🎭 **HAUTE VILLE**: **Colisée Pepsi**, Pop- und Rockkonzerte, 250 bd. Wilfrid-Hamel, Tel. 691-7111. **Grand Théâtre de Québec**, 269 Rue St-Cyrille, Tel. 643-8111, www.grandtheatre.qc.ca. **Théâtre Capitole**, 972 Rue St-Jean, Tel. 694-9930, www.lecapitole.com.
Opéra de Québec, 1220 Av. Taché, Tel. 529-4142. **Orchestre Symphonique de Québec**, 401 Grande Allée E., Tel. 643-5598.

☞ **FESTIVALS**: **Festival d'été**, im Juli, großes Klassik-, Rock- und Pop-Fest, von Weltklasse- bis zu Straßenkünstlern, www.infofestival.com.
Carnaval de Québec, im Februar, 290 Rue Joly, Tel. 626-3716, www.carnaval.qc.ca.

7
Québec City

Elchkuh im Parc National de Forillon,
Halbinsel Gaspé

Foto: Axel Mosler

PROVINZ QUÉBEC

CANTONS DE L'EST
LES LAURENTIDES
AM ST.-LORENZ-STROM

PROVINZ QUÉBEC

Québec, die größte Provinz Kanadas, unterscheidet sich von den anderen Provinzen, da sie nicht wie der Rest des Landes vom anglo-protestantischen Einfluss Englands, sondern vom katholischen Frankreich geprägt wurde: Bis heute ist Französisch die Amtssprache.

Die Provinz Québec hat rund 8 Mio. Einwohner, von denen über 80 % Französisch als Muttersprache haben, außerhalb des Gebiets von Greater Montréal sind sogar etwa 93 % der Einwohner frankophon. Etwa 25 % der Québecer sprechen ebenso gut Englisch wie Französisch. Etwa 600 000 haben als Muttersprache Englisch. Viele dieser Anglophonen sind Nachfahren von Siedlern, die sich in Québec während der letzten 300 Jahre niedergelassen haben.

Québec hat eine Fläche von 1 667 493 km². Davon befinden sich 90 % im Bereich des Kanadischen Schildes, einem uralten Granitplateau, von dem etwa 27 500 km² mit Flüssen und Seen bedeckt sind. Am Südrand des Schildes liegt die St.-Lorenz-Tiefebene – hier leben über 75 % der Einwohner Québecs. Das bedeutet, dass der Großteil dieser ostkanadischen Provinz unbewohnt und unerschlossen ist.

Links: Das Blatt des Zuckerahorns in Herbstfärbung.

Québec hat vier sehr unterschiedliche Jahreszeiten. Das Wetter im Sommer ist wechselhaft, und auf einen sehr heißen, sonnigen Tag kann ein kalter, regnerischer folgen. Trotzdem wird das Leben während der Sommermonate hauptsächlich im Freien verbracht, und man versucht, so viele Unternehmungen wie möglich in diese drei kurzen Monate zu packen. Im Verhältnis dazu ist der Herbst mit seinen kalten, klaren Nächten und den strahlenden, kühleren Tagen mild und mindestens genauso schön. Der Winter bricht oft schon im November mit ersten Schneefällen herein – für Skifahrer ein Segen – und dauert bis Mitte März, wobei es im Januar und Februar besonders kalt wird.

Québec kennen lernen

Die Provinz Québec – die Wiege des heutigen Kanada – bietet eine Fülle von historischen, architektonischen und kulturellen Sehenswürdigkeiten aus über 400 Jahren, die nur darauf warten, entdeckt zu werden. Das Gebiet von der Spitze des Mont Royal bis zu den Plaines d'Abraham und vom gewaltigen St.-Lorenz-Strom bis hin zur James Bay ist einzigartig: Nirgends sonst ist die Vergangenheit noch so gegenwärtig. Besucher, die einen erholsameren Urlaub verbringen möchten und nach den Spuren der Traditionen in der Provinz

8
Provinz Québec

» Karte S. 156-157, Info S. 178-179

155

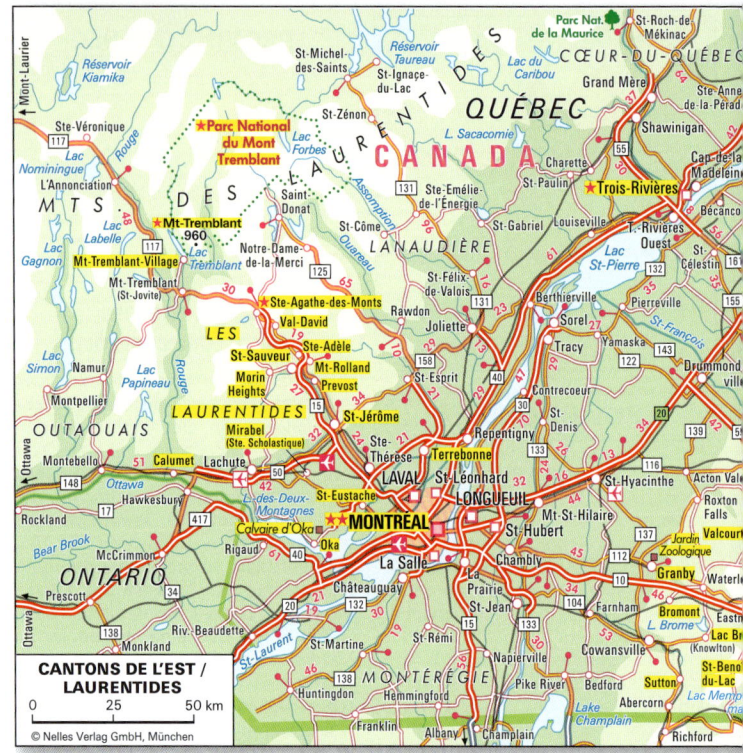

CANTONS DE L'EST /
LAURENTIDES
0   25   50 km

© Nelles Verlag GmbH, München

suchen, müssen sich einfach nur aus Montréal oder Québec City in die Wildnis hinauswagen und in eins der vielen Urlaubsgebiete der Provinz fahren. Dort finden Naturliebhaber, Wanderer und Sportler ein weites Feld für ihre Freizeitaktivitäten, mit Unterkünften aller Preiskategorien.

Zwei Drittel der Provinz sind nur für Outdoortypen und Überlebenskünstler geeignet, da sie vollkommen unerschlossen sind und außer den einheimischen Tierarten und der Kriebelmücke kaum ein Lebewesen sie je erkundet hat. Zwei der beliebtesten Urlaubsziele in der Nähe von Montréal sind die Cantons de l'Est (Eastern Townships) und die Laurentides (Laurentians).

Zwei weitere Urlaubsziele sind die Landschaften Charlevoix und Gaspésie, östlich von Québec City. Hier ist die Wildnis auch für Erholung suchende Durchschnittsmenschen zugänglich.

CANTONS DE L'EST

Die Cantons de l'Est, auch L'Estrie oder Eastern Townships genannt, liegen im Südosten Québecs zwischen Montréal und den Grenzen zu den amerikanischen Bundesstaaten Vermont, New Hampshire und New York. Lange bevor die Leute der Country Clubs ihre Sommerhäuser und Hütten im nördlichen Teil des Appalachengebirges bauten, war das Gebiet Heimat der Abenaki-

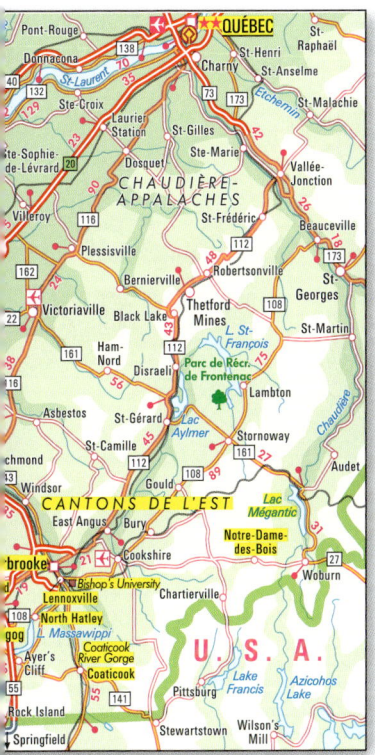

abbauindustrien Arbeit fanden. In den letzten Jahrzehnten wurden neben Sommerhäusern zahlreiche ganzjährig geöffnete Resorts gebaut. Im Winter strömen Skifahrer in das Gebiet. Die Region ist wegen ihrer großen **Ahornwälder** bekannt, und wenn der Frühling kommt, füllen sich die **Zuckerhütten** mit Touristen, die bei der traditionellen Ahornsirupproduktion zuschauen.

Granby

Die Cantons de l'Est beginnen bei **Granby**, ungefähr 80 km südöstlich von Montréal. In diesem Ort befindet sich der **Jardin Zoologique de Granby** (Granby Zoo) mit über 1000 Tieren. Unter den seltenen Arten sind auch zwei Schneeleoparden aus Nordostasien, die Teil eines internationalen Programms zur Rettung dieser vom Aussterben bedrohten Tierart sind.

Die Stadt ist besonders stolz auf ihre original europäischen Brunnen, darunter ein antiker griechischer am Boulevard Leclerc und eine echt römische Fontäne im Parc Pelletier. Jeden Herbst findet hier das **International Granby Song Festival** statt. Seit 1969 gibt das Festival jungen, noch nicht bekannten Interpreten und Liedermacher(innen) Gelegenheit, ihr Talent vor einem breiten Publikum unter Beweis zu stellen. Einige der in Granby aufgetretenen Nachwuchskünstler haben dort in der Provinz bemerkenswerte Karrieren begonnen.

In Granby und den umliegenden Orten gibt es auch allerfeinste traditionelle Québecer Küche – la fine cuisine québécoise genannt. Typische Spezialitäten sind gemischte Wildpasteten wie zum Beispiel cipaille oder süß-pikante Gerichte aus Schinken und Ahornsirup. Ahornsirup wird bei nahezu allen traditionellen Québecer Gerichten in irgendeiner Form verwendet, und ein Großteil des in Québec hergestellten Ahornsirups kommt aus der Gegend um Granby.

Indianer. Obwohl sie schon vor langer Zeit ihre Zelte für immer abgebrochen haben, erinnern nach wie vor die Namen der Orte und Seen wie Lac Memphrémagog, Massawippi und Mégantic an ihre Anwesenheit.

Bis zum Ende des 18. Jh. hatten sich nur wenige europäische Siedler in dieser Region niedergelassen. Während des amerikanischen Unabhängigkeitskrieges 1783 flohen viele Loyalisten, die die englische Kolonialherrschaft einer unabhängigen amerikanischen Regierung vorzogen, hierher. Erst nach 1850 zogen große Scharen Frankokanadier (so wurden die Québécois genannt) in die Region, die in den damals blühenden Eisenbahn-, Holzfäller- und Asbest-

Provinz Québec **8**

Foto: Benoit Chalifour (Ministère du Tourisme du Québec)

Ahornsirupernte

Im März beginnt der Ahornsaft in den Bäumen zu fließen – angeregt durch die großen Temperaturunterschiede zwischen den warmen Tagen und den kalten Nächten. Die Bäume werden dann von den Sirupherstellern angezapft, und der Saft wird zur Zuckerhütte, der *cabane à sucre* gebracht. Dort kocht man dann den gesammelten Ahornsaft zu "flüssigem Gold" ein.

Überall in den Cantons bieten die Hersteller „Sirupernte-Touren" an, bei denen *tire sur la neige* eine besondere Attraktion ist. Dabei wird heißer Ahornsirup auf den kalten Schnee getropft, der Sirup kühlt ab, erstarrt, und man hat einen leckeren Lutscher.

In vielen dieser **Cabanes** werden traditionelle Québecer Gerichte wie deftige Schinkengerichte, frittierte Schweineschwarte, Baked Beans und Pfann-

kuchen serviert, die alle mit Ahornsirup zubereitet werden. Ein noch arbeitender Betrieb ist z. B. die **Érablière du Lac-Beauport** in Lac-Beauport, wo man bei der Zuckerherstellung zuschauen kann.

Gewürznelken, Muskatnuss, Pfeffer, Zimt und Ahornzucker sind seit der Zeit der ersten Siedler die beliebtesten Gewürze in der hiesigen Küche, und sie werden in den Restaurants bei der Zubereitung traditioneller Gerichte großzügig verwendet.

Wintersportorte

Seit den 1980er Jahren sind die **Cantons** ein beliebtes Skigebiet der Québecer – und noch nicht ganz so überfüllt und kommerzialisiert wie das der Laurentides.

In **Bromont**, wo 1986 der Ski World Cup ausgetragen wurde, ist Tag und Nacht etwas geboten. Abends und nachts kann man auf den beleuchteten Skipisten fahren oder sich in der Diskothek neben der Piste amüsieren. Außerdem ist das Gebiet auch wegen der her-

Oben: Im März wird der Ahornsaft gesammelt.
Rechts: Ahornsirup in dekorativen Flaschen – ein süßes Kanada-Souvenir mit Nutzwert.

Foto: Pinfoldphoto.s (Dreamstime)

vorragenden Langlaufloipen bekannt. Das Skigebiet am **Mont Orford** liegt im Zentrum eines Nationalparks und ist für erfahrene Skifahrer und Anfänger gleichermaßen geeignet.

Owl's Head verfügt über eine der längsten Pisten (4 km) der Region und ist besonders bei Skifahrern beliebt, die einsamere Hänge bevorzugen.

Mont Sutton gehört zu den größten Skierholungsgebieten der Region. Die Skipisten und Wege führen an Pinien, Birken und Ahornbäumen vorbei. Seit Jahrzehnten wird Mont Sutton treu und brav von denselben, meist englischsprachigen Skifahrern aus Ontario und anderen Orten besucht.

Der Ort **Sutton** selbst ist eine angesehene Gemeinde mit Kunsthandwerksgeschäften, gemütlichen Speiselokalen und Bars (**Auberge La Paimpolaise** erfreut sich bei Skifahrern besonderer Beliebtheit).

Ein weiterer beliebter Wintersport ist Schneemobilfahren. **Valcourt**, der Geburtsort des Schneemobilfinders Joseph-Armand Bombardier, ist ein Weltzentrum für diese Sportart und bietet über 1600 km Trails durch Wälder und verschneite Landschaften. Im Ort gibt es ein Museum, das dem Erfinder des Schneemobils gewidmet ist, und jedes Jahr wird hier ein Schneemobil-Festival mit Wettrennen und Vorführungen veranstaltet. In den Infozentren der Cantons de l'Est sind Karten erhältlich, auf denen landschaftlich schöne **Schneemobilrouten** eingezeichnet sind.

Orford

Die Gemeinde **Orford** ist nicht nur wegen des **Nationalparks Mount Orford** mit seinem **Skigebiet**, sondern auch wegen seines alljährlichen Musikfestivals international bekannt: Von Juni bis August finden täglich Klassik- und Popkonzerte statt; am **Centre d'Arts d'Orford** studieren und spielen jedes Jahr rd. 300 hochbegabte Musikstudenten aus aller Welt. Das bekannte *Orford String Quartet* wurde 1965 hier gegründet. Beim **Festival Orford** stehen auch Jazz und Folk auf dem Programm.

Foto: Axel Mosler

Lac Brome

In **Lac Brome** finden Besucher im **Théâtre du Lac Brome** – dem anderen englischen Sommertheater der Cantons – angenehme Unterhaltung. Bereits seit vielen Jahren werden hier jeden Sommer kanadische und amerikanische Theaterstücke aufgeführt und hin und wieder auch Konzerte veranstaltet. Das Theater war ein Geschenk von Gerry Wood, dem Besitzer des beliebten **Knowlton Pub**. Die angebotenen Bed & Breakfast Spezialpakete beinhalten auch ermäßigte Theaterkarten. **The Piggery** bietet ähnliche Pakete.

Der zu Lac Brome gehörende Gemeindeteil **Knowlton** hat viele alte Gebäude mit Restaurants, Pubs, Kunsthandwerksläden und Boutiquen. Die Gegend eignet sich gut zum Wandern und Radfahren. Früher war Knowlton nur eine Postkutschenstation zwischen

Oben: Wer mit dem Schneemobil unterwegs ist, braucht guten Kälteschutz. Rechts: Abtei St. Benoît im Frühling.

Boston und Montréal; seine Geschichte ist in der **Pettes Memorial Library** von 1894 und im **Brome County Historical Society Museum** festgehalten.

Magog

Der Urlaubsort **Magog**, der 1988 sein hundertjähriges Bestehen feierte, war einst ein verschlafenes Dorf an der Spitze des Lac Memphrémagog. Inzwischen hat er sich zu einem ganzjährigen Urlaubsziel entwickelt, insbesondere wegen seiner reizvollen Lage am Nordufer des **Lac Memphrémagog**. Das schier unerschöpfliche Freizeitangebot umfasst Segeln, Bootfahren, Windsurfen, Aerobic, Reiten und Schneemobilfahren. Es gibt zwei **Sandstrände**, hervorragende Frühstückspensionen, Hotels und Restaurants. Die Skigebiete **Mont Orford** (850 m ü. M.) und **Owl's Head** liegen in der Nähe.

Das Nachtleben in Magog ist lebendig, es gibt viele Cafés, Bars, Bistros und großartige Restaurants für jeden Geschmack und Geldbeutel. In der **Rue Principale** findet man Boutiquen, Kunstgalerien und -geschäfte mit Werken einheimischer Künstler. Im Stadtkern kann man schöne Spaziergänge durch die mit alten Häusern und Kirchen gesäumten Straßen machen, von denen einige in Läden, Galerien und Theater umgewandelt wurden. Im Sommer werden im **Théâtre Le Vieux Clocher** Pop- und Rockkonzerte veranstaltet und französische Theaterstücke aufgeführt. Im Juli / August findet in Magog **La Traversée Internationale du Lac Memphrémagog** statt, ein 34-km-Schwimm-Marathon über den See, der Athleten aus aller Welt anzieht; die schnellsten schaffen die Strecke in 6,5 Stunden. Sieben Tage lang gibt es dazu ein attraktives Rahmenprogramm.

Saint-Benoît-du-Lac

Eine Ausflugsattraktion von Magog ist die ca. 20 km südlich gelegene Bene-

Foto: Jocelyn Boutin (Ministère du Tourisme du Québec)

diktinerabtei **Saint-Benoît-du-Lac**, die auf einer bewaldeten Halbinsel steht. Ihr Glockenturm ragt wie ein Wachposten über den Baumwipfeln auf. 1912 wurde sie von Benediktinern erbaut, noch heute leben etwa 60 Mönche dort, die dafür bekannt sind, dass sie sich vollkommen selbst versorgen. Apfelwein aus eigenem Anbau, Marmeladen und vor allem selbst hergestellter **Käse** (u. a. *Ermite, St-Benoît, Ricotta*) werden im großen **Klosterladen** verkauft. Besucher können in der Klosterkirche an Messen mit **Gregorianischem Gesang** teilnehmen, CDs davon gibt es ebenfalls im Laden.

Sherbrooke

Die inoffizielle Hauptstadt der Cantons, **Sherbrooke**, wurde 1818 nach dem verstorbenen Gouverneur Sir John Coape Sherbrooke benannt.

In den 1790er Jahren von englandtreuen Loyalisten gegründet, ist sie heute das kulturelle Zentrum der Region. Es gibt zahlreiche interessante Kunstgalerien wie das **Musée des Beaux-Arts de Sherbrooke**; das **Musée de la Nature et des Sciences**, eines der ältesten Museen der Provinz Québec, und die **Domaine Howard**, die als Zentrale der Historischen Gesellschaft für Geschichte im Bezirk fungiert und von Juni bis September sachkundig geleitete Stadtrundfahrten organisiert.

Das Kunstzentrum der **Université de Sherbrooke** bietet ebenfalls während des ganzen Jahres interessante Kulturveranstaltungen, meist in französischer Sprache, manchmal jedoch auch in Englisch. Sherbrooke ist auch wegen seiner Blumenpracht berühmt.

Das **Restaurant Au P'tit Sabot** in Sherbrooke wurde schon einmal mit dem Preis für das beste Restaurant mit lokaler Küche ausgezeichnet. Hier wird Wildschwein nach Art der *belle cuisine québécoise* zubereitet.

Lennoxville und North Hatley

In den Ortsteilen **Lennoxville** und **North Hatley** von Sherbrooke spielt die

Kunst eine große Rolle. Jedes Jahr finden hier im Juli Antiquitäten- und Volkskunstausstellungen statt, und während des ganzen Jahres werden Konzerte, Ausstellungen und Dichterlesungen veranstaltet. North Hatley ist mit seinen **Antiquitätenläden** eine Fundgrube für Liebhaber alter Sachen. Im benachbarten Lennoxville gibt es noch mehr davon. Englischsprachige Bewohner der Region kommen wegen der erstklassigen Theateraufführungen in diese beiden Städte. Das führende Theater ist **The Piggery Theatre**, in dem zahlreiche Erstaufführungen kanadischer und amerikanischer Theaterstücke stattfanden. Das Theater ist in einem früheren Schweinestall in North Hatley untergebracht. Auf dem Gelände gibt es ein kleines Restaurant, eine Bar, Picknickmöglichkeiten und eine Galerie.

Das **Centennial Theatre** in Lennoxville an der **Bishop's University** steht

dem Piggery nicht nach. Von September bis Juni werden im Centennial internationale, kanadische und Québecer Jazz-, Klassik- und Rockkonzerte veranstaltet sowie Filme, Tänze, Pantomime und Kindertheaterstücke aufgeführt. Hin und wieder findet hier auch das Québec University Drama Festival statt. Die Universitätsstadt ist eine der letzten Hochburgen Anglo-Québecer Kultur in den Cantons.

Während der Sommermonate gibt es in den Studentenwohnheimen der Bishop's University in Lennoxville preisgünstige Unterkunftsmöglichkeiten. Man findet hier außerdem erstklassige Sporteinrichtungen, z. B. ein großes Hallenschwimmbad und Tennisplätze im Freien, die Besucher gegen ein Entgelt benutzen können. Das Universitätsgelände ist mit seinem Fluss und dem Golfplatz sehr schön, und die Architektur erinnert an vielen Stellen an die Universitäten im Bundesstaat New England. Die fast 140 Jahre alte Kapelle der Universität steht unter Denkmalschutz und ist zu besichtigen.

Ein weiteres Freizeitvergnügen, das Sprachbarrieren und soziokulturelle Unterschiede verschwinden lässt, bietet die Kleinbrauerei **Le Lion d'Or** in Lennoxville, wo man den frisch hergestellten Gerstensaft probieren kann. Weinliebhaber können auf dem **Dunham Winery Trail** in der Ortschaft Dunham die Runde machen: Er führt zu den reichen Weingütern mit alten viktorianischen Gebäuden außerhalb der Stadt. Weinbauern wie **Domaine des Côtes Ardoise** und **Vignoble de l'Orpailleur** können besucht werden, zum Weine Verkosten und zum Einkaufen.

Im Umkreis der Ortschaft liegen mehrere Farmen, auf denen Obst angebaut wird. Auf der **Ferme Wera** (3900 Route 143) dürfen Besucher von Mitte Juni bis Ende August selbst Erdbeeren und Himbeeren pflücken.

In der Ortsmitte von Lennoxville liegt der **Uplands Cultural and Heritage Centre**. Das Haus auf dem baumbestan-

Oben: In Kanada fischen schon die Jüngsten.
Rechts: Bromont in den Cantons de l'Est bietet hervorragende Golfplätze.

162 » **Karte S. 156-157, Info S. 178-179**

Foto: Jocelyn Boutin (Ministère du Tourisme du Québec)

denen Gelände wurde 1862 von dem englischen Emigranten John Paddon erbaut, dem auch die Einführung der Öllampenbeleuchtung in den Straßen des malerischen Orts zugeschrieben wird. Das Museum ist der Stolz der Bürger, mit historischen Dokumenten aus über 300 Jahren. Die Wechselausstellungen reichen von Retrospektiven über die Abenaki-Indianer bis zur Lebenschronik des Erfinders, Lebenskünstlers und Bürgermeisters Arthur Speid im 19. Jh.

Nach Ende des amerikanischen Bürgerkriegs 1866 bauten wohlhabende Leute aus dem Süden ihre Sommerhäuser am **Lac Massawippi**. Schon vor einiger Zeit wurden die geräumigen Häuser in Luxusunterkünfte umgewandelt. Das Fünf-Sterne-Hotel **Manoir Hovey** z. B. wurde 1899 erbaut und hat elegant eingerichtete Zimmer, viele davon mit Himmelbett und Kamin; das **Restaurant** des Hauses ist in ganz Nordamerika bekannt. Im Jahr 2002 logierten dort die Stars Anthony Hopkins und Nicole Kidman während der Dreharbeiten für den Film „Der menschliche Makel".

Coaticook

Es gibt eine Fülle von Theatern und Festivals in der Region.

Das **Festival du Lait** im August in **Coaticook** erinnert daran, dass die Region einen Großteil der Milch Québecs erzeugt. Die „Modenschau", bei der Kühe die neuesten Modelle der Milchindustrie vorführen, muss man mit eigenen Augen gesehen haben, um es wirklich zu glauben.

Coaticook ist wegen der **Coaticook River Gorge** bekannt, die von der längsten Hängebrücke Kanadas überspannt wird. Durch die Schlucht führen viele Wanderwege, und von dem Beobachtungsturm aus hat man einen herrlichen Ausblick auf die umgebende Landschaft. Im Herbst sind die flammenden Farben der Laubbäume eine Attraktion für zahllose Besucher. Zu dieser Jahreszeit sind die Unterkünfte und Restaurants in der Region stets überfüllt; deshalb ist es ratsam, im voraus zu buchen, wenn man hier eine Nacht bleiben möchte.

Provinz Québec **8**

Foto: Benoît Chalifour (Ministère du Tourisme du Québec)

Lac Mégantic

Die Region um den **Lac Mégantic**, etwa 100 km östlich von Sherbrooke, ist bei Skiläufern und Skilangläufern besonders beliebt, da sie nur 35 Autominuten vom Skigebiet **Sugarloaf** im amerikanischen Bundesstaat Vermont trennen. Im Sommer trifft man Fischer und Wassersportler am Mégantic-See.

In der Nähe bietet das **Mont Mégantic's Observatory** in **Notre-Dame-Des-Bois** Sternbeobachtern einen beeindruckenden Blick in die Unendlichkeit des Weltalls mit einem Hochleistungsteleskop. Die Sternwarte befindet sich in einem besonders schönen, wilden und bergigen Gebiet der Cantons de l'Est auf dem Gipfel des zweithöchsten Berges der Region (1098 m). Am Fuß des Berges gibt es ein Informationszentrum für Hobbyastronomen, die abends an Streifzügen durch das Weltall teilnehmen können.

Oben: Runde Scheunen sind typisch für West Brome. Rechts: Herbst in den Laurentiden.

LES LAURENTIDES

Die (Verwaltungs-) Region Les Laurentides beginnt nur 56 km nordwestlich von Montréal und umfasst viele bekannte Skigebiete. Die Berge des Laurentischen Plateaus entstanden vor etwa 600 Millionen Jahren, im Präkambrium. Nur einige Gipfel liegen über 760 m Höhe; doch obwohl die Berge relativ niedrig sind, bieten sie hervorragende Skiabfahrten. Der höchste Berg ist der 960 m hohe **Mont Tremblant** (150 km nördlich von Montréal). Es gibt hier über 300 Abfahrten (etliche mit Flutlicht). Der **Nationalpark** um den Mont Tremblant ist 3200 km^2 und bietet viele Trails zum Wandern.

Die Region Les Laurentides wird in die Bereiche Basses Laurentides (Lower Laurentians) und Hautes Laurentides (Upper Laurentians) unterteilt.

BASSES LAURENTIDES

In den **Basses Laurentides** sieht man noch Gebäude aus der Zeit vom 17. bis

Foto: LOUIS-MICHEL DESERT (Shutterstock.com)

zum 19. Jh., der Glanzzeit der *seigneurs*, der Gutsherren, die große Ländereien besaßen. Zwei der bekanntesten sind die Seigneurie de Terrebonne auf der Île-des-Moulins und die Seigneurie du Lac-des-Deux-Montagnes, jeweils 20 Autominuten von Montréal.

Terrebonne

Der Ort **Terrebonne**, nördlich von Montréal, wurde 1673 gegründet, als Gouverneur Frontenac das Gut an Sieur André Daulier vergab. Bis 1832 wurde die *seigneurie* von Feudalherren instand gehalten und dann von Joseph Masson, dem ersten frankokanadischen Millionär, aufgekauft. Er und seine Familie waren die letzten *seigneurs* von Terrebonne – ihre „Herrschaft" dauerte bis 1883. Die Villen, Höfe und anderen Gebäude der *seigneurie* wurden sorgfältig restauriert, so dass **Vieux Terrebonne** dem Besucher einen Einblick in die feudalistische Vergangenheit bietet. Eindrucksvoll ist das **Manoir Masson**, das Sophie Raymond-Masson ein Jahr nach

dem Tod ihres Ehemannes erbauen ließ.

Einen romantischen Blick in die Vergangenheit von Terrebonne erlaubt die **Île-des-Moulins**. Auf der Insel im Mille Îles River liegen mehrere aus dem 19. Jh. stammende historische Gebäude, die an eine Zeit erinnern, als die Industrialisierung der Region noch in den Kinderschuhen steckte. Die Sägemühle stammt von 1804, während die Getreidemühle etwa 40 Jahre jünger ist. Außerdem kann man eine Schmiede und eine fast 200 Jahre alte Bäckerei besichtigen, in der sich ein Restaurant und eine Kunstgalerie befinden. Im Théâtre de Verdure an der Inselspitze, einem Amphitheater, finden im Hochsommer Open-Air-Konzerte statt.

St.-Eustache

Die **Kirche** von **St.-Eustache**, südlich von Montréal, ist für Geschichtsbegeisterte ein Muss, denn hier fand eins der tragischsten Ereignisse in der Geschichte Kanadas statt: die Rebellion von 1837. Seit der britischen Eroberung

» **Karte S. 156-157, Info S. 178-179**
165

1759 durften sich Frankokanadier nur in bereits existierenden Territorien niederlassen, während die neuen Bezirke Engländern vorbehalten blieben. Zu dieser Benachteiligung kam noch, dass auf alle aus England importierten Waren hohe Einfuhrzölle erhoben wurde. Das Ergebnis war, dass im Jahr 1834 die French-Canadian Patriot Party die British Party in der Kolonialregierung ablöste. Der französische Widerstand gegen die britische Regierung nahm zu.

Im Dezember 1837 veranlassten Gerüchte über eine bevorstehende Revolution die Briten dazu, 2000 englische Soldaten unter dem Kommando von General Colborne auszusenden, die die Widerstandsarmee der North Shore Patrioten niederwerfen sollten. Der in der Gegend als Held gefeierte Anführer Jean-Olivier Chenier und seine 200 Patrioten flüchteten in die Dorfkirche, die die Engländer mit Kanonen beschossen und in Brand steckten. Dabei starben Chenier und viele seiner Kameraden, viele Gebäude wurden von Colbornes Soldaten geplündert und niedergebrannt. Noch heute sind an der Fassade der Kirche von St-Eustache die Spuren der Kanonenkugeln zu erkennen. In der Kirche wurden im 20. Jh. viele Tonaufnahmen des renommierten **Orchestre Symphonique de Montréal** gemacht.

Ein populäres Familienziel ist das **Exotarium** im benachbarten **Fresnière**. Der kleine Zoo ist auf Reptilien wie Boas, Alligatoren, Frösche, Eidechsen und Spinnen spezialisiert. Mutige können sogar eine Tarantel streicheln.

La Seigneurie du Lac-des-Deux-Montagnes

La Seigneurie du Lac-des-Deux-Montagnes nordwestlich von St.-Eustache, die 1717 den Sulpizianermönchen zugeteilt wurde, erinnert ebenfalls an Québecs feudale Vergangenheit. Zwi-

Rechts: Radtour im Naturpark am Mont Tremblant (960 m).

schen 1740 und 1742 errichteten die Sulpizianer den **Calvaire d'Oka**. Heute sind noch drei der ursprünglich sieben Kapellen erhalten, und jedes Jahr feiern die Indianer und Dorfbewohner hier am 14. September das **Feast of the Holy Cross**. Seit 1870 pilgern jedes Jahr auch Tausende Québecer hierher und nehmen an der Zeremonie auf dem Gipfel des Kalvarienberges teil, von dem man einen herrlichen Ausblick auf den **Lac-des-Deux-Montagnes** hat.

Ein Teil der Verfilmung des Romans *Kamouraska* der Autorin Anne Hébert (1916-2000), mit Geneviève Bujold in der Hauptrolle, wurde im **Herrenhaus** der Sulpizianer gedreht, das zwischen 1802 und 1808 im Dorf **Ste-Scholastique** erbaut wurde. Hébert gehörte zu den bekanntesten zeitgenössischen Autoren Québecs und wurde mit dem Prix Goncourt, dem begehrtesten Literaturpreis Frankreichs, ausgezeichnet.

Im Jahr 1887 gaben die Sulpizianer den Trappistenmönchen, die 1880 aus der Abbeye Bellefontaine in Frankreich nach Kanada gekommen waren, 350 ha Land in der Nähe des Calvaire d'Oka ab. Die Trappisten schufen hier bis 1890 eines der schönsten Landgüter Québecs: die **Abbaye Cistercienne d'Oka**. Die Mönche waren für ihre Käseherstellung bekannt; Besucher können das einfache Müllershaus, in dem sie anfangs lebten, ihre Gärten und ihre Kapelle besichtigen.

Außerdem ist **Oka** auch wegen des **Parc Paul Sauve** bekannt, der nur 32 km von Montréal entfernt und somit ein beliebtes Ausflugsziel ist.

HAUTES LAURENTIDES

St-Jérôme wurde 1830 am Rivière du Nord gegründet und spielte dank des Priesters Antoine Labelle, der fest dazu entschlossen war, den Norden Québecs den Frankokanadiern zu öffnen, nach 1868 eine bedeutende Rolle in der Entwicklung der Hautes Laurentides. Heute ist der Ort ein Wirtschafts- und Kultur-

Foto: Marc Renaud (Ministère du Tourisme du Québec)

zentrum, das in Sachen Geschichte mit St-Eustache mithalten kann. Zwischen 1868 und 1890 gründete Labelle 20 Pfarrgemeinden, und er überzeugte die Regierung von der Notwendigkeit, die *P'tit Train du Nord*-Eisenbahnlinie zu finanzieren. Der **Boulevard Labelle**, die **Municipalité Labelle**, das **Papineau-Labelle** Naturschutzgebiet, die Statue des Curé Labelle im **Parc Antoine-Labelle** gegenüber der St-Jérôme Kathedrale sind ein Ausdruck der Hochachtung, die diesem großen Visionär in der Region entgegengebracht wird.

Auch die lange **Promenade**, die von der Brücke der Rue de Martigny bis zur Brücke der Rue St-Joseph an der Rivière du Nord entlangführt, ist interessant. Die Informationstafeln entlang der Promenade erklären die historischen Ereignisse, die hier stattfanden. Im **Musée d'Art Contemporain des Laurentides** wird zeitgenössische Kunst präsentiert, wobei der Schwerpunkt der wechselnden Ausstellungen in der Regel auf den Werken von Künstlern aus der Region liegt. Außerdem finden im Museum

über das Jahr hinweg auch unterschiedliche kulturelle Veranstaltungen statt.

Thematische Ausstellungen werden außerdem auch im **Parc Régional de la Rivière du Nord**, einer weiteren Attraktion von St-Jérôme, gezeigt. Der Park ist ein Naturerholungsgebiet mit schönen Wanderwegen, die unter anderem zu den **Wilson Falls** führen. Der **Pavillon Marie-Victorin** ist bei jedem Wetter geöffnet. Schon vor Jahren wurden innerhalb der Parkgrenzen zwei ökologische Wanderwege angelegt. Auf diesen Lehrpfaden können sich Besucher mit heimischer Flora vertraut machen. Zwischen Dezember und März kommen Skilangläufer, Eisläufer und Schneeschuhsportler auf ihre Kosten.

Der Bau der *P'tit Train du Nord*-Eisenbahnlinie erleichterte zunächst die Beförderung von Siedlern und Waren in das Gebiet der Hautes Laurentides. Und, was angesichts der heutigen blühenden Tourismusbranche noch wichtiger erscheint, sie öffnete dem Skisport in der Region die Tore.

Zu Beginn des 20. Jahrhunderts

Foto: Victor Koval (Shutterstock.com)

transportierte die Bahnlinie statt der einstigen Siedler und Waren nun ganze Züge voller Skifahrer in das Gebiet, und die Hautes Laurentides wurden weltweit als das Skizentrum Nummer Eins Nordamerikas berühmt. Es gilt heute als Kanadas best ausgestattetes Erholungsgebiet.

In den 1920er Jahren brachte die Canadian National Railway (und später auch ihre Konkurrenz, die Canadian Pacific) Skifahrer in Scharen in die Region. Einige prominente Montréaler erwarben Grundstücke in erstklassiger Lage am Seeufer tief in der Wildnis der Laurentides und bauten dort private Skiunterkünfte. Später dehnten sich die Wochenendausflüge in die Skigebiete um **St-Sauveur** bis nach ★**Ste-Agathe-des-Monts** aus. Diese Skigebiete konnte man bis in die 1930er Jahre nur mit der Bahn erreichen. Sie wurden erst zu ganzjährig besuchten Erholungsgebieten für die ganze Familie, nachdem

der Highway gebaut war. In den 1950er Jahren hatten sich diese Hütten bereits als Sommertreffpunkte für die Familie etabliert, und die Region der Hautes Laurentides wurde zu einem wahren Cottage Country. Viele dieser Familien haben bis heute, drei Generationen später, ihre Grundstücke so belassen, wie sie zur Zeit der Jahrhundertwende waren. Ihre Wochenendhäuser in der wunderbar unberührten Wildnis sind beides: Erinnerung an eine vergangene Zeit und ein geschätztes Erbe.

St-Sauveur

Nach **St-Sauveur** führt die Abfahrt 60 von der Autoroute 15. Der Ort beherrscht die Bergregion und ist der Ausgangspunkt Nummer Eins zu den Urlaubsgebieten in den Hautes Laurentides, die sich bis in den Norden zum Mont Tremblant erstrecken. Besucher, die zum ersten Mal hierher kommen, werden zunächst in den zahllosen Erholungsgebieten, Dörfern, Hotels und Gasthäusern der benachbarten Ort-

Oben: Winter am Mont Tremblant. Rechts: Ferienhaus im traditionellen Stil nahe Ste-Marguerite.

Foto: Marc Renaud (Ministère du Tourisme du Québec)

schaften wie **Ste-Marguerite-Station**, **Morin Heights**, **Val Morin**, **Val David** und **Piedmont** den Wald vor lauter Bäumen nicht mehr sehen.

Im Sommer fahren die Urlauber zu den Golfplätzen (zwei weitere befinden sich bei **Ste-Adèle** und **Mont Gabriel**) und Campingplätzen bei **Val David** und an den Seen **Lac Claude** und **Lac Lafontaine** mit ihren Stränden. Im Herbst kommen sie wegen der wunderschön gefärbten Laubwälder hierher, und im Winter zum Skifahren.

Die Einheimischen und die Hüttenbesitzer machen sich Sorgen darüber, wieviel Wachstum die Region noch vertragen kann, bevor es zu einer Überschwemmung durch Touristen mit all den typischen Begleiterscheinungen kommt. Das einst verschlafene kleine Dorf in den Laurentides mit seinen 4000 Einwohnern im Jahr 1970, in dem es nicht einmal eine Verkehrsampel gab, ist heute zu einem Touristenort geworden, in den das ganze Jahr über an jedem Wochenende 30 000 Besucher kommen. In der **Rue Principale** sieht

man heute neben den urigen französischen Restaurants, die einst Feinschmecker in die Gegend lockten, Imbissbuden und Sushi Bars.

Während der leuchtend weiße Kirchturm der **Église St-Sauveur** noch heute das Bild der Hauptstraße beherrscht, ist die Kirche **St-Francis of the Birds** kein stiller Ort des Gebets mehr. 1951 wurde die Holzkirche neben einem Wald errichtet, in dem ein paar einfache Landhäuser standen. Heute grenzt ihr Zedernwäldchen im Hinterhof an einen großen Hotelkomplex, und vom nahegelegenen **Aquatic Park**, der von Kritikern mit einem riesigen „Disneyland-Klon" mit täglich bis zu 5000 Besuchern verglichen wird, schallt laute Rockmusik herüber.

Wettbewerbe wie „Classique de Surf", „Mr. Beach Bum" oder „Miss Hawaiian Tropic" ziehen heute andere Touristen in das Gebiet als die Urlauber aus Montréal, die hier seit Generationen in ihren Landhäusern Ruhe und Erholung suchten. Aber nicht nur lärmendes Amüsement hat im pulsierenden St-Sauveur

» Karte S. 156-157, Info S. 178-179   169

in den vergangenen Jahren Einzug gehalten. Wer in der kanadischen Bergwelt eher auf Ruhe, Erholung und Stressabbau eingestellt ist, kann sich im **Spa Beautherium** (8 Lafeur Nord) einen Tag lang von professionellen Kräften verwöhnen lassen. In diesem Wellness Center haben Gäste die Qual der Wahl zwischen unterschiedlichen Badebehandlungen, entspannenden Schwedenmassagen, Lymphdrainagen, Reflexzonenmassagen und Anti-Aging-Therapien, nach denen sich so mancher „Patient" schon wie komplett runderneuert fühlte.

St-Sauveur ist auch die Heimat des berühmten **Red Birds Ski Club**, der 1928 auf dem Hill 70, dem Zentrum von **Mont St-Sauveur**, gegründet wurde. Wie die Red Birds selbst, so stand auch der Name des Hill 70 in enger Verbindung mit der McGill University und den Heldentaten der kanadischen Soldaten im I. Weltkrieg. Ihr Befehlshaber war Sir Arthur Currie, Rektor der McGill University und zugleich der erste Kanadier in der Militärgeschichte des Landes, der das kanadische Korps führte. Er und seine Männer eroberten im Jahr 1917 den Hill 70 in Lens (Frankreich) von den Deutschen zurück. 1933 wurde Hill 70 dem Gedenken an die in Frankreich gefallenen Angehörigen der Red Birds gewidmet.

Der Skilehrer der Red Birds war Herman „Jackrabbit" Smith Johannsen, der nach 1918 praktisch der Wegbereiter des Skilanglaufs in Kanada war. Durch das anstrengende Training gelangen den Red Birds so große Leistungen, dass sie Kanada zweimal bei olympischen Skiwettkämpfen vertreten durften (1932 in Lake Placid und 1936 in Garmisch).

Johannsen erschloss in der Zeit zwischen 1932 und 1935 den bekannten **Maple Leaf Trail** zwischen **Shawbridge** (Prevost) und Mont Tremblant.

Bis zu seinem Tod 1987 im Alter von 111 Jahren half er persönlich bei der Erweiterung der Loipen im Gebiet der Laurentides, die sich heute über 1000 km erstrecken. Jeden Winter nehmen über 1700 Skisportler im Alter von 4 bis 80 Jahren am 160 km langen **Canadian Ski Marathon** teil, der zu Ehren von Johannsen veranstaltet wird.

In der **Église St-Sauveur** finden im Sommer regelmäßig Klassikkonzerte statt. In der **Rue Principale** wetteifern Kunstläden, Modeboutiquen und Geschäfte, in denen handgemachter Schmuck verkauft wird, mit den Cafés und vielen Restaurants um die Gunst der Besucher.

Zum **Mont Sauveur Aquatic Park** und Besucherzentrum gleich außerhalb der Stadt gelangt man über die Ausfahrten 58 und 60. Die Hauptattraktion des Parks ist der künstliche Colorado-Wildwasserfluss – ein 1,7-Millionen-Dollar-Projekt –, der um die steilen Berge führt und diesen Vergnügungspark zu *dem* Freizeitort in den Laurentides schlechthin macht. Die Floßfahrt durch, über und unter das tosende Wasser des Flusses dauert neun für so manchen nicht enden wollende Minuten.

Im nahegelegenen **Morin Heights** kommen Sonnenanbeter und Schneefans voll auf ihre Kosten.

Eine beliebte Variante des Skisports in **Ski Morin Heights** ist Snowboardfahren. Ski Morin Heights ist ein Familienbetrieb und nennt sich selbst „Skizentrum für Familien". Es gibt dort zwar keine Übernachtungsmöglichkeiten, doch ein riesiges Landhaus und ein breites Angebot an Besuchereinrichtungen. Essen kann man beispielsweise im Restaurant **Heritage** (gute Fondues), im **Auberge Swiss Inn** oder im **Le Refuge**, das gehobene Küche serviert. Außerdem gibt es neben den üblichen Fitnesseinrichtungen wie Squashplätze und Whirlpools auch ein gut ausgearbeitetes Programm für Skifahrer mit einer besonderen Skischule für Kinder, in der die Lehrer Disneykostüme tragen.

Rechts: Abenteuerliches Rafting auf dem Rivière Rouge.

Foto: Thomas Stankiewicz

Reges Treiben herrscht auch in dem Ort **Ste-Adèle**, in dem es eine Fülle von Kunsthandwerksläden, Boutiquen und Restaurants gibt. Das Nachtleben ist ebenfalls nicht zu unterschätzen, und in den Kinos laufen immer die neuesten Filme. Im **Cinema Pine** beispielsweise werden die gleichen Filme gezeigt, die auch in Montréal anlaufen.

Zu den riesigen Eisrutschen im **Super Splash Aquatic Park** kommen von Mitte Dezember bis Ende April täglich Horden von Besuchern. Im Sommer stürzen sich Risikofreudige auf den Super Splash Wasserrutschen mit mehrmaligen Drehungen um die eigene Achse hinab in große Wellenbäder.

Nur einige Kilometer nördlich von Ste-Adèle liegt das ehemalige **Village de Seraphin**, zu dem man über die Route 117 gelangt. Diese Rekonstruktion eines typischen Dorfes mit kleinen Häusern, einem prachtvollen Landhaus, einem Lebensmittelladen und einer Kirche fing die Atmosphäre des einfachen Lebens der Siedler wieder ein, die in den 1840er Jahren hierher kamen.

Das bei guten und mittelmäßigen Skifahrern beliebte Skigebiet bei **Mont-Rolland** erreicht man über die **Station Touristique de Mont Gabriel**. Abgesehen von den üblichen Freizeitangeboten im Freien bietet der Ort auch ein Sommertheater, in dem Komödien, Musicals, Kindertheater und Zirkusvorstellungen stattfinden. Der Ort ist auch wegen des **Club Bourbon Street** bekannt, die sich im Hotel La Lousiane befindet; hier treten während des ganzen Jahres Musikbands und Solisten aus Montréal auf.

In der Region Quebec gehört die Gegend um Ste-Adele zu den bevorzugten Flugrevieren für Drachenflieger, Paraglider, Paramotoring-Piloten und Tandemflüge. In Flugschulen können sich Interessierte unter professioneller Anleitung mit den Grundvoraussetzungen dieser Sportarten vertraut machen und wie Dädalus den Himmel über den reizvollen Landschaften erobern. Wer mit den notwendigen Techniken bereits vertraut ist, kann sich die Ausrüstung bei mehreren Anbietern ausleihen.

Foto: Vlad G (Shutterstock)

Ebenso fesselnd wie das Fliegen ist **Wildwasserrafting** durch Stromschnellen auf dem **Rivière Rouge**, der durch die zerklüfteten Berge und Canyons der Laurentians fließt. Zum Ausgangspunkt der Fahrten gelangt man auf der Route 148 an **Calumet** vorbei über den Chemin de la Rivière Rouge. Dort gibt es Veranstalter, die auf Rafting spezialisiert sind.

Das nahegelegene **Ste-Marguerite-du-Lac-Masson** ist ebenfalls wegen seiner Wassersportmöglichkeiten bekannt, die jedoch von ruhigerer Natur sind. Es gibt schöne Ufer zum Sonnen und Schwimmen und gute Segelmöglichkeiten. Im Winter zieht das Gebiet Skilangläufer und Schlittschuhfahrer zu Hunderten an. Wenn man erfahren will, was im Ort los ist, wendet man sich am besten an an das Bureau Touristique. Das **Bistro à Champlain** im Ort besitzt einen Weinkeller mit etwa 20 000 Flaschen, von denen viele uralt sind. Seit 1987 kommen Weinkenner von nah und fern in das ausgezeichnete Bistro zur Weinprobe.

Im Val David im Norden liegt das **Village du Père-Noel** (Santa Claus Village), ein Treffpunkt für Berg- und Eiskletterer, Wanderer und Hundeschlittenfahrer, und im Sommer wie im Winter geeignet für Campingfreunde. Der Ort ist eine Künstlerenklave, und viele der Ateliers können besucht werden. Die meisten Künstler bieten ihre Werke auch zum Kauf an. Werfen Sie einen Blick in das **Atelier Bernard Chaudron** in Val-David, wo es besonders schöne Zinnwaren gibt.

Von ★**Ste-Agathe-des-Monts** aus hat man einen schönen Blick auf den **Lac des Sables**. Der Ort liegt in einem lebhaften Erholungsgebiet, das auch bei Skifahrern beliebt ist. Sommersport Nummer Eins ist hier das Segeln, doch eine der Attraktionen des Orts ist Sporttauchen. Im **Centre de Plongée Sous-Marine** und dem **Mont Tremblant Montagne Sport Shop** erhält man alles nötige für den Tauch- und Klettersport,

Oben: Panorama-Gondelbahn vom Lac Tremblant zum Mont Tremblant, von 280 auf 900 m ü.M.

den Tauchunterricht, Tauchführer, Kletterunterricht und professionelle Führer. Von Mitte Januar bis Mitte März findet am Lac des Sables das große Sportfest **l'Hiver en Nord** statt, bei dem Sportwettkämpfe und Turniere mit Live-Unterhaltung veranstaltet werden. Interessant ist auch das **Village du Mont-Castor**, in dem ein typisches Québecer Dorf mit über 100 Blockhäusern im traditionellen Stil aus der Zeit um 1900 rekonstruiert wurde. Die **Boutique Liliane Bruneau** ist ein gut gehendes Modekaufhaus. Die Villa ist auch von außen interessant, da ihre Betonmauern mit Glas- und Spiegelstücken besetzt sind. Dieser Architekturstil war früher einmal in Québec sehr populär. Heute gibt es nur noch wenige Gebäude dieser Art. Die Besitzerin Lilianne Bruneau ließ den Bau sorgfältig restaurieren und fügte noch Balkone und einen Blumengarten hinzu. Die Innenräume sind geschmackvoll eingerichtet.

★Mont Tremblant

Nördlich von Ste-Agathe liegt das bekannteste Skigebiet Québecs: ★**Mont Tremblant**. Es ist nur etwa 90 Autominuten von Montréal entfernt und das nördlichste Erholungsgebiet, das ganzjährig problemlos erreichbar ist. Am **Lac Tremblant** gibt es die längsten Abfahrten Ostkanadas (über 600 m) und eine Vielzahl von Skipisten, sowohl für Anfänger als auch für gute Skifahrer.

Wer einmal einen echten Formel-2000-Rennwagen pilotieren will, kann dies im Rahmen eines hochpreisigen eintägigen Fahrertrainings tun: in der **Jim Russell Racing School** auf der 4,26 km langen **Tremblant-Rennstrecke**, auf der Jacky Ickx 1970 ein Formel-Eins-Rennen gewann – das letzte, das hier in den Bergen stattfand.

Der ★**Parc National du Mont Tremblant** wurde 1894 eröffnet. Früher wurden er und die große Wildnis, die ihn umgibt, von den Algonquin-Indianern *manitonga soutana* genannt, was „Berg

der Geister" bedeutet. In diesem riesigen Naturschutzgebiet liegen mehr als 500 Seen, und 230 verschiedene Vogel- und andere Tierarten, darunter Elche, Bären, Hirsche und Biber, sind darin beheimatet. Je nach Jahreszeit kann man Elche jagen (selbstverständlich nur mit Erlaubnis), Ski- und Schneeschuhlaufen, Schneemobil- oder Kanufahren und Campen.

AM SANKT-LORENZ-STROM

Die unberührtesten Naturgebiete jenseits von Québec-Stadt sind das Charlevoix nördlich und die Gaspésie am Südufer des Sankt-Lorenz-Stroms. Wenn Sie aus Montréal kommen, lohnt sich ein Besuch von ★**Trois-Rivières**, das in der Mitte zwischen den zwei Städten am Nordufer des Stroms liegt. Dort kann man einen schönen Spaziergang durch die Altstadt machen, die nahe beim Fluss liegt. Der Ort entstand 1634, als ein Fort zur Verteidigung der Interessen der Pelzhändler errichtet wurde. Heute ist die Hauptindustrie die Papierherstellung aus dem Holz der großen Wälder im Norden der Stadt.

Das Gebiet **Charlevoix**, oft auch die Schweiz Québecs genannt, beginnt nordöstlich von Québec City am alten **Chemin du Roy**, der heutigen Route 138. Auf der Straße am Ufer entlang hat man reichlich Gelegenheiten, von ungeheuer hohen Klippen den Blick über das Wasser zu genießen.

Das erste große Naturerlebnis sind die **Chûtes de Montmorency**, ein 83 m hoher Wasserfall, der sowohl im Sommer als auch im Winter, wenn Eiskletterer auf dem gefrorenen Wasserfall zur Attraktion wird, eindrucksvoll ist.

Wenn Sie nach **Saint-Tite-des-Caps** gelangen, sind Sie im bergigen Charlevoix. Am besten sollte man den Besuch des Gebiets ganz entspannt an. Man muss die Hauptroute nur selten verlassen, um die Sehenswürdigkeiten zu finden, denn meist tauchen sie einfach so vor einem auf.

Provinz Québec **8**

》 Karte S. 156-157, Info S. 178-179   173

★**Tadoussac** war Kanadas erste Handelsniederlassung, sie geht auf das Jahr 1600 zurück und liegt am Zusammenfluss mit dem **Saguenay River**, der hier einem Fjord ähnelt. Der Fluss ist sehr tief, und wenn das Salzwasser aus dem Meer zwischen den Monaten Juli und Oktober flussaufwärts fließt, halten sich viele **Wale** in diesem Gebiet auf, vor allem Belugawale, aber auch Buckel-, Finn-, Zwerg- und Blauwale. Beliebt sind Fahrten mit Zodiac-Booten zur **Walbeobachtung**; das **CIMM** (Centre d'interprétation des mammifères marins) illustriert und erläutert das Leben der Meeressäuger. An die Anfänge des Tourismus im 19. Jahrhundert erinnert das prächtige, traditionsreiche **Hotel Tadoussac**, gegründet 1864. Wenn der Fluss im Winter zufriert, bieten die kleinen Hütten, die die Angler auf dem Eis aufstellen, um auf traditionelle Weise zu angeln, ein fotogenes Bild.

In der Nähe gibt es bei **Le Désert** erstaunliche Sanddünen, auf denen sogar Skiwettkämpfe auf Sand veranstaltet werden.

Nun gibt es zwei Möglichkeiten, die Fahrt durch das Gebiet fortzusetzen. Eine Variante wäre, von Tadoussac entlang dem **Parc du Saguenay** flussaufwärts zum **Lac St-Jean** zu fahren, einem gigantischen wassergefüllten Meteoritenkrater, entstanden vor 350 Millionen Jahren, mit schönen Stränden und ideal zum Segeln. Diese Region ist das Herz der Provinz Québec, des französischen Separatismus und der Trapper- und Holzfäller-Traditionen. **Saguenay**, auch als „Königin des Nordens" bekannt, ist wegen der wilden Karnevalsfeiern und dem **Zellulosefabrik-Museum** La Pulperie bekannt.

Die andere Möglichkeit ist, weiter durch Escoumins, Sept-Îles und Havre-St-Pierre am Ufer entlangzufahren. Diese Strecke ist wieder in erster Linie von der Schönheit der Natur geprägt, doch sie bietet auch andere Sehenswürdigkeiten. Von **Baie Comeau** führt eine Straße ins Landesinnere in Richtung Manicouagan am gleichnamigen Fluss.

Oben: Kanadas älteste Holzkirche in Tadoussac.

Die örtliche Kraftwerksverwaltung bietet Ausflüge zu den zwei gewaltigen **Staudämmen** an den Flüssen **Manicouagan** und **Outardes** an, welche die Stromerzeugung durch Wasserkraft ermöglichen.

Von **Havre-St-Pierre** kann man mit Booten Touren zu den bizarren Felsformationen des **Mingan Archipelago** unternehmen (s. S. 18).

HALBINSEL GASPÉ

Die **Gaspé Peninsula** oder **Gaspésie** ist eine lange Landzunge, die sich von Québec City in nordöstlicher Richtung entlang der Südseite des St.-Lorenz-Stroms erstreckt und besonders während der Sommermonate eins der beliebtesten Ausflugsziele in der Provinz ist. Die Hauptattraktion ist Mutter Natur. Während die Nordküste der Halbinsel von mächtigen Klippen geprägt ist, die vom Meer zu bizarren Felsformationen geformt wurden, ist die Südküste an der Baie des Chaleurs sanfter, jedoch ebenso schön. Das Landesinnere ist bergig

und wild zerklüftet. In den Chic-Choc- und Notre-Dame-Gebirgszügen kann man Rentiere, Elche und manchmal sogar Schwarzbären zu Gesicht bekommen.

Fast 2200 km² Fläche im Landesinneren der Gaspésie sind zu Schutzgebieten erklärt worden. Der höchste Berg in der Gaspésie ist der Mont Jacques-Cartier (1277 m) im **★★Parc National de la Gaspésie** in den bewaldeten Chic-Choc Mountains. Diese gehören wiederum zu den nördlichsten Ausläufern der Appalachen. Um den Park herum befinden sich außerdem viele *Réserves fauniques*, d. h. Tierreservate, wie **Matane**, **Dunière**, **Chic-Choc** und **Baldwin**. **Réserve Faunique de la Petite Cascapédia** und **R. F. de Port Daniel** liegen im Süden. Wie in allen Nationalparks Kanadas kommen Rucksack-Wanderer und Camper hier voll auf ihre Kosten.

Der Großteil der Bevölkerung der Gaspésie lebt an der Küste in kleinen malerischen Dörfern, die sich an die Felsen klammern und mindestens eine, oftmals übergroße Kirche haben. Sie

» Karte S. 175, Info S. 178-179

Foto: Manfred Braunger

bestreiten ihren Lebensunterhalt zum einen mit Fischfang und zum anderen mit dem Fremdenverkehr, weshalb auch die Infrastruktur recht gut ist. Hier und da sieht man in Dörfern noch aufgestellte flache Gestelle, auf denen in zwei Hälften geteilter Kabeljau unter freiem Himmel luftgetrocknet wird.

Die meisten Besucher aus Québec City beginnen ihre Gaspésie-Tour an der Nordküste. Von **Baie-Comeau** kann man dann mit der **Fähre** nach **Matane** übersetzen. Von dort genießt man einen schönen Blick auf den St.-Lorenz-Strom, der hier eher einem Meer gleicht. Achten Sie auf die alte **Holzbrücke** in **Grande Vallée**.

Bei **Rivière-au-Renard** beginnt der ★★**Parc National de Forillon**, der zwar klein, doch mit dichten Wäldern, weiten Feldern und wildzerklüfteten Kalksteinformationen an der nördlichen Küste sehr abwechslungsreich ist. In der

Baie de Gaspé gibt es hervorragende Tauchmöglichkeiten. Außerdem werden Bootsfahrten zur Walbeobachtung angeboten. Naturgeschichtlich Interessierte sollten das Informationszentrum am **Cap des Rosiers** besuchen.

Gaspé ist zwar die größte Stadt auf der Halbinsel, mit ihren kaum 18 000 Einwohnern allerdings eher mit einer Kleinstadt zu vergleichen. An diesem Ort setzte Jacques Cartier im Jahr 1534 zum ersten Mal den Fuß auf nordamerikanischen Boden. Das von ihm zum Gedenken an dieses Ereignis aufgestellte Holzkreuz, das **Croix de Gaspé**, wurde zwischenzeitlich durch eine Nachbildung aus Stein ersetzt. Im **Musée de la Gaspésie** kann man einiges über die Geschichte dieses Entdeckers und andere Themen erfahren, so zum Beispiel über das Leben der alten Siedler usw. Ein weiteres Merkmal von Gaspé ist die moderne **Cathédrale**, die fast ganz aus Holz gebaut ist.

Südlich von Gaspé liegt das Fischerdorf ★★**Percé**, das dafür bekannt ist, dass es die spektakulärste Küste der

Oben und rechts: Bootsausflug zum Rocher Percé und der Basstölpelkolonie auf der Vogelinsel Île Bonaventure.

Foto: Christina Pade

ganzen Halbinsel aufweist. Der Ort liegt auf einer grünen, vom Meer ausgewaschenen Landzunge. Das berühmteste Merkmal ist der ★★**Rocher Percé** – „durchbohrter Fels" –, eine riesige Kalksteinplatte vor der Küste. Bei Ebbe kann man zum Felsen hinüberlaufen. Scharen von Möwen und Tölpeln landen auf ihm, und ihre schrillen Schreie hallen an den glatten Wänden wieder.

Die **Île Bonaventure**, die einige Kilometer vor der Küste liegt, ist ein Vogelschutzgebiet. Auf 4 km² beherbergt sie die größte **Basstölpelkolonie** Nordamerikas. 50 000 Tölpel verbringen hier den Sommer. Auch Dreizehenmöwen und Kormorane finden ideale Nistplätze in den Felsnischen. Um den Besuch in diesem Nationalpark richtig genießen zu können, sollte man den Besuch entsprechend organisieren. Am besten besorgt man sich in Percé, dem kleinen Künstler- und Fischerdorf, ein Übernachtungsquartier. Hotels und Motels gibt es viele. Trotzdem sollte man zeitig buchen, da die Gaspé-Halbinsel bei den Einheimischen vor allem im Juli und August ein beliebtes Urlaubsziel ist. Frühmorgens geht es darum, sich am Hafen ein Ticket für die Bootsfahrt auf die Vogelinsel und ein Lunch-Paket zu besorgen, weil man auf der Île Bonaventure nichts kaufen kann. Der Ausflug ins Vogelreich dauert einige Stunden, falls man sich neben den Tölpeln auch die Insel selbst ansieht, d. h. den gut ausgeschilderten **Lehrpfad** mit Erklärungen über die Vogelwelt absolviert.

An der Küste der Halbinsel ★**Miguasha**, eines **Nationalparks** bei Nouvelle (40 km östlich von Campbell), sind einzigartige, 370 Mio. Jahre alte **Fischfossilien** des *Eusthenopteron foordi* – eines Fleischflossers, der neben Kiemen auch eine Lungenblase besaß und der Vorfahr aller Landwirbeltiere war – entdeckt worden, die das renommierte örtliche **Museum** ausstellt.

PROVINZ QUÉBEC

www.bonjourquebec.com. In der Provinz Quebec gibt es zudem in den Städten und auch in vielen kleineren Orten Tourismusbüros.

FLUG: **Montréal-Pierre Elliott Trudeau International Airport** in Montréal (s. S. 136).
ZUG UND BUS: Siehe Infobox Montréal, S. 136.
MIETWAGEN: Siehe Infobox Montréal, S. 136.

Obwohl Autofahren in Québec ab 16 Jahren erlaubt ist, kann man erst ab 21 Jahren (mit Führerschein und Kreditkarte) ein Auto mieten. In Kanada gilt Rechtsverkehr.
Die Québecer sind bekannt dafür, dass sie Geschwindigkeitsbegrenzungen überschreiten und gerne ohne Blinkzeichen die Fahrspur wechseln. Auf Québecs Straßen kommt man am besten mit einem defensiven Fahrstil zurecht, besonders an Ein- und Ausfahrten.
Ausschilderungen erfordern manchmal Kombinationsgabe und sind in der Regel nur in Französisch. Straßenkarten und Stadtführer erhält man in Touristenbüros, an den meisten Tankstellen und Zeitungsständen.
In Québec ist das Rechtsabbiegen an einer roten Ampel verboten, es sei denn, ein Schild erlaubt dies. Man muß mindestens fünf Meter vor einem Schulbus halten, solange er mit blinkenden Lichtern anhält.
Autofahrer in Québec achten nicht besonder auf Fußgänger, nicht einmal an Zebrastreifen.
Parkschilder: Ein roter Kreis bedeutet, dass Parken an bestimmten Tagen/Stunden verboten ist. Ein grüner Kreis mit derselben Information und „30 M" bedeutet, dass man während der Geschäftszeiten für ein Maximum von 30 Minuten parken darf. In einigen Stadtteilen dürfen nur Anwohner mit Erlaubnis parken.

FEIERTAGE / FERIEN: 1. Januar: **Neujahrstag**. März/April: **Karfreitag**, **Ostermontag**. Mai: **Fête de Dollard**/Victoria Day, 3. Montag des Monats. 24. Juni: **Fête Nationale** (St-Jean-Baptiste-Tag), Québec's Nationalfeiertag. 1. Juli: **Canada Day** (Nationalfeiertag). 15. Juli-1. August: Jährliche Ferienzeit, in der die meisten Québecer Urlaub machen. 4. August: Civic Holiday. September: **Labor Day**, 1. Montag des Monats. Oktober: **Thanksgiving**, 2. Montag des Monats. 11. November: **Remembrance Day**. 25./26. Dezember: **1. und 2. Weihnachtstag**.

Cantons de l'Est

Tourisme Cantons-de-l'Est, 785 rue King O., Sherbrooke J1H 1R8, Tel. 819-821-1919, www.quebecvacances. com.

AUTO: Von Montréal: Autoroute 10 nach Osten; von Vermont: U.S. Highway 91 (wird zur Autoroute 55 am Grenzübergang Rock Island); von New Hampshire: U.S. Highway 3 (wird zur Autoroute 141 nach Coaticook oder Autoroute 257 nach La Patrie); von Maine: U.S. Highway 27 (führt zur Autoroute 212 nach Notre-Dame-des-Bois, La Patrie und Cookshire zur Autoroute 161 nach Lac Mégantic).
BUS: Busse fahren stündlich vom **Voyageur Terminal** ab, 505 Blvd. de Maisonneuve E., Montréal, Tel. 1-514/842-2281. Expressbusse fahren direkt, andere halten in Granby, Lac Mégantic, Magog, Sherbrooke und Thetford Mines.

Musée des Beaux-Arts de Sherbrooke, zeitgenössisches Kunstschaffen der Region, 241 Rue Dufferin, Sherbrooke, Tel. 1-819/821-2115, www.mbas.qc.ca.
Musée Joseph-Armand Bombardier, interessantes Museum über Leben und Wirken des Erfinders des Schneemobils, 1001 Ave. Joseph-Armand Bombardier, Valcourt, Tel. 450/532-5300, www.fjab.qc.ca.
Uplands Cultural and Heritage Centre, über britische Besiedlung der alten Eastern Townships, 9 rue Speid, Sherbrooke, Tel. 1-819/564-0409, www.uplands.ca.
Musée du comté du Brome, Artefakte der Indianer und Loyalisten-Siedler, 130 Rue Lakeside, Lac Brome, Tel. 450/243-6782.
Abbaye St-Benoît-du-Lac, schöne Benediktinerabtei am Lac Memphrémagog, St-Benoît-du-Lac, Tel. 1-819/843-4080, www.st-benoit-du-lac.com.
Zoo de Granby, 1050 blvd. David-Bouchard, Granby J2G 5P3, Tel. 450-372-9113, www. zoo-granby.ca.
Astrolab du Parc Nat. du Mont-Mégantic, spektakulär gelegenes Riesenteleskop,189 Route

du Parc, Notre-Dame-des-Bois, Tel. 819/888-2941, www.astrolab.qc.ca.

The Piggery Theatre, 215, Chemin Simard, North Hatley, Tel. 1-819/842-2431, www.piggery.com.
Centennial Theatre, Bishop's University, Rue du College, Sherbrooke, Tel. 819-822-9692, www.centennialtheatre.ca.
Théâtre Lac Brome, Box 1177, Lac Brome, Tel. 450-242-1395, www.theatrelacbrome.ca.
Théâtre Le Vieux Clocher, 64 Rue Merry, Magog, Tel. 819/ 847-0470, www.vieuxclocher.com.
International Granby Song Festival, 135, rue Principale, Granby, Tel. 450-375-7555, www.ficg.qc.ca.

Les Laurentides

Tourisme Québec, selbst in kleineren Ortschaften der Region gibt es ganzjährig geöffnete Tourismusbüros, in denen man zweckdienliche Informationen bekommt.
Skipässe, Unterkünfte und Tourenführer bei:
Association touristique des Laurentides, 14142 Rue de Lachapelle, Mirabel, QC J7J 2C8, Tel. 450/436-8532, www.laurentides.com.
Jagd- und Angelscheine: **Ministère du Loisir, de la Chasse et de la Pêche**, Box 22,000, Québec G1K 7X2.
Bureau d'accueil touristique, 1490 Rue Saint Joseph, Ste-Adèle, Tel. 450-229-3729, www.lespaysdenhaut.com.
Bureau d'Informations Touristiques du Grand Ste-Agathe, 24 St-Paul Rue East, Ste-Agathe-des-Monts, QC J8C3M3, Tel. 819/326-0457, www.ste-agathe.org.

AUTO: Von Montréal: entweder über die sechsspurige Autoroute 15 oder die landschaftlich schönere Sekundärstraße Route 117. Jeweils aktuelle Informationen über den Straßenzustand in der Region bekommt man entweder unter Tel. 1-877-393-2363 oder im Internet unter der Adresse quebec511.gouv.qc.ca.
BUS: Busse fahren täglich vom **Voyageur Terminal** ab, 505 Blvd. de Maisonneuve E., Montréal, Tel. 1-514/842-2281. **Limocar Laurentides**, fahren regelmäßig nach Ste-Adèle, Ville d'Esterel, Ste-Agathe-des-Monts, St-Jovite und Mont

Tremblant, 4117 Rue Lavoisier, Boisbriand, Tel. 450/435-8899. Der Bus nach **Les Hautes Laurentides** fährt vom Busterminal an der Métrostation Henri-Bourassa in Nordmontréal ab und hält unterwegs in Ste-Thérèse und St-Jérôme.

LES BASSES LAURENTIDES: Seigneurie du Lac-des-Deux-Montagnes, Exit 640 W., Route 148, St-Scholastique.
Abbaye cistercienne d'Oka, schöne Zisterzienser-Abtei, berühmt für ihre Käserei, 1600 Chemin d'Oka, Tel. 450/479-8361, keine eigene Webpage.
Manoir Globensky, typisches „maison québécoise" aus dem 19. Jh., beherbergt ein interessantes Museum, 235 Rue St-Eustache, Tel. 450-974-5170.
Moulin Legaré, Mühle aus dem 18. Jh., 236 Rue St-Eustache, Tel. 450/974-5170.
LES HAUTES LAURENTIDES: Musée d'art contemporain des Laurentides, zeitgenössische Kunst und Kulturveranstaltungen, 101 place du Curé-Labelle, St-Jérôme, Tel. 450-432-7171.

CAMPING / PARKS / SPORT: LES HAUTES LAURENTIDES: **Camping Ste-Agathe**, 2 Chemin du Lac des Sables, Ste-Agathe-des-Monts, Tel. 819/324-0482.
Parc régional de la Rivière-du-Nord, 1051 Blvd. Industriel, St-Jérôme, Tel. 450/431-1676.
Mont Sauveur Aquatic Park, 350 Rue St-Denis, St-Sauveur, Tel. 450/227-4671.
Super Splash Aquatic Park, 1791 Blvd. Ste-Adèle, Tel. 450/229-2909.
Aventures en eau vive, Tel. 1-819/242-6084, Grenville-sur-la-Rouge.
Bateaux Alouette Boats, Box 250, Ste-Agathe-des-Monts J8C 3A3, Tel. 1-819/326-3656.
Fédération québécoise de la montagne, Box 1000, Succursale M., 4545 Rue Pierre-du-Coubertin, Montréal H1W 3R2, Tel. 514-252-3004, www.fqme.qc.ca.

Mädchen in historischen Trachten im Acadian Historical Village bei Caraquet

Foto: photo4emotion (fotolia)

NEW BRUNSWICK

SAINT JOHN RIVER VALLEY

FUNDY TIDAL COAST

MIRAMICHI BASIN

AKADISCHE KÜSTE

RESTIGOUCHE HOCHLAND

NEW BRUNSWICK

Die Küstenprovinz New Brunswick ist die einzige offiziell und tatsächlich zweisprachige Provinz Kanadas. Seit Beginn des 17. Jh. siedelten sich französische Bauernpioniere in diesem Gebiet an, das sie Akadien nannten. Auch unter der britischen Herrschaft behielten sie zunächst ihre kulturelle Eigenständigkeit. Nach der Deportation durch die Briten im Jahr 1755 kamen Loyalisten, Schotten, Iren, Dänen und Deutsche und trugen das ihre zur Entwicklung von New Brunswick bei. Heute werden in der Provinz alte indianische Stätten ausgegraben, auch das akadische Erbe – viele Akadier kehrten später wieder zurück – ist von Interesse. Von den frühen Dörfern der Akadier allerdings blieb nichts übrig, sie wurden 1755 von den Briten verbrannt. Was der Reisende an alter Bausubstanz sieht, stammt in der Regel höchstens aus dem späten 18. Jh.

Aus praktischen Gründen lässt sich die Region in sechs Reiserouten unterteilen: Das Saint John River Valley, die Fundy Tidal Coast, die Südostküste, das Miramichi Basin, die Acadian Peninsula und die Restigouche Uplands.

Links: Buckel-, Finn- und Minkwale tummeln sich vor der Küste New Brunswicks.

SAINT JOHN RIVER VALLEY

Der strahlend blaue Saint John River wird gerne auch als der Rhein Nordamerikas bezeichnet. Der Fluss ist 724 km lang und fließt durch weitläufige, hügelige Uferlandschaften, üppige Wälder und fruchtbares Ackerland. Für Reisende auf dem Trans Canada Highway, die genügend Zeit für Erkundungsfahrten zwischendurch haben, lohnt sich ein Abstecher in die drei großen Touristengebiete Madawaska, Upper Saint John River Valley und Lower Saint John River Valley.

Der Ort **Saint Jacques** liegt gleich an der Grenze zu Québec und zur einstigen selbsternannten **„Republik Madawaska"** am Zusammenfluss des St. John und des Madawaska River. Der **Jardins de la République Provincial Park** ist ein Erholungs- und Campinggebiet, in dem es ein Schwimmbad, Tennisplätze, ein Amphitheater, einen Spielplatz, Naturlehrpfade, ein **Automobilmuseum** und einen **Botanischen Garten** gibt. **Mont Farlagne** ist bei Skifahrern aus der Region sehr beliebt. Anfang des 19. Jh. waren es die Bewohner dieser Siedlung leid, dass die Grenzstreitigkeiten zwischen Kanada und den Vereinigten Staaten stets auf ihrem Rücken ausgetragen wurden. So erklärten sie sich kurzerhand zur Republik, machten Edmundston zu ihrer Hauptstadt und

9

New Brunswick

» Karte S. 184, Info S. 191

NEW BRUNSWICK

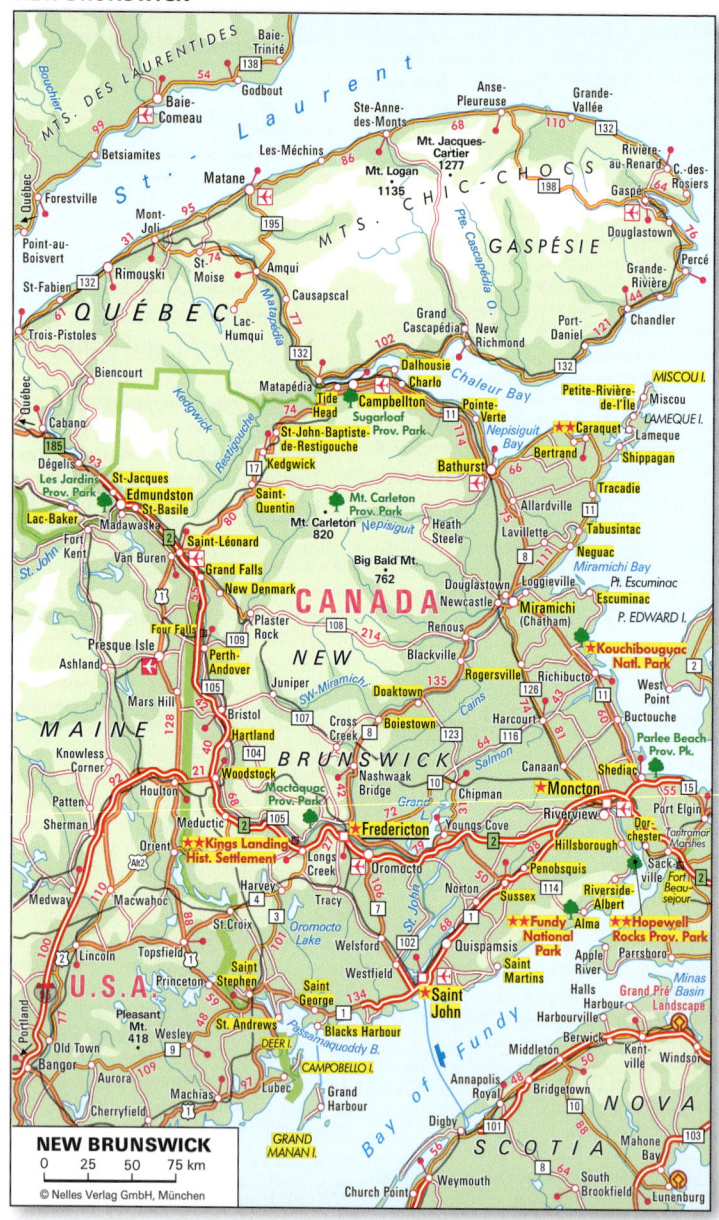

NEW BRUNSWICK

0   25   50   75 km

© Nelles Verlag GmbH, München

kreierten sogar ihre eigene Fahne, die einen Adler und Sterne trägt.

Edmundston hat ca. 17 000 Einwohner. In der lebendigen Stadt ist der französische Einfluss nicht zu übersehen (die Einwohner werden *Brayons* genannt). Das **Madawaska Museum** dokumentiert die Geschichte der Region und ihre Kultur. Die Kirche **Notre Dame des Sept Douleurs** sollte man sich schon wegen der fantastischen Werke des kanadischen Künstlers Claude Roussel ansehen. Ausflüge zur Papierfabrik des Ortes – die Gegend ist ein wichtiges Papier- und Zelluloseherstellungszentrum – und zu Ahornzuckerfabriken werden organisiert. Auch die Umgebung ist reizvoll. Man kann z.B. auf der Route 120 zum **Lac Baker** fahren und sehr gut Forellen angeln. Am Strand kann man Schwimmen, Surfen, Segeln und Wasserski fahren.

Direkt am Trans Canada Highway liegt der Ort **Saint Basile**, „die Wiege Madawaskas". Im **Museum** kann man eine historische Sammlung, Stammbäume und die Rekonstruktion einer Kapelle aus dem Jahr 1786 besichtigen. Daneben liegt ein typischer Landfriedhof mit verwitterten Grabsteinen, die bis auf das Jahr 1785 zurückgehen. Weiter flussabwärts überquert die kürzeste gedeckte **Brücke** der Provinz bei **Rivière Verte** den Quisibis River. In **Saint-Leonard** produzieren die weltweit bekannten Madawaska-Weber schöne Stoffe für einfache und sogar königliche Kunden.

Bei **Grand Falls/Grand Sault** stürzt der Saint John River 23 m in die Tiefe. Der Wasserfall gehört zu den größten östlich der Niagarafälle. Hier produzieren Kraftwerke die Energie für die gesamte Provinz. Steile Treppen führen in die 1,5-km lange Schlucht, in der es Pfade zu verschiedenen Aussichtspunkten gibt, von wo aus die Besucher das Naturschauspiel bewundern können. Grand Falls war einst ein wichtiger Militärstützpunkt. In einem Museum können Artefakte aus der Pionierzeit

und der frühen viktorianischen Ära besichtigt werden. Im Sommer zollt ein Kartoffelfest dem wichtigsten Landwirtschaftsprodukt Tribut.

Die Route 108 führt in östlicher Richtung nach **New Denmark**, der größten dänischen Kolonie Kanadas. Am 19. Juni feiert man hier den Gründungstag mit Musik und Tanz, traditionellem Essen und Trachten. Auf der Fahrt nach **Perth Andover** entlang dem Saint John River in Richtung Süden kann man atemberaubende Ausblicke vom Trans Canada Highway oder der ruhigeren Route 105 genießen, die am Ostufer des Flusses parallel verläuft. In **Four Falls** gibt es einen Golfplatz, auf dem man den Ball sogar auf dem ersten Fairway direkt ins Nachbarland Amerika – nach Maine – schlagen kann.

Bei **Hartland**, an einer der vielen Kreuzungen der beiden Highways flussabwärts, befindet sich die längste gedeckte **Brücke** der Welt, die hier den St. John River überspannt. Das beliebte Fotomotiv wurde 1897 errichtet und hat die beachtliche Länge von 391 m. Hartland und seine Umgebung wurde durch den Kartoffelanbau bekannt.

Eine der Hauptattraktionen des Upper Saint John Valley ist ★★**Kings Landing Historical Settlement** am Trans Canada Highway, in der Nähe von Woodstock. Dieses Freilichtmuseum spiegelt das Leben im 19. Jh. wider. Ein Abendessen im Kings Head Inn nach einer Speisekarte des 19. Jh., laufende Säge- und Getreidemühlen, der Besuch bei einem Hufschmied, ein Holzboot aus den 1830er Jahren und vor allem die über 100 „Einwohner", die wie damals ihren täglichen Pflichten in den mehr als 60 Häusern nachgehen, lassen die Vergangenheit wieder lebendig werden.

Eine weiteres interessantes Ausflugsziel ist der **Mactaquac Provincial Park** an der Route 105. Er bietet gepflegte Campingplätze, Seen mit Stränden, Wanderwege, einen Jachthafen sowie einen Golfplatz. Der Trans Canada High-

9

New Brunswick

Foto: Thomas Stankiewicz

way durchquert auf seinem Weg Richtung Fredericton und Lower Saint John River Valley fruchtbares Agrarland. Hier ist der Fluss besonders breit.

★Fredericton

Die Hauptstadt von New Brunswick, ★**Fredericton**, hat 50 000 Einwohner. Sie wurde nach dem zweiten Sohn von König Georg III. benannt und hat ihren altmodischen Charme behalten. Am **Parade Square** und **Military Compound** hört man heute noch Marschtritte und Befehle bei der im Sommer täglich stattfindenden **Wachablösung**. Fredericton ist bekannt für seine Zinnwaren und Wandteppiche. Die ★**Beaverbrook Art Gallery**, nach dem Zeitungsmagnaten Lord William Beaverbrook (1879-1964) benannt, beherbergt sogar Werke von William Turner und Salvador Dali.

Gut besucht ist der **Farmers Market** samstagmorgens in der George Street.

Oben: Holzstege schonen die Natur im Fundy Park.
Rechts: Pferdeweide am Saint John River.

★FUNDY TIDAL COAST

Die Route 7 führt gen Süden nach St. John und zur Fundy Bay mit dem höchsten Tidenhub der Welt. Wenn die Flut kommt, steigt an dieser Küste zweimal am Tag das Meerwasser in beachtliche Höhen: Im Minas Basin (s. S. 198), am Ostende der Bucht, wurde eine Rekordhöhe von 16 m über dem Ebbe-Niveau gemessen! Das Beobachten von Walen, die faszinierende Vogelwelt, tolle Ausblicke auf das Meer und verborgene Buchten sind nur einige der Verlockungen, die die Fundy Küste bietet. Die vier beliebten Orte an dieser Küste sind idyllisch, ihre Architektur traditionell.

Die Route 1 führt westwärts nach **St. George** und **St. Stephen**. In **St. Andrews**, das an der Spitze einer Halbinsel in die **Passamaquoddy Bay** hinausragt, legen die Boote zur Walbeobachtung ab. Die Fähren von Letete und Blacks Harbour auf der anderen Buchtseite fahren zu den Inseln **Deer**, **Campobello** und **Grand Manan**. Auf Grand Manan gibt es steile Klippen, schöne Strände

Foto: Manonriquette [Dreamstime]

und eine interessante Vogelwelt. In den Häfen liegen die Hummerkäfige hoch aufeinander gestapelt, und die Räucherhäuser scheinen Tag und Nacht in Betrieb zu sein.

Die Stadt ★**Saint John** in der Nähe der Kreuzung der Routen 7 und 1, an der Mündung des Saint John River, bietet eine angenehme Mischung aus Gebäuden des 19. Jh., modernen Boutiquen, und Restaurants; hier ist auch abends etwas los. Der Hafen wurde am St. John's Day 1604 von dem Seefahrer Champlain entdeckt. Als die englandtreuen Loyalisten 1783 aus den USA hierher flohen, entstand eine große Siedlung. Die *Loyalist Days* im Juli erinnern daran. Der Tidenhub der Bay of Fundy verursacht vor der Stadt die **Reversing Falls Rapids**, ein ungewöhnliches Phänomen im Saint John River, bei dem das Meerwasser flussaufwärts strömt. Saint John ist ein guter Startpunkt für Ausflüge.

Wenn man auf dem Highway 1 in östlicher Richtung zur Südostküste fährt, kommt man nach **Sussex** im Kings County. Der Ort wird als „Hauptstadt der **Überdachten Brücken**" in den Atlantikprovinzen bezeichnet, da es dort 17 dieser malerischen Bauwerke gibt. Im Herbst finden hier ein Heißluftballon-Festival und ein Volksfest statt. Die Route 1 endet hier; die Route 2 führt in östlicher Richtung nach **Penobsquis** und die Route 114, auch **Tidal Trail** genannt, entlang der Südostküste mit den Stationen Fundy National Park – Hopewell Cape – Moncton.

Die Südostküste

In dieser Gegend gibt es zwei eindrucksvolle Küstenstreifen: Die Felsformationen an der zerklüfteten Südküste der Bay of Fundy und im Kontrast dazu die sandigen Strände und windgepeitschten Dünen der Ostküste an der Northumberland Strait. An beiden Küsten gibt es einen Nationalpark. Der ★★**Fundy National Park** ist eine Wildnis in der Nähe von **Alma** an der Straße 114. Hier lassen sich die Gezeiten (Wechsel alle 6 1/4 Stunden) eindrucks-

» **Karte S. 184, Info S. 191**

187

Foto: Mkoudis (Dreamstime)

voll erleben, so beim Wandern auf dem **Coastal Trail**.

Die **Flower Pot Rocks**, 20 m hohe, von der Gezeitenbewegung ausgewaschene Felsnadeln, die bei Ebbe an Blumentöpfe erinnern, sind die Hauptattraktion des ★★**Hopewell Rocks Provincial Park**.

Die Stadt ★**Moncton** hat über 60 000 Einwohner. Man erreicht sie direkt über die Route 2 oder über einen Umweg durch den Fundy National Park. Die Route 114 führt durch nette Fischerorte wie **Riverside-Albert** und **Hillsborough**. In Moncton sind französische und englische Einflüsse angenehm verschmolzen – der Ort gilt als inoffizielle Hauptstadt der Akadier. Um einen Eindruck von der Geschichte der über 280 Jahre alten Gemeinde zu erhalten, besuchen Sie das **Moncton Museum** oder das interessante **Acadian Museum Moncton** auf dem Gelände der **Université de Moncton**, der einzigen französischsprachigen Uni der Provinz. Von Moncton führt der Hwy. 106 in südlicher Richtung nach **Dorchester**, wo das 1811 erbaute **Bell Inn** steht, welches das älteste Steinhaus in New Brunswick sein soll. Die Route 935 umfährt das Dorchester Kap. Die **Tantramar Marshes** locken eine Vielzahl von Vogelarten an.

Die Region ist für zwei weitere Naturphänomene bekannt. Das eine, eine **Surfwelle**, entsteht direkt in Moncton, wenn das Meer bei Flut den Fluss heraufströmt. Das andere produziert der ★**Magnetic Hill**, der den Eindruck entstehen lässt, dass Autos im Leerlauf bergauf fahren können. Von Moncton aus führt die Route 15 direkt zu den Sandstränden der **Acadian Peninsula** und nach **Shediac**, das sich stolz „Hummermetropole der Welt" nennt. Hier findet jedes Jahr ein Hummerfestival statt. Im **Parlee Beach Provincial Park** gibt es einen der schönsten Strände der Provinz. Die Route 11 an der Küste in Richtung Norden führt durch nette kleine Städte zum ★**Kouchibouguac National Park**, einem viel besuchten Ausflugsziel der Südostküste. Der Park mit seinen 240 km² Wald, Sumpf und wunderschönen **Stränden** (die Wassertemperatur in der **Lagune** erreicht bis zu 28 °C!) sowie Skipisten im Winter liegt etwa 100 km nördlich von Moncton. 60 km südöstlich der Stadt, jenseits der Tantramar Mash, liegt die **Fort Beauséjour National Historic Site**. Im frühen 17. Jahrhundert legten die akadischen Siedler das sumpfige Land in der Umgebung mit Hilfe ausgeklügelter Deichsysteme trocken. Später bauten die Franzosen das Fort Beauséjour als Bollwerk gegen die nach Westen schielenden Briten – 1755 konnte es von ihnen schließlich erobert werden. Heute sind von der sternförmigen Festung noch immer die beeindruckenden Erdwälle zu sehen und besonders abends hat man eine wunderschöne Aussicht auf das Cumberland Basin.

Oben: Beim jährlichen Hummerfestival in Shediac kann man solche Hummer-Prachtexemplare bewundern. Rechts: Im Acadian Historical Village in Caraquet.

Foto: Manfred Braunger

MIRAMICHI BASIN

Das Miramichi-Becken im Zentrum von New Brunswick hat nur einen kurzen Küstenstreifen. Die Miramichi Bay und der Miramichi River sind ein Paradies für Sportler und wegen ihrer idealen Bedingungen zum Angeln, Kanufahren und Jagen berühmt. Vermutlich ist der Name der Siedlung Miramichi der älteste Ortsname Ostkanadas. Er lässt sich bis ins 16. Jahrhundert zurückdatieren.

Bei **Rogersville** an der Route 126 bauten Trappistenmönche 1904 ein Kloster. Zudem steht dort ein Denkmal zu Ehren der ersten akadischen Siedler. Andere Städte der Region wie **Escuminac, Loggieville, Newcastle** und **Doaktown** sind ebenfalls von geschichtlichem Interesse. Das Atlantic Salmon Museum in Doaktown ehrt den König der Sportfische, den Atlantiklachs. In **Boiestown**, der geografischen Mitte der Provinz, ist die Geschichte der Holzfällerlager im **Central New Brunswick Woodmen's Museum** dokumentiert.

AKADISCHE KÜSTE

Die akadische Halbinsel ragt zwischen dem Sankt-Lorenz-Golf und der Baie des Chaleurs eindrucksvoll ins Meer hinaus. Hauptwirtschaftszweig ist hier die Fischerei, doch auch Landwirtschaft und Torfabbau sind ökonomisch bedeutsam.

Vom Süden aus erreicht man die akadische Halbinsel über das Fischerdorf **Neguac**, dessen Bewohner darauf stolz sind, dass es hier mehr Menschen mit dem Nachnamen Savoie gibt, als irgendwo anders auf der Welt (sie spielen damit auf ihre Abstammung aus Südostfrankreich an). Bei Neguac gibt es ein Vogelschutzgebiet und gute Voraussetzungen zum Windsurfen. Das größte Fest findet zur Eröffnung der Hummersaison statt. An den Highways 8 und 11, die durch das Gebiet führen, liegen kleine Orte, wie **Tabusintac, Tracadie** (indianisch für den „idealen Ort für ein Lager") und **Shippagan**, die mit Museen und historischen Gebäuden dem alten Akadien Anerkennung

9

New Brunswick

» Karte S. 184, Info S. 191

zollen. Das **Shippagan Aquarium and Marine Centre** ist ein wichtiges Meeresforschungsinstitut mit einem Marinemuseum und einem Aquarium.

Die Straße führt vorbei an schönen Orten wie **Cap Bateau**, **Petite-Rivière de l'Île**, **Ste-Marie-Ste-Raphael** und dem Naturpark **Le Paradis des Animaux** weiter an der Küste nach **Miscou Island**, zu der man über eine Brücke fahren kann. Miscou Island ist eine ruhige, dünn besiedelte Insel mit wunderschönen Stränden.

Ein besonders interessanter Ort an der akadischen Küste der Baie des Chaleurs ist das **Acadian Historical Village** an der Route 11 bei ★★**Caraquet**. Die Geschichte der Vertreibung der Akadier im Jahr 1755 und ihr Überlebenswille wird hier lebendig präsentiert

Bathurst an der Mündung des Nepisiguit River (wiederum ein Ausdruck aus der Sprache der Micmacs, der „stürmischer Fluss" bedeutet) ist die einzige größere Stadt der Region. Sie hat rd. 14 000 Einwohner, ist ein wichtiges Industriezentrum und besitzt die größten **Zinkminen** der Welt. Sehenswert sind auch die Wasserfälle **Tetagouche, Grand** und **Pabineau** in der Nähe der Stadt. In ihrer Umgebung liegen mehrere Picknickplätze. Außerdem gibt es bei Bathurst Strände, Parks und Naturreservate und bei **Pointe-Verte** einen See, wo man Angeln und Tauchen kann.

RESTIGOUCHE HOCHLAND

Jacques Cartier, der diese Region 1534 erreichte, hielt die Bucht für die schönste im ganzen Sankt Lorenz-Golf und nannte sie **Baie des Chaleurs**, Bucht der Wärme. Durch die Region führen die Routen 11 und später 17. Der **Restigouche River**, weltberühmt durch seine Lachse, fließt mit fünf großen Flussarmen und zahlosen kleinen Bächen von den Hügeln hinab zur Bucht. Auf der Route 134 gelangt man entlang der Bucht zum Ferienort **Charlo**. Dort gibt es ein **Museum**, in dem man mehr über die Gegend erfährt, sowie eine Fischzucht und auch schöne Wasserfälle.

Östlich von **Dalhousie** und **Campbellton** befindet sich die **Eel River Bar**, eine der längsten Sandbänke der Welt, mit Salzwasser auf der einen Seite und Süßwasser auf der anderen. **Dalhousie** ist ein wichtiges Zentrum der Holzindustrie. Das **Restigouche Regional Museum** zeigt Ausstellungen über die Pionierzeit und die Entwicklung der Fischerei und Landwirtschaft in dieser Region.

Campbellton mit über 9000 Bewohnern ist bekannt bei Sportfischern aus aller Welt. In der Nähe befindet sich außerdem der **Sugarloaf Provincial Park** bei **Atholville** mit seinem 282 m hohen, an einen Zuckerhut erinnernden Berg; eine der Hauptattraktionen ist die einzige **Sommerrodelbahn** in den Atlantikprovinzen. Besucher werden mit einem Sessellift zum Gipfel gebracht.

Tide Head an der Kreuzung der Routen 134 und 17 wird auch als „Fiddlehead Capital" der Welt bezeichnet, wobei die „fiddleheads" die zarten Spitzen der Farne am Beginn ihres Wachstumsstadiums sind.

Die Route 17 führt nun etwa 240 km ins Landesinnere durch Birken-, Eschen- und Tannenwälder zum Saint John River Valley und trifft schließlich bei **Saint-Leonard** auf den Trans Canada Highway. Auf dieser Strecke kommt man zu dem kleinen Ort **Saint-John-Baptiste-de-Restigouche**, das der Fernwanderweg **International Appalachian Trail** passiert.

In **Kedgwick** informiert das Forestry Museum über die große Zeit der Holzindustrie zwischen 1930 und 1960.

Bei **Saint-Quentin**, das wegen seiner Ahornwälder bekannt ist, lässt sich gut jagen und angeln.

Außerdem kann man den abgelegenen **Mount Carleton Provincial Park**, mit dem gleichnamigen Berg, auf vielen schönen Wanderwegen oder auch auf Kanutouren erforschen.

NEW BRUNSWICK (☎ 506)

🛈 **Department of Tourism and Parks**, Prospektservice, PO Box 12345, Campbellton, NB E3N 3T6, Tel. 1-800/561-0123, www.tourismnewbrunswick.ca. Weitere Touristeninformationen in Edmundston, Woodstock, St. Stephen, Aulac, Campobello und Campbellton.

🏛 **Madawaska Museum**, tgl. 10-17, Sa/So ab 13 Uhr, 195 Hebert Blvd., Edmundston, Tel. 737-5282.

New Brunswick Botanical Garden, 7 Hektar groß, mit über 80 000 Pflanzen, Multimediashow, Mai-Sept. ab 9 Uhr, 15 Main St., Edmundston, Tel. 737-4444, http://jardinnbgarden.com.

Historic Garrison District, historischer Stadtteil, Juni-Okt. tägl. 9-17 Uhr, sowie Abendveranstaltungen im Juli und Aug., an der Riverfront in Downtown Fredericton.

Kings Landing Historical Settlement, Juni-Okt. tägl. 10-17 Uhr, 34 km westl. von Fredericton auf Trans Canada Hwy., Tel. 363-4999, www.kingslanding.nb.ca.

Beaverbrook Art Gallery, 703 Queen St., Fredericton, Tel. 458-2028, www.beaverbrookartgallery.org.

New Brunswick Museum, tägl. 9-21 Uhr, 1 Market Square, Saint John, Tel. 643-2300, www.gnb.ca/0130.

Kingsbrae Garden, Parkanlage mit Fußwegen u. über 50 000 Pflanzen, Gartencafé, tägl. 9-18 Uhr, 220 King St., St. Andrews, Tel. 506-529-3335, www.kingsbraegarden.com.

Saint John City Market, ältester Nahrungsmittel- und Kunstgewerbemarkt Kanadas in einer Markthalle von 1876, Mo-Do 7.30-18, Fr 7.30-19, Sa 7.30-17 Uhr, So und feiertags geschlossen, Union St., St. John.

Moncton Museum & Free Meeting House, Museum mit regionalgeschichtlichen Ausstellungen, das benachbarte, von 1821 stammende Free Meeting House ist das älteste Gebäude der Stadt, Mo-Sa 9-16.30, So 13-17 Uhr, im Hochsommer länger, 20 Mountain Rd., Moncton, Tel. 506-856-4383.

Magnetic Hill, Vergnügungspark, in dem Autos scheinbar ohne Motorkraft bergan rollen, Mitte Juni-Anfang Sept. tägl. 8-20 Uhr, Rte. 126, beim Magnetic Hill Theme Park, Moncton, Tel. 506-389-5980.

Magic Mountain Water Theme Park, Wasserpark mit Rutschen und Becken, Mitte Juni-Anfang Sept. tägl. ab 10 Uhr, beim Magnetic Hill Theme Park, Moncton.

Acadian Museum, Ausstellungen über die Kultur der Acadianer, Mo-Fr 10-17, am Wochenende 13-17 Uhr, auf dem Campus der Université de Moncton, Tel. 506-858-4088.

Atlantic Salmon Museum, Main St., Doaktown, Tel. 365-7787, www.atlanticsalmonmuseum.com.

Central New Brunswick Woodmen's Museum, 2 km östl. von Boiestown auf RR8, Tel. 369-7214, www.woodmensmuseum.com.

Aquarium and Marine Centre, Route 113, Shippagan, Tel. 336-3013.

Acadian Historical Village, Route 11, 10 km westl. von Caraquet, Tel. 726-2600, www.villagehistoriqueacadien.com.

Restigouche Regional Museum, 437 George St., Dalhousie, Tel. 684-7490.

Forestry Museum Kedgwick, Route 17, Kedgwick, Tel. 284- 3138.

Bathurst War Museum, Ausstellungen mit Waffen, Fotos, Uniformen, Juli-Aug. tägl. 11-21 Uhr, St. Peter Ave., Tel. 506-546-3135.

Nepisiguit Centennial Museum, regionale Geschichte, 360 Douglas Ave., Bathurst, Tel. 546-9449, www.bathurstheritage.ca.

🏞 *PARKS*: **Fundy National Park**, ganzjährig geöffnet, Superintendent, PO Box 40, Alma, EOA, Tel. 887-6000, www. parkscanada.gc.ca/fundy.

Fort Beauséjour National Historic Site, von Moncton 60 Kilometer ostwärts auf Hwy. 2, Exit 550, Aulac, Tel. 364-5080, www.pc.gc.ca.

Daly Point Reserve, ein Naturschutzgebiet in den Salzmarschen mit guten Gelegenheiten zur Vogelbeobachtung auf den Pfaden und Stegen, nordöstlich von Bathurst Harbor gelegen.

Kouchibouguac National Park, ganzjährig geöffneter Park, tägl. 8-20 Uhr, Parkinformationen im Visitor Reception Centre, eine Autostunde nördlich von Moncton im Kent County, Tel. 506-876-2443, www.parkscanada.gc.ca/kouchibouguac.

9

New Brunswick

Lunenburg zählt zum UNESCO-Welterbe

NOVA SCOTIA

LIGHTHOUSE TRAIL

EVANGELINE TRAIL

GLOOSCAP TRAIL

SUNRISE TRAIL

CABOT TRAIL

CAPE BRETON

MARINE DRIVE

HALIFAX

NOVA SCOTIA

Die Küstenprovinz Nova Scotia ist mit einer Fläche von nur 55 024 km² und knapp 900 000 Einwohnern relativ klein. Die Provinz besteht aus der Halbinsel Nova Scotia, die durch den Isthmus von Chignecto mit dem kanadischen Festland verbunden ist, und der Insel Cape Breton im Norden. Die Halbinsel erstreckt sich zwischen der Bay of Fundy und der Northumberland Strait zum Atlantik. Ein Damm über die Strait of Canso verbindet Cape Breton mit Nova Scotia. Der Süden der Provinz ist grün und fruchtbar, die Nordostküste von Cape Breton hingegen felsig und karg.

1604 gründeten die Franzosen hier ihre erste Kolonie in der Neuen Welt: Port Royal beim heutigen Annapolis Royal; dann kamen die akadischen Bauern-Pioniere. Der englische König James I. wollte jedoch ein britisches Neuschottland schaffen und vergab Landrechte an schottische Adlige. So besiedelten im frühen 17. Jh. auch Schotten das Gebiet. 1713 mussten die Franzosen Nova Scotia und Neufundland im Frieden von Utrecht an die Briten abtreten.

Was Nova Scotia besonders reizvoll macht, ist die Verbindung von Meer und Land und das für Kanada sehr milde Klima. Es gibt neun Autorouten (Trails), auf denen Besucher die landschaftliche Schönheit und kulturelle Vielfalt der Region erleben können.

LIGHTHOUSE TRAIL UND EVANGELINE TRAIL

Der **Lighthouse Trail** mit seinen malerischen Leuchttürmen, Stränden, Buchten und kleinen Fischerhäfen verläuft von Yarmouth nach Halifax entlang der Südwestküste der Provinz. Auf dieser Tour können sich Besucher in das entbehrungsreiche Leben der Fischer und Seefahrer versetzen. Legenden von versteckten Schätzen, Schiffswracks, Rumschmugglern, Piratenüberfällen und Kriegen gibt es in Hülle und Fülle.

Auf der Insel **Cape Sable** im äußersten Süden von Nova Scotia liegen einige interessante Orte. Im **Archelaus Smith Museum** in **Centreville** kann man mehr über das Leben über und unter der Meeresoberfläche erfahren. Andere Museen zum Leben in der Region gibt es in Shelburne und Lockeport.

Das ★**Fisheries Museum of the Atlantic** steht in schmucken Hafenort ★★**Lunenburg**, der 1753 von Deutschen und Schweizern gegründet wurde und heute mit seinen historischen **Holzvillen** zum **UNESCO-Welterbe** gehört. Oft liegt die berühmte, hier in

Links: Die Dudelsackspielerin in Peggy's Cove erinnert an die schottischen Siedler.

Nova Scotia **10**

NOVA SCOTIA

0   25   50 km

© Nelles Verlag GmbH, München

einer der Werften gebaute **Bluenose II** am **Museumskai** (mit Café), ein 49 m langer Zweimastsegler, auf dem man im Sommer 2-stündige Törns buchen kann.

Das zwischen glatten Felsen liegende malerische **Peggy's Cove** ist das meistbesuchte Fischerdorf Kanadas. Der fotogene ★★**Leuchtturm** beherbergt im Sommer ein Postamt, das einen eigenen Briefmarkenstempel mit dem Leuchtturm als Motiv verwendet.

Der Trail Richtung Halifax verläuft entlang der bewaldeten Küste; von dort sieht man malerische Fischerdörfer und die Netze und Hummerkörbe der Fischer. Am **Evangeline Trail** von Yarmouth nach Halifax durch den Süden von Nova Scotia liegen einige der ältesten und wichtigsten Orte der europäischen Besiedlungsgeschichte Kanadas. Der Trail wurde nach der Heldin von H. W. Longfellows Gedicht *Evangeline* aus dem Jahr 1847 benannt, in dem auf ergreifende Weise das Elend der französischen Akadier während der Vertreibung von 1755 beschrieben wird. Viele Orte entlang dieser Strecke erinnern an

diese Tragödie, v. a. die geschichtlich bedeutende Stätte **Grand Pré** (siehe unten). Die meisten Akadier Nova Scotias leben heute an der St. Mary's Bay in einer Gegend, die passend *French Shore* genannt wird. Das fruchtbare Annapolis Valley hingegen wurde von Neuengländern, die aus dem revolutionären Amerika flohen, mit Apfelbäumen und Erdbeeren bepflanzt.

Der größte Hafen der Provinz westlich von Halifax ist **Yarmouth**, das 1761 besiedelt wurde. Von dort aus gibt es Fährverbindungen nach Maine in den USA. Die Küste ist felsig und buchtenreich; in der Umgebung finden sich einige Sehenswürdigkeiten. **Cape Forchu** mit seinem im Jahr 1840 erbauten Leuchtturm wurde 1604 von Samuel de Champlain entdeckt und benannt.

Der Trail in Richtung Norden führt durch viele kleine Orte, die von Fischfang, Holzfällerei und Landwirtschaft leben. Das Dorf **Church Point** oder Pointe de l'Eglise zählt nur 318 Einwohner. Das Besondere ist die Kirche **St. Mary's**. Sie ist die höchste und größte

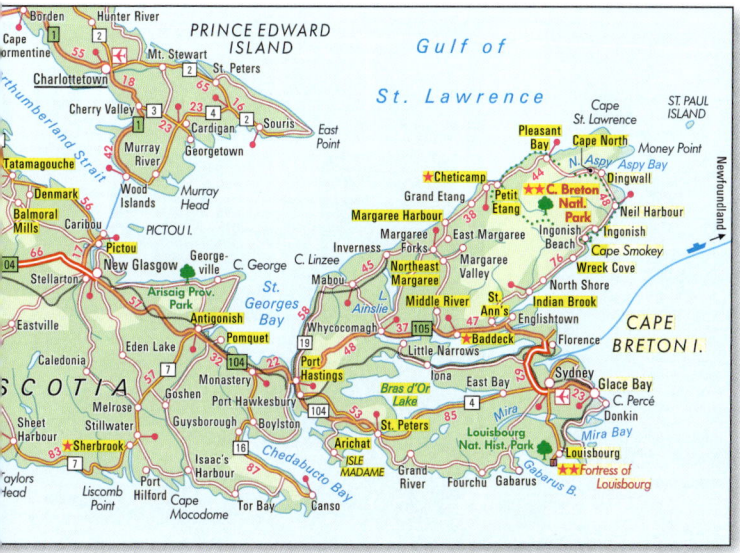

aus Holz gebaute Kirche Nordamerikas und wurde in den Jahren 1903-05 in der Form eines Kreuzes errichtet. Die Kirche hat Museumsstatus. Die **Université de Sainte-Anne** ist die einzige Universität der Provinz, in der zum Teil französisch gesprochen wird. Hier feiert man in der zweiten Juliwoche das älteste akadische Festival, das **Festival Acadien de Clare**. Weitere akadische Feste finden in den Dörfern entlang der Küste statt; in der **Municipality of Clare** lebt die größte akadische Gemeinde Nova Scotias.

Digby, ein hübscher Fischereihafen, ist Ausgangspunkt für eine Fahrt in das **Annapolis Valley**. Die *MV Princess of Acadia* fährt täglich durch die **Bay of Fundy** von Digby nach Saint John in New Brunswick.

Der ★**Kejimkujik National Park** ist ein Höhepunkt an der Route 8, dem **Kejimkujik Scenic Drive**. Er durchquert den Südwesten der Insel und ist 115 km lang. Der wasserreiche Park erstreckt sich über 370 km² südlich von Digby und **Port Royal** und ist ein gutes Revier zum Kanufahren.

Bei ★**Annapolis Royal** kann man Kanadas ältestes Fort besichtigen. Die ★★**Port Royal National Historic Site** erinnert an die früheste europäische Besiedlung Nordamerikas zu Beginn des 17. Jh. In **Wolfville**, einem architektonischen Schmuckkästchen, das Mitte des 18. Jh. von Pflanzern aus Neuengland besiedelt wurde, befindet sich die Acadia University. Die Highland Avenue führt hinauf zum Wolfville Ridge und dem **Stile Park**.

Der Trail führt dann weg von der Bay of Fundy ins Landesinnere nach ★**Grand Pré**, der bedeutendsten nationalen Gedenkstätte zu Ehren der Akadier. Die Bronzeplastik vor der **Memorial Church** stellt die leidende **Evangeline** aus dem Gedicht Longfellows dar. Die Marsch-Kulturlandschaft um Grand Pré zählt zum **UNESCO-Welterbe**.

Die Kleinstadt **Windsor**, die aus dem Annapolis Valley hinausführt, befindet sich genau in der Mitte zwischen Nordpol und Äquator. Der Trail führt weiter zum **Mount Uniacke** und zum ★**Uniacke Estate Museum Park**.

Foto: Manfred Braunger

GLOOSCAP TRAIL

Glooscap war ein mächtiger Krieger, der über Nova Scotias Micmac-Indianer herrschte, lange bevor die Weißen kamen. Die Legende besagt, dass seine Zauberkraft die riesigen Flutwellen der Fundy Bay beherrschte. Er lebte in Harmonie mit den Tieren, bis eines Tages Beaver (Biber) sein Volk verspottete. Daraufhin warf er in seiner Wut fünf Schlammklumpen ins Meer, aus denen dann die Five Islands entstanden. Zugleich zerstreute er die Halbedelsteine, nach denen Sammler aus aller Welt suchen. Der nach Glooscap benannte, 355 km lange Trail verläuft von der Grenze zu New Brunswick an den Stränden der Fundy Bay entlang. Es gibt Wanderwege, schöne Wasserfälle, das faszinierende Spiel der **Gezeiten** sowie den **Five Islands Provincial Park** und eines der größten Kohlevorkommen Kanadas,

über das man im **Miner's Museum** in **Springhill** einiges erfährt. Der Trail führt von der **Fort Edward National Historic Site** bei **Windsor** nach **Truro**, wo man Springfluten beobachten kann, weiter zum **Five Islands Park**, dann hinunter zum **Cape d'Or Lighthouse** und vorbei an den **Joggins Fossil Cliffs** (UNESCO-Welterbe) nach Amherst. Im Umfeld der Felsen kann man Fossilien, mit Glück auch Amethyste, Achate, Jaspis oder Onyx entdecken. Bei Ebbe kann man bei Truro in das **Minas Basin** hinauslaufen und im Watt nach Venusmuscheln suchen.

Ein einzigartiges Vergnügen ist das **Gezeiten-Rafting** auf einer Welle, die den **Shubenacadie River** bei South Maitland hinauf läuft.

SUNRISE TRAIL

Dieser Trail verläuft entlang der Küste der Northumberland Strait mit dem warmen Meer, den langen Sandstränden, der Brandung und den alten schottischen Siedlungen. Hier wird die

Oben: Ein hübsches Lokal in Lunenburg lädt zur Rast während der Radtour ein. Rechts: Felsküste bei Peggy's Cove.

Foto: Axel Mosler

Nova Scotia Scottish Connection zu den Klängen der Dudelsäcke, Trommeln und Hochlandfiedeln gefeiert. Die Hummerfischer bringen ihren Fang noch lebend an Land. Im Landesinneren gibt es Wanderwege und alte funktionstüchtige Mühlen. Von **Amherst** aus führt der Trail über den **Canso Damm** zur Insel **Cape Breton**. Auf dem Weg durch den **Arisaig Park** und die Universitätsstadt **Antigonish** – was in der Sprache der Micmac „der Ort, an dem Äste abgebrochen sind" bedeutet – kommt man vorbei am **Cumberland County Museum** (Amherst), dem **Sunrise Trail Museum** (Tatamagouche), der **Balmoral Grist Mill** (Balmoral Mills), der **Sutherland Steam Mill** (Denmark) und dem neu gestalteten Hafen in Pictou, dem Geburtsort Neuschottlands, in dem seit 1934 jährlich der *Pictou Lobster Carnival* stattfindet. Anschließend gelangt man zum Dorf Pomquet, das 1761 von Akadiern aus St. Malo in der Bretagne, dem Geburtsort des Seefahrers Jacques Cartier, besiedelt wurde. Im **Pomquet Beach Park** gibt es einen Picknickplatz.

★★CABOT TRAIL

Der ★★**Cabot Trail** bietet Besuchern einen Einblick in das reiche Kulturerbe der Franzosen, Schotten und Micmac-Indianer dieser Region. Die Route, die zu den Traumstraßen der Welt zählt, verläuft um die Nordhälfte von Cape Breton Island. Sie wurde nach dem Venezianer John Cabot benannt, der im Auftrag des englischen Königs Heinrich VII. 1497 diese wilde Küste entdeckte. Der Trail beginnt und endet im Resortstädtchen ★**Baddeck** am Ufer des riesigen Bras d'Or Lake im Süden der Insel. Von hier geht es in einer knapp 300 km langen Schleife zu den schönsten und wildesten Landschaften des atlantischen Kanada. Bis zu 400 m hohe, aus dem rauen Nordatlantik herausragende Felsen, malerische Fischerdörfer, in denen noch schottische und akadische Dialekte zu hören sind, und Kneipen, wo die Musik der gälischen Vorfahren gespielt wird, machen diesen Trip zu einem unvergesslichen Erlebnis.

Die Hauptattraktion von Baddeck ist

Nova Scotia 10

die **Alexander Graham Bell National Historic Site** mit Blick auf den Bras d'Or Lake. Der geniale, schottischstämmige Bell, der hier experimentierte, erfand nicht nur das Telefon, sondern beschäftigte sich auch mit Akustik, Aerodynamik und Maschinenbau und entwickelte das erste **Tragflächenboot** der Welt: das HD-4, das 1919 114 km/h erreichte; es ist hier im **Bell Museum** zu sehen.

19 km nördlich von Baddeck befindet sich in **St. Ann's** das **Gaelic College of Celtic Arts and Crafts**. Das College wahrt Nova Scotias Kulturerbe: Studenten erhalten Unterricht in Gälisch und lernen die Lieder, Tänze und Bräuche Schottlands. In der **Great Hall of the Clans** hängen stolz die Tartans der neuschottischen Clans, und im **Giant MacAskill Pioneer's Museum** ruhen u. a. die sterblichen Überreste der schottischen Siedler, die sich im Naturhafen von St. Ann's niederließen.

Auf der Strecke gen Norden sieht man Vögel wie den großen Sturmtaucher, Leach-Sturmvögel, Thorshühnchen und Papageientaucher am Himmel kreisen. Der Trail führt durch winzige Orte wie **Indian Brook**, **North Shore**, **Skir Dhu** und **French River** zur **Wreck Cove**.

Kurz danach beginnt die Straße ihren 376-Meter Aufstieg zum **Cape Smokey** mit engen Haarnadelkurven. Auf der anderen Seite der gewaltigen Felsschulter liegt **Ingonish**, eine der ältesten Siedlungen an der atlantischen Küste, schon im Jahr 1521 überwinterten hier portugiesische Fischer – der Ortsname soll portugiesischen Ursprungs sein.

In Ingonish Beach befindet sich die Verwaltung des ★★**Cape Breton Highlands National Park**. Er schützt das unzugängliche, aus kargen Hochebenen und tiefen Tälern bestehende Innere der Insel. Der Trail führt hoch über dem Meer am Parkrand entlang. Im Park selbst gibt es zahlreiche schöne **Wanderwege**. Manchmal sind bereits am Straßenrand Füchse, Kojoten, Nerze,

Elche und Weißwedelhirsche zu beobachten. Scheu und selten ist der Luchs.

Der Trail führt an dem idyllischen Fischerdorf **Neil Harbour** vorbei, wo die Fischer Hummer und Fisch direkt vom Boot verkaufen und die Kais mit Hummerkörben übersät sind. Der Strand von **Dingwall**, einem weiteren Fischerdorf, ist ideal, um Venusmuscheln zu suchen; die beiden **Leuchttürme** zu beiden Seiten der Sandbank sind ein schönes Fotomotiv. Am Fuß des **Sugar Loaf Mountain** in der Nähe von **Cabot Landing** wird im Juni die Landung von John Cabot nachgestellt. Der nördlichste Punkt des Cabot Trail ist **Cape North** mit seinem **Geschichtsmuseum**.

Dann führt der Trail hinaus aus dem **Sunrise Valley**, an atemberaubenden Schluchten vorbei zum **North Mountain** (445 m). Unterwegs gibt es herrliche Aussichtspunkte, „look-offs". Eindrucksvoll ist der Ausblick vom Gipfel des **Big Intervale** und am **North Aspy River**, der im Norden in die Aspy Bay mündet. Dann führet der Trail die Hänge des North Mountain zur **Pleasant Bay** hinab. Der Ort konnte bis 1927 nur vom Meer oder über einen Pfad durch die Berge erreicht werden. Das Dorf liegt mitten im größten **Zuckerahornbestand** der Atlantikprovinzen. Die Bäume sind bis zu 300 Jahre alt.

Von Pleasant Bay führt der Trail in Richtung Süden zum Chéticamp River, einem besonders lachsreichen Fluss. Dies ist der fotogenste Abschnitt des Cabot Trail. Von mehreren Aussichtspunkten aus ist die an der Steilküste klebende Straße zu sehen. Zwischen **Petit Étang** und ★**Chéticamp** befindet sich eine weitere Einfahrt zum Cape Breton Highlands National Park. In Petit Étang („Kleiner Teich") beginnt der vierstündige **Acadian Trail** in das Hochland; von dort bietet sich ein Panoramablick über das raue Bergland im Inneren. Die Bewohner von Petit Étang und Chéticamp sind Nachkommen der Akadier, die 1755 von den Briten aus Nova Scotia vertrieben wurden. **Les Trois Pignons**

Rechts: Ein prächtiger Fang.

Foto: Axel Mosler

in Chéticamp ist das Zentrum des akadischen Fischerdorfes, in dem Künstler aus der Region ausstellen.

Der Trail verlässt nun das Hochland und führt durch **Grand Étang** ("Großer Teich") nach **Margaree Valley**, wo es zahlreiche Lachszuchtanlagen gibt. Das **Salmon Museum** in **Northeast Margaree** zeigt eine Ausstellung über die Geschichte des Margaree River, der wegen der großen Lachswanderungen im Frühling und Herbst bekannt ist. Das **Museum of Cape Breton Heritage**, in dem die Geschichte des Ortes dokumentiert und Kunsthandwerk ausgestellt wird, befindet sich ebenfalls hier. Von Margaree Harbour an der Küste zweigt in östlicher Richtung eine kleine Straße ab, die durch **East Margaree**, **Margaree Forks**, **Margaree Center** und **Margaree Valley** führt. Der Trail aus Northeast Margaree überquert den Middle River und führt zu den kleinen Dörfern **Upper Middle River**, **Middle River** und **Lower Middle River**. Danach geht es auf dem Trans Canada Highway 105 zurück nach Baddeck.

CAPE BRETON TRAILS

Drei ältere Trails zeigen noch mehr von Cape Breton Island. Der **Marconi Trail** ist eine holperige Küstenstraße, die von Glace Bay nach **Louisbourg** an der Ostküste der Insel führt.

Am Ende des Trails gelangt man zum ★★**Fortress of Louisbourg**, das den Besucher an die glorreichen Tage Kolonialfrankreichs um 1750 erinnert. Um die Festungsstadt, Kanadas größte historische Rekonstruktion – durch Kostümierte belebt, selbst die Restaurants kochen Historisches – ausgiebig zu besichtigen, benötigt man einen Tag.

Die **Marconi National Historic Site** in Glace Bay ist der Ort, von dem der italienische Ingenieur Marconi 1902 seine erste Funkübertragung über den Atlantik sendete. Das **Miners' Museum** bei Quarry Point ist ebenfalls interessant. Dort veranstalten ehemalige Bergarbeiter Fahrten durch ein Kohlebergwerk.

Der **Fleur-de-Lys Trail** südlich des Marconi Trails steht ganz unter französisch-akadischem Einfluss. Hier auf der

Nova Scotia 10

Isle Madame, einer 400 Jahre alten akadischen Enklave, findet man einige der ältesten und stimmungsvollsten Fischerhäfen Nordamerikas – wie z. B. **Arichat**. Sehenswert ist hier das **Le Noir Forge Museum**, eine restaurierte Schmiede aus dem 19. Jh.

Der Ort **St. Peters** hat zwei Museen. Das eine ehrt das Werk des kanadischen Marinefotografen William MacAskill, das andere ist der wiederaufgebaute **Handelsposten** von Nicolas Denys aus dem 17. Jh.

Der mit dem Atlantik verbundene **Bras d'Or Lake** im Herzen von Cape Breton Island ist der größte Salzwassersee der Erde. In manchen Buchten wird das Wasser im Hochsommer bis 26 °C. warm, selbst weit draußen auf dem See bis zu 22 °C. Kein Wunder, dass das Gewässer ein beliebtes Segelrevier ist.

Der **Ceilidh Trail** entlang der St. George's Bay und der Northumberland Strait trifft bei Margaree Forks auf den Cabot Trail. *Ceilidh* ist das gälische Wort für feiern, und der Trail ist in der Tat sehr lebendig; man hat den Eindruck, dass jeder Einheimische stolz auf sein schottisches Erbe ist. Unter den zerklüfteten Felsen der Küste **Mabou Highlands** liegen schöne Strände.

MARINE DRIVE

Diese bekannte 325 km lange Straße verläuft entlang der Atlantikküste (von Dartmouth über Sherbrooke nach Mulgrave mit einem Abstecher nach Canso) an Stränden, Sümpfen, Buchten, Flussmündungen und versteckten Häfen vorbei. An den Flüssen und Bächen, die ins Landesinnere führen, kann man Lachse und Forellen angeln.

Im **Fisherman's Life Museum** in **Jeddore** gibt es eine Ausstellung über das einfache Leben der Fischer um 1900. In ★**Sherbrooke Village** ist vieles so geblieben, wie es 1870 war. Guides in Kostümen des 19. Jh., die durch die restaurierten Häuser führen, verstärken noch die nostalgische Atmosphäre.

Oben: Fortress of Louisbourg – Krieg führen wie im 18. Jahrhundert.

NOVA SCOTIA (☎ 902)

Nova Scotia Department of Tourism and Culture, PO Box 456, Halifax, Nova Scotia, B3J 2R5, Tel. 425-5781, Fax 424-2668, www.novascotia.com.

Grand Pré National Historic Park, 15. Mai-15. Okt. 9-18 Uhr, Acadian Village, www.pc.gc.ca/lhn-nhs/ns/grandpre.

Fort Anne Nat. Historical Site, 15. Mai-15. Okt. 9-18, sonst Mo-Fr 10-17 Uhr, Annapolis Royal, www.pc.gc.ca/lhn-nhs/ns/fortanne.

Port Royal National Historic Site, 15. Mai-15. Okt. 9-18 Uhr, Port Royal, www.pc.gc.ca/lhn-nhs/ns/portroyal.

Uniacke Estate Museum Park, 15. Mai-31. Okt. Mo-Sa 9.30-17.30, So 13-17.30 Uhr, Mt. Uniacke, http://museum. gov.ns.ca/uemp.

Miner's Museum, Mai-Okt. tgl. 10-18 Uhr, Springhill, Black River Rd., Tel. 597-3449, http://museum.gov.ns.ca/musdir/springhillminersmuseum.htm.

Cumberland County Museum, 1. März-1. Juni Di-Sa 10-16 Uhr, 1. Juni-Labor Day Mo-Sa 9-17, So 14-17 Uhr, Labor Day-1. Dez. Di-Sa 10-16, So 14-17 Uhr, 1. Dez.-1. März Mi-Sa 10-16 Uhr, 150 Church St., Amherst, www.creda.net/~ccmuseum.

Sunrise Trail Museum, im Sommer tägl., Anfang Juni und Ende Sept. nur Sa-So, Main St., Tatamagouche.

Balmoral Grist Mill, 15. Mai-15. Okt. Mo-Sa 9.30-17.30, So 13-17.30 Uhr, Balmoral Mill, http://museum.gov.ns.ca/bgm.

Sutherland Steam Mill, 15. Mai-15. Okt. Mo-Sa 9.30-17.30, So 13-17.30 Uhr, Denmark, http://museum.gov.ns.ca/ssm.

Museum of Industry, Mai-Okt. Mo-Sa 9-17, So 13-17 Uhr, sonst Sa/So zu, Stellarton.

Alexander Graham Bell National Historic Site mit Museum, 1. Juli-30. Sept. 9-21, sonst 9-17 Uhr, Baddeck, www.capebretonisland.com/AGBell.html.

Great Hall of the Clans, 15. Mai-15. Okt. 8.30-16.30, Juli-Aug. 16.30-20 Uhr, South Gut St. Ann's.

Giant MacAskill Pioneer's Museum, 20. Mai-14. Okt. 9-18 Uhr, Englishtown.

Les Trois Pignons, Mai-Okt. Mo-Fr 9-17 Uhr, Juli-Aug. tägl. 9-20 Uhr, Chéticamp.

Fortress of Louisbourg, 1. Juni-30. Sept. 9.30-17 Uhr, 1. Juli-31. Aug. 9-18 Uhr, http://fortress.uccb.ns.ca.

Marconi National Historic Site, Mitte Juni-Labor Day tägl. 10-18 Uhr, Glace Bay, www.pc.gc.ca/lhn-nhs/ns/marconi.

Miners' Museum, 7. Juni-Sept. 10-18 Uhr, Sept.-Juni Mo-Fr 9-16 Uhr, Glace Bay.

Fisherman's Life Museum, 15. Mai-15. Okt. Mo-Sa 9.30-17.30, So 13-17 Uhr, Jeddore, http://museum.gov.ns.ca/flm.

Sherbrooke Village, 15. Mai-15. Okt. 9.30-17.30 Uhr, Sherbrooke Hill, http://museum.gov.ns.ca/sv.

AKTIVITÄTEN: **Whale Watching-Touren** werden im Sommer und Frühherbst angeboten; man sieht vielleicht Buckel-, Mink-, Fin-, Pilotwale, Blauwale oder auch Orkas, Haie, Robben und Delfine. Manche Veranstalter garantieren den Erfolg (oder die Tour ist gratis). Tourdauer: 2-4 Std.

Murphy's on the Water, 1751 Lower Water St., Halifax, Tel. 902-420-1015, Fax 902-423-7942, www.murphysonthewater.com.

Wesley's Whale Watching, Pleasant Bay, Cape Breton, Tel. 902-224-1976, www.cabottrail.com/whalewatching.

Kajak- und Kanutouren sind in den Küstengewässern im Hochsommer ein populäres Freizeitvergnügen. Zahlreiche Anbieter vermieten Sportgeräte nicht nur, sondern bieten geführte Touren oder Kurse an.

East Coast Outfitters, 2017 Lower Prospect Rd., Lower Prospect südwestlich von Halifax, Tel. 902-852-2567, Fax 902-852-2126, info@eastcoastoutfitters.net, www.eastcoastoutfitters.net.

Scotia Sea Kayaking Tours, Kajaktouren auf dem Meer ab Cheticamp Harbour Anfang Juni bis Anfang Okt, Belle Côte, Tel. 902-235-2148 oder 1-800-564-2330, info@scotiakayaking.com.

RAFTING: **Shubenacadie River Adventure Tours**, ein einmaliges Abenteuer: In motorisierten Schlauchbooten reiten die Teilnehmer bei einsetzender Flut auf gewaltigen Gezeitenwellen den Shubenacadie River hinauf, dreistündige Touren, Hwy 215, South Maitland, Tel. 902-261-2222, adventure@shubie.com, www.shubie.com.

Nova Scotia 10

Foto: Russ Heinl (Shutterstock.com)

★★HALIFAX

★★**Halifax** verbreitet keine hektische Großstadtatmosphäre, obwohl es die Hauptstadt von Nova Scotia sowie das kulturelle und wirtschaftliche Zentrum der Atlantikprovinzen ist. Das allgegenwärtige Blau des Atlantiks bringt eine gelassene Stimmung in die Stadt. Halifax hat 160 000 Einwohner (im Großraum 400 000) und liegt an einem viele Kilometer landeinwärts reichenden Meeresarm, den Seeleute als besten Naturhafen der Welt loben. Die Stadt wächst von Jahr zu Jahr, bewahrt sich aber den Bezug zur Vergangenheit. Trotz der kosmopolitischen Einstellung der Bewohner werden Traditionen respektiert. Das Ergebnis ist eine lebendige und dynamische Atmosphäre, durchsetzt mit nostalgischen Erinnerungen an die Zeiten der Seefahrer – seit seiner Gründung 1749 bis heute ist Halifax eine Hafenstadt und Marinestützpunkt.

Halifax hat zwei Häfen: Das äußere Bedford Basin, in dem es viel Platz für Schiffe gibt, und das innere Bedford Basin, das selbst für die größten Schiffe tief genug ist. Die Schwesterstadt von Halifax ist Dartmouth, die zweitgrößte Stadt von Nova Scotia. Offiziell wurde sie erst 1961 gegründet, nachdem sie ihre Vororte eingemeindet und ihre Fläche um das zehnfache vergrößert hatte. Dartmouth befindet sich auf der anderen Seite des Hafens. Die „Haligonians", die Bewohner von Greater Halifax, genießen hier in den Sommermonaten die besondere Lage der Stadt beim Segeln und Jetskifahren.

Die Geschichte der Stadt

Halifax wurde von den Briten gegründet, um ihre Macht im Nordatlantikbereich auszuweiten. Die vielen alten Gebäude aus Stein und Holz, – als Kulturdenkmäler hochgeschätzt

– stellen einen interessanten Kontrast zu den modernen Bürogebäuden dar. Die eindrucksvolle Skyline am Ufer von Halifax Harbour scheint sich schützend über die historischen Ufergebäude zu erheben und bietet ein gutes Beispiel für eine gelungene Verbindung von alt und neu.

Bevor der weiße Mann kam, nutzten die Micmac-Indianer den Hafen zum Fischen und zur Jagd. Samuel de Champlain entdeckte ihn 1605, doch erst nach 1648, als die Franzosen ein neues Kolonialfrankreich aufbauten, wurde der Fischerort Chebucto gegründet. Die Micmac-Indianer kamen mit den Franzosen gut aus und versuchten sogar, die britischen Fischer, die aus Nantucket kamen, vom Fischen in den Gewässern abzuhalten. Später kämpften sie auf Seiten Frankreichs gegen die Briten, nachdem diese den Anspruch der Franzosen auf das Land streitig machten. Dennoch verloren die Franzosen die Halbinsel Nova Scotia 1713 an die Briten. Als die Franzosen auf der benachbarten Insel Cape Breton das Fort Louisbourg bauten, konterte der britische Oberst Cornwallis mit der Gründung von Halifax.

Halifax diente bis 1763, als ganz Kanada britisch wurde, nur als Militärgarnison. Danach wurde die Stadt für die britische Armee und Marine ein bedeutender Stützpunkt an der atlantischen Küste. Während der Amerikanischen Revolution wuchs Halifax rapide, als Tausende englandtreuer Loyalisten von Neuengland nach Nova Scotia flohen. Ein weiterer Wachstumsschub kam während des Kriegs 1812/14. Der Vater von Königin Victoria, Prinz Edward, beaufsichtigte den Bau der größten Zitadelle am Atlantik und setzte sich selbst mit der Errichtung des Clock Tower ein Denkmal – heute das Wahrzeichen von Halifax.

Während des I. und II. Weltkriegs war Halifax Sammelpunkt für Konvois über den Atlantik. Versorgungsschiffe überquerten in bewaffneten Geleitzügen den Atlantik, um vor Angriffen

Links: Die auf einem Hügel erbaute Zitadelle beschützt seit 1749 die Stadt Halifax.

Halifax 11

deutscher U-Boote besser geschützt zu sein. Im Dezember 1917 ereignete sich ein furchtbares Unglück. Das belgische Versorgungsschiff *Imo* rammte im Hafen das mit Waffen und Munition vollbeladene französische Schiff *Mont Blanc* und verursachte damit die größte von Menschen ausgelöste Explosion vor dem Atomzeitalter. 1951 Menschen starben, und fast der ganze Nordteil von Halifax wurde zerstört. Fensterscheiben in über 80 km Entfernung zerbarsten, als die 2550 Tonnen Munition und Chemikalien an Bord der *Mont Blanc* explodierten und in alle Himmelsrichtungen geschleudert wurden. Eines der Kanonenrohre, die an Bord waren, landete in 5,5 km Entfernung, und der Ankerschaft mit einem Gewicht von über einer halben Tonne flog drei Kilometer in die entgegengesetzte Richtung. Die Erschütterung war noch auf der 430 km entfernten Insel Cape Breton zu spüren. Jedes Jahr wird am 6. Dezember um 9 Uhr ein Gedenkgottesdienst im Fort Needham gehalten, in der Nähe der Stelle, an der die *Mont Blanc* explodierte. In der Lower Water Street kann man im Maritime Museum of the Atlantic eine Ausstellung besuchen, die schlicht und einfach „The Explosion" heißt.

Das Zentrum von Halifax

Das Zentrum von Halifax ist der Hafen. Er ist der ideale Ausgangspunkt, um die Stadt kennen zu lernen. Den besten Eindruck von den Piers, Werften und der Skyline von Halifax bekommt man bei einer Hafenrundfahrt. Die angenehme Atmosphäre des lebhaften Hafenviertels lädt zu Spaziergängen am Pier ein, zu Museumsbesuchen, Rundgängen und Einkäufen in den ★**Historic Properties on the Harbour** entlang Upper Water und Hollis Street.

Die alten Holz- und Steingebäude der Historic Properties sind restauriert und erinnern an vergangene Zeiten, als

Oben: An der Waterfront von Halifax lässt sich das Treiben im Hafen entspannt beobachten. Rechts: Die „Bluenose II" unter Segeln vor Halifax.

Foto: Vadim Petrov (Shutterstock.com)

Wagenräder über das Kopfsteinpflaster ratterten und die Rufe des Hafenmeisters über das Wasser hallten. In der Segelsaison werden manchmal Törns an Bord der berühmten **Bluenose II** angeboten, einem eleganten Schoner, der der Stolz der Haligonians und der „segelnde Botschafter" von Nova Scotia ist. Das Schiff, eine Replik der 1946 vor Haiti untergegangenen *Bluenose*, wurde 1961 in Lunenburg gebaut. Das Original gewann als schnellster Schoner der Welt fast alle Segelwettbewerbe auf dem Atlantik und ziert dafür heute das kanadische 10-Cent-Stück.

Am Hafen werden Bootstouren zum Hochseefischen organisiert, und es gibt eine Fährverbindung zwischen Halifax und Dartmouth. Im Hafenviertel von Dartmouth kann man von den Plankenwegen, die vom Anlegeplatz der Fähren ausgehen, die wunderschönen Ausblicke auf McNabs Island und Georges Island genießen. Die zwei Brücken A. Murray MacKay und Angus L. MacDonald, die den Hafen überspannen und Dartmouth mit Halifax verbinden, sind ebenfalls von dort aus zu sehen. Dartmouth hat das älteste Salzwasserfährsystem Nordamerikas. Die erste Hafenfähre, die 1752 ihren Dienst aufnahm, war ein Ruderboot mit Segel. Die Fahrt über das malerische Hafenbecken nach Dartmouth ist sehr preiswert.

Im ★★**Maritime Museum of the Atlantic** wird die enge Beziehung zwischen Halifax und dem Meer dokumentiert. Es dient als Kulturzentrum des Hafenviertels und bietet interessante Einblicke in die maritime Geschichte und das Leben der Seeleute. Außerdem gibt es dort Ausstellungen aus den Tagen der Segelschifffahrt. Die Linse aus dem Sambro-Leuchtturm, die von 1906 bis 1967 benutzt wurde, ist besonders eindrucksvoll, ebenso wie die bunten Gallionsfiguren und Schiffsmodelle. Man kann auch Teile der *Titanic* besichtigen, die 1912 an den Grand Banks vor Neufundland sank. Damals wurden viele der Opfer nach Halifax gebracht, und die 155 Toten, die nicht identifiziert werden konnten, liegen in Fairview, einem Vorort von Halifax, begraben.

Halifax 11

Foto: Albert Pego (Shutterstock.com)

Im Sommer liegt die **HMCS Sackville**, eine Korvette, die im II. Weltkrieg bei nordatlantischen Verbänden eingesetzt wurde, hinter dem Museum. Das Schiff wurde zu Ehren all derer restauriert, die in der kanadischen Marine gedient haben. Besucher dürfen das Schiff inspizieren und können im Infozentrum eine Multimediashow sehen, die von einem Veteranen der Schlachten auf dem Atlantik erläutert wird. Am Kai bei dem Museum liegt außerdem die **CSS Acadia**, ein Dampfschiff von 1913, das zur kartografischen Erfassung der Gewässer des Nordatlantiks diente. Es kann im Sommer besichtigt werden.

Das **Province House** ist der Sitz der Regierung und Kanadas ältestes Parlamentsgebäude, erbaut zwischen 1811 und 1819. Charles Dickens nannte es „ein Juwel georgianischer Architektur".

Die **Old City Hall** wurde 1890 aus beigem und rotem Sandstein erbaut. Sie besitzt einen spitzen Turm mit zwei Uhren. Die auf der Nordseite zeigt für immer nur noch eine Zeit an: 9:04 Uhr. So erinnert sie an den Zeitpunkt der verheerenden Halifax-Explosion am 6. Dezember 1917. Das große Gebäude, in dem heute das Halifax Regional Council residiert, hat den Staus einer *National Historic Site of Canada*.

Die City Hall liegt an der **Grand Parade**, einem parkähnlichen Platz mit Kriegerdenkmal, der einst für Paraden genutzt wurde. Auf der anderen Seite steht **St. Paul's**, die älteste protestantische Kirche Kanadas. In der Wand über dem Nordeingang (in einem Vorbau, der erst später angefügt wurde) befindet sich ein Stück des Munitionsschiffes *Mont Blanc*, das durch die Explosion in drei Kilometer Entfernung in diese Wand hineingeschossen wurde. Auch der seltsame Umriss eines Kopfes in einem Fenster der Galerie über der Argyle Street stammt von dieser Explosion. Man sagt, der Pfarrer sei damals durch das Fenster geschleudert worden.

Neben der Kirche befindet sich das **Metro Centre** mit dem großen, mo-

Oben: Der Uhrturm, von Prinz Edward um 1800 initiiert, gilt als Wahrzeichen von Halifax.

» Stadtplan S. 209, Info S. 213

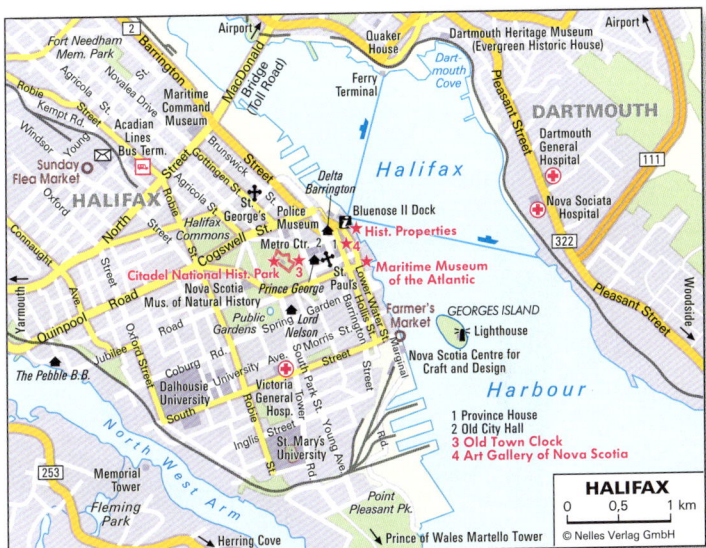

Map labels (as shown on map):

Fort Needham Mem. Park · Airport · Quaker House · Dartmouth Heritage Museum (Evergreen Historic House) · Airport

Barrington · Novalea Drive · MacDonald Bridge (Toll Road) · Ferry Terminal · Dartmouth Cove · Pleasant Street · DARTMOUTH

Agricola St. · Roble St. · Kempt Rd. · Young · Windsor · Acadian Lines Bus Term. · Maritime Command Museum · Brunswick · Gottingen · Street · Halifax · Bluenose II Dock · Dartmouth General Hospital · Nova Sociata Hospital · 111

Sunday Flea Market · Oxford · HALIFAX · North · St. · Agricola St. · St. George's · Delta Barrington · Police Museum · Hist. Properties · 322

Connaught · Ave. · Halifax Commons · Cogswell · St. · Metro Ctr. · 2 · 4 · Maritime Museum of the Atlantic · Woodside

Yarmouth · Ave. · Citadel National Hist. Park · 3 · St. Pauls · Pleasant Street

Quinpool · Road · Nova Scotia Mus. of Natural History · Prince George · Garden · Farmer's Market · GEORGES ISLAND · Lighthouse

Oxford Street · Public Gardens · Spring · Lord Nelson · St. Morris St. · Nova Scotia Centre for Craft and Design

Jubilee · Rd. · Coburg · Rd. · Victoria General Hosp. · Park St. · Young St. · Harbour

The Pebble B.B. · Dalhousie University South · Robie · Ave. · Rd.

1 Province House
2 Old City Hall
3 Old Town Clock
4 Art Gallery of Nova Scotia

253 · Memorial Tower · Fleming Park · Inglis · St. Mary's University · Point Pleasant Pk. · Herring Cove · Prince of Wales Martello Tower

HALIFAX
0 · 0,5 · 1 km
© Nelles Verlag GmbH

dernen **World Trade & Convention Centre**. Das Metro Centre ist mit 10 000 Sitzplätzen ein Konferenzzentrum von Weltrang. Dort finden Live-Konzerte oder Sportwettkämpfe (das Halifax Citadels Hockey Team ist hier zuhause) und Halifax bekanntes Nova Scotia International Tatoo statt. Das Tagungszentrum mit seiner großen Wetterfahne, auf der die berühmte *Bluenose* dargestellt ist, ist nicht zu übersehen. Außerdem gibt es auf dem großen Gelände noch eine Bibliothek und ein Theater.

Eines der Wahrzeichen von Halifax ist die ★**Old Town Clock** am Fuß des Citadel Hill. Der dekorative Uhrturm mit Glocken blickt über den Grand Parade auf die George Street in Richtung Hafen. Prinz Edward, Sohn Georges III. und später Vater von Königin Viktoria, war von 1784 bis 1800 militärischer Oberbefehlshaber der Garnison in Halifax und ein strenger Pünktlichkeitsfanatiker.

Zwei weitere, von Edwards Vorliebe für das Runde geprägte Bauten sind die **St. George's Anglican Church** in der Brunswick Street von 1801 und der **Martello Tower** von 1796 im Point Pleasant Park, am höchsten Punkt der Stadt. Er wurde wie ein genuesischer Wehrturm auf Korsika gestaltet; die dicken Wände machten ihn für die Artillerie der damaligen Zeit so gut wie unzerstörbar. Eine kleine Anzahl von Soldaten konnte darin verhältnismäßig lange einem stärkeren Feind Widerstand leisten.

Citadel Hill

Seit der Gründung der Stadt im Jahr 1749 hat Citadel Hill mit seiner sternförmigen Anlage nicht nur Verteidigungszwecken gedient. In den Zeiten der Klipperschiffe zeigten die Signalmasten auf dem Hügel den Kaufleuten in der Stadt an, ob ihre Schiffe den Hafen erreicht hatten.

Die heutige Festung im ★★**Citadel National Historic Park** wurde zwischen 1828 und 1856 von britischen Soldaten an der Stelle von drei früheren Forts errichtet. Jeden Tag pünktlich um 12 Uhr mittags feuern Soldaten die *Noon Day Cannon* von den Schutzwäl-

Foto: Manfred Braunger

len ab und halten damit die mittlerweile mehr als 200-jährige Tradition aufrecht. In Ausstellungen ist die Entwicklung der Festung dargestellt. Man kann sich einer Führung anschließen und eine Multimediashow besuchen. College-studenten paradieren, als Mitglieder der 78. Highlander und der königlichen Artillerie kostümiert, auf und ab. Das **Army Museum** im Cavalier Building in der Zitadelle beherbergt eine Sammlung von Militärexponaten aus England und Nova Scotia.

Der **Old Burying Ground** in der Barrington Street am Anfang der Spring Garden Road war einst die südliche Grenze der Pioniersiedlung. Das Gelände wurde erst kürzlich restauriert, und in einem Informationszentrum kann man sich durch die Vergangenheit von Halifax wühlen und mehr über die Geschichte dieses ersten „allgemeinen Friedhofs" der Stadt erfahren. Das ers-

te Grab wurde am Tag nach Cornwallis Ankunft ausgehoben. Der älteste Grabstein des Friedhofs gehört einem gewissen John Conner, der die erste Fähre über den Hafen von Halifax betrieb und 1754 starb.

Im **Nova Scotia Museum of Natural History** in der Summer Street kann man eine ständige Ausstellung über die Menschen und ihre Umwelt in der Provinz besichtigen. Es gibt eine große Sammlung von Artefakten der Micmac-Indianer und das Museum zeigt von Zeit zu Zeit internationale Wanderausstellungen. Manchmal werden für Architekturfans Ausflüge zu historischen Häusern in der Region organisiert. Auch Touren zur Vogelbeobachtung oder Wattwanderungen stehen öfters auf dem Programm.

Der **Brewery Market** ist tatsächlich eine alte Brauerei, in der es auch Geschäfte, Restaurants und Büros gibt. Außerdem findet hier jeden Freitag und Samstag ab 7 Uhr morgens ein Markt statt, auf dem man an Ständen um den Hof herum verschiedenes Kunsthand-

Oben: Historische Kanone auf der Zitadelle. Rechts: Einige Küstenfischer der Region arbeiten noch in vorindustrieller Weise.

» Stadtplan S. 209, Info S. 213

werk, Marmeladen, Brote und frisches Gemüse kaufen kann.

Hinter den schmiedeeisernen Toren der **Halifax Public Gardens** liegt ein 7 Hektar großer Landschaftsgarten im englischen Stil. Er wurde 1866 angelegt. Im Musikpavillon, der aus Anlass des goldenen Thronjubiläums von Königin Victoria im Jahr 1887 erbaut wurde, finden an Sonntagnachmittagen Konzerte statt. Im **Halifax Commons**, Kanadas ältestem Park, vergnügen sich die Haligonians bei Cricket, Rasenbowling und Fußball. Die beliebte Spielwiese erstreckt sich westlich und nordwestlich des Citadel Hill und war ursprünglich eine Weide, auf der die Einwohner ihre Rinder hielten.

Fort Needham auf dem Gelände einer alten Befestigungsanlage ist ein Park zum Gedächtnis an die Explosion von 1917. Von hier aus überblickt man den nördlichen Teil von Halifax, der damals am stärksten zerstört wurde. Auf dem höchsten Punkt des Hügels wurde ein schöner Glockenturm errichtet, den man auch vom Hafen aus sehen kann und der nachts beleuchtet wird.

Weiter im Nordosten der Stadt befindet sich in der Gottingen Street das **Police Museum**, in dem es eine große Ausstellung mit Exponaten des über 150 Jahre alten Halifax Police Departments zu sehen gibt.

Die Umgebung

Das historische **Fort McNab** liegt auf McNabs Island mitten in der Hafenausfahrt. Es wurde Ende 1880 errichtet und spielte seit der Gründung der Siedlung eine wichtige Rolle bei der Verteidigung des britischen Marinestützpunkts.

Die 200 Jahre alte Befestigungsanlage **York Redoubt** (National Historic Site) liegt etwa 11 km vom Zentrum von Halifax entfernt auf einem hohen Felsvorsprung und bewacht die Hafeneinfahrt. Sie wurde 1793 am Anfang des Kriegs zwischen England und Frankreich errichtet und war auch in der

Foto: Danielle B. Hayes

zweiten Hälfte des 19 Jh. ein wichtiger Verteidigungspunkt. Dort kann man in Stellung gebrachte Frontladerkanonen sehen sowie eine Fotoausstellung besuchen, und man hat von hier einen wunderbaren Blick auf den Hafen.

Auch in **Dartmouth** gibt es eine Reihe von Museen. Man erreicht die Stadt mit dem Auto über die MacDonald Brücke oder mit der Fähre. Um den Ferry Terminal herrscht meist hektisches Gedränge. Über 6000 Pendler lassen sich Tag für Tag per Fähre von Dartmouth nach Halifax übersetzen. Im **Dartmouth Heritage Museum** ist die Stadtgeschichte dokumentiert, und eine Kunstgalerie zeigt wechselnde Ausstellungen. Zum Museum gehören zwei historische Gebäude: Das **Quaker House** stammt von 1785 und erinnert an die alten Wahlfängerzeiten von Halifax. Das **Evergreen Historic House** ist ein schönes Beispiel für ein großes, restauriertes viktorianisches Haus; es beherbergt die Sammlung viktorianischer Möbelstücke des Dartmouth Heritage Museums.

11 Halifax

» **Stadtplan S. 209, Info S. 213**

Foto: matthewsinger (Shutterstock.com)

Die Kulturszene

Fast während des ganzen Jahres finden in Halifax Festivals und Feste statt, von Hummer- bis hin zu Ausruferwettbewerben. Seinen Geburtstag feiert Halifax im Sommer (der 24. Juli ist der Gründungstag) mit verschiedenen Veranstaltungen, Feuerwerken und einem Konzert am Citadel Hill.

In den über 20 guten Kunstgalerien der Stadt kann man auch die Werke bekannter lokaler Künstler besichtigen. In der ★**Art Gallery of Nova Scotia** sind über 2000 Kunstwerke, einschließlich Volkskunst, ausgestellt. Die **Dalhousie Art Gallery** in der Dalhousie University zeigt während des ganzen Jahres Zeichnungen kanadischer Künstler sowie Gemälde, Skulpturen, Drucke, Grafiken und archäologische Funde aus Kanada, Amerika und Europa. Die Kunstgalerie, Ateliereinrichtungen und Büros der Production Crafts Section, einer Unterab-

teilung der Cultural Affairs Division des Nova Scotia Department of Tourism and Culture, sind in dem neuen **Nova Scotia Centre for Craft and Design** untergebracht. Das Zentrum informiert über Kunst und Handwerk in der gesamten Provinz. Außerdem organisiert es auch Ausstellungen.

Schließlich bietet das aktive Nachtleben der Stadt neben einem Spielkasino Kabaretts mit bekannten Künstlern und Musikern, Theatervorführungen von Dramen und Komödien, Pop- und Klassikkonzerte sowie Kinos und viele Kneipen, manche davon mit Live-Musik. In der Stadt gibt es viele Restaurants, und Besucher sollten auf jeden Fall die einheimischen Meeresfrüchte kosten.

Halifax ist für seine Musikszene bekannt, die in der Vergangenheit Talente wie The Rankin Family, Sloan, Ashley MacIsaac, Modabo, Rita MacNeil und Lenny Gallant hervorbrachte.

Im Stadtzentrum kommen Kneipengänger und Nachtschwärmer u. a. in der **Argyl Street** auf ihre Kosten.

Oben: Straßenkünstler beim Busker Festival in Halifax (alljährlich Anfang August).

» Stadtplan S. 209, Info S. 213

Halifax (☎ 902)

Halifax Argyle Visitor Centre, 1800 Argyle St., Suite 802, Tel. 1-877-422-9334, Fax 492-3175, www.destinationhalifax.com.

CHINESISCH: **The Orient Chinese Cuisine**, 227 Bedford Hwy, Tel. 443-3288.
GRIECHISCH: **Athens**, solide Hellas-Küche, 9-21 Uhr, 6273 Quinpool Rd., Tel. 422-1595.
JAPANISCH: **Hamachi Kita**, 5537 Young St., Tel. 431-5543.
ITALIENISCH: **Lower Deck Pub**, populäres, großes Pub mit tägl. Live-Entertainment, 1887 Upper Water Street, Tel. 425-1501.
NORDAMERIKANISCH: **CUT Steakhouse**, leckere Steaks, 5120 Salter St, Tel. 429-5120.
*MEERESFRÜCHTE:***Five Fishermen**, seit Jahren eine Institution in Sachen Hummer, Auster, Garnele & Co., 1740 Argyle St., Tel. 422-4421.

Army Museum / Halifax Citadel, Mitte Mai-Mitte Okt. 9-17 Uhr, Tel. 422-5979.

Art Gallery of Nova Scotia, Überblick über das Kunstschaffen am Atlantik, Di-Sa 10-21, So 12-17.30 Uhr, Mo geschl., 1723 Hollis St., Tel. 424-7542, www.agns.gov.ns.ca.

Dalhousie Art Gallery, Di-Fr 11-17, Sa-So 13-17 Uhr, Mo geschl., 6010 University, Tel. 494-2403, http://artgallery.dal.ca.

Dartmouth Heritage Museum, Stadtmuseum zur wechselvollen maritimen Vergangenheit, 1.6.-Labor Day Di-So 10-17 Uhr; Sept.-Mai Di-Sa 10-17 Uhr, 26 Newcastle St., Dartmouth, Tel. 464-2300, www.dartmouthheritagemuseum.ns.ca.

Evergreen House, Juli-Aug. 10-18 Uhr, 26 Newcastle St. Dartmouth, Tel. 464-2300.

Halifax Citadel National Historic Site, 15.6.-Labor Day 9-18, sonst 9-17 Uhr.

Maritime Museum of the Atlantic, tolle Galionsfigurensammlung, Trümmer der Titanic, 15.5.-15.10. Mo-Sa 9.30-17.30, Di bis 20 Uhr, So 13-17.30 Uhr; 16.10.-14.5. Di-Sa 9.30-20 Uhr, So 13-17 Uhr, Lower Water St., Tel. 424-7490, http://museum.gov.ns.ca/mma.

Nova Scotia Centre for Craft and Design, Kunsthandwerk aus Nova Scotia, Mo 11-17, Di-Do 11-21, Fr/Sa 11-16, So 12-16 Uhr, 1683 Barrington St., Tel. 492-2522, www.craft-design.ns.ca.

Nova Scotia Museum of Natural History, die komplette Naturkunde Nova Scotias, gute Ausstellung zur Micmac-Kultur, 1.6.-15.10. tägl. 9.30 -17.30 Uhr, Mi bis 20 Uhr, So 13-17.30 Uhr; 1.11.-14.5. Di- Sa 9.30-17 Uhr, Mi bis 20 Uhr, So 13-17 Uhr, Mo geschl., 1747 Summer St., http://museum.gov.ns.ca.

Old Burying Ground, Juni-Sept. 9-17 Uhr, Barrington St.

Prince of Wales Martello Tower, 15.6.-Labor Day 10-18 Uhr, Point Pleasant Park.

Province House, Mitte Juni-Mitte Sept. Mo-Fr 9-18 Uhr, Sa, So und in Ferien 9-17 Uhr; Mitte Sept.-Mitte Juni Mo-Fr 8.30-16.30 Uhr, in Ferien geschl., Hollis St., Tel. 424-4661.

York Redoubt National Historic Site, 15.6.-Labor Day 10-18 Uhr, Abzweigung Purcells Cove Road auf Route 253, Tel. 426-5080, www.pc.gc.ca/lhn-nhs/ns/york.

Ein **Farmersmarket** findet am historischen Gebäude der **Alexander Keith's Brewery** statt, ganzjährig samstags 8-13 Uhr, 1496 Lower Water Street. Mittwoch bis Samstag ist dort der **Neighbourhood Goods General Store** geöffnet.
Flohmarkt **Halifax Forum Sunday Flea Market**, sonntags 10-14 Uhr, Windsor Street.
Flohmarkt an der West End Mall, sonntags 10-14 Uhr.

STADTBESICHTIGUNG: **Ambassatours Gray Line**, 2631 King St., Tel. 423-6242, www.atlantictours.com.
Cabana Tours, Halifax und Umgebung, Station A, Halifax, Tel. 455-8111, www.cabanatravel. ns.ca.

11
Halifax

Schöne Strände und warme Meeresströmungen machen den Prince Edward Island National Park zu einem beliebten Reiseziel

Foto: Chepcony / Fotolia

PRINCE EDWARD ISLAND

PRINCE COUNTY

QUEENS COUNTY

KINGS BYWAY

PRINCE EDWARD ISLAND

Prince Edward Island, meist einfach nur PEI genannt, ist die kleinste Provinz Kanadas. Mit 5660 km² Fläche ist sie sogar kleiner als mancher Nationalpark Kanadas, und man kann sie in nur fünf Tagen durchfahren. Die Insel liegt im Sankt-Lorenz-Golf, ihre Form ähnelt einer Sichel. Die enge Northumberland Strait trennt sie von den Nordküsten der Atlantikprovinzen New Brunswick und Nova Scotia. Erst 1997 erfolgte der „endgültige Anschluss" der eigenwilligen Insulaner an Kanada: Die Eröffnung der 13 km langen **Confederation Bridge** von Carleton (NB) nach Borden (PEI) soll Wirtschaft und Tourismus der Insel fördern. Von den beiden früheren Autofähren ist nur die Verbindung von Wood Islands (PEI) nach Caribou (NS) geblieben.

Prince Edward Island ist ideal für Urlauber, die abschalten möchten. Die Inselbewohner sind gastfreundlich und die Natur strahlt eine tiefe Ruhe aus: Weite hügelige Landschaften und das harmonische Farbenspiel der grünen Weiden, der eisenhaltigen roten Erde und des tiefblauen Meeres bestimmen das Bild. Verstreut in dieser pastoralen

Links: Typische Hummerfallen mit bunten Bojen (Prince Edward Island).

Idylle liegen winzige Weiler, an denen der Fortschritt fast spurlos vorübergegangen ist; in den verborgenen Häfen an der Küste findet man noch urige, wettergegerbte Seebären.

Fangfrischen Hummer kann man bei einem typischen **Lobster Supper** genießen, auch die **Malpeque-Austern** gelten als besondere Delikatesse.

Von Wiege zu Wiege

Die ersten Bewohner der Insel, die Micmac-Indianer, nannten das Eiland *abegweit* – „Land von den Wellen gewiegt". Der fruchtbare Boden sowie die reichen Fischgründe des Meeres und der Binnengewässer schufen ideale Bedingungen. Bis ins 16. Jh. lebten die Micmac verhältnismäßig ungestört. 1534 setzte Jacques Cartier zum ersten Mal seinen Fuß auf die Insel, doch es dauerte noch einige Zeit, bis die ersten französischen Siedler kamen. Während der Vertreibung 1755 durch die Briten flohen viele Akadier aus Nova Scotia hierher. Drei Jahre später beanspruchten die Briten jedoch auch dieses Stück Land, das der französische Seemann Champlain *St-Jean* genannt hatte, und sie wiederholten ihre Vertreibungsmaßnahmen. 1763 gründeten sie die Hauptstadt Charlottetown, die sie nach der Gattin des englischen Königs Georg III. benannten. Daraufhin kamen Scharen

12

Prince Edward Island

» Karte S. 219, Info S. 223

Foto: Oliver Childs (iStockphoto)

von Siedlern, hauptsächlich Schotten und Iren, auf die Insel. 1799 wurde die heute selbständige Provinz nach dem Vater der Königin Victoria, Prinz Edward, dem Herzog von Kent, umbenannt.

Die historische Konferenz von 1864, die 1867 zum kanadischen Staatenbund führte, fand in Charlottetown statt, weshalb PEI auch „Die Wiege des Staatenbunds" genannt wird. Prince Edward Island wurde erst 9 Jahre später Mitglied.

Die heutigen Bewohner leben von Landwirtschaft, Fischerei und Tourismus. Viele Früchte, wie Himbeeren, Blaubeeren und Erdbeeren sowie Gemüse und Getreide wachsen auf den eisenreichen Böden der Insel, doch das Landwirtschaftsprodukt Nummer eins ist die Kartoffel. Zum ersten Mal wurde sie auf der Insel im Jahr 1771 angebaut, und heute werden 600 km² Land allein für den Kartoffelanbau verwendet. Die

Oben: Im Winter frieren die kleinen Fischereihäfen auf Prince Edward schon einmal zu (hier: Malpeque).

hohe jährliche Kartoffelernte stellt den Großteil der Kartoffelexporte, sowie über 90 % der Saatkartoffeln Kanadas. Der Fremdenverkehr mit knapp 900 000 Besuchern pro Jahr trägt etwa 70 Millionen $ zur Wirtschaft der Insel bei. Die Hauptsaison dauert von Mai bis Oktober. Alle drei Bezirke von PEI, Prince, Queens und Kings, verfügen über gut beschilderte Fahrstrecken, auf denen man die Hauptsehenswürdigkeiten zu sehen bekommt. Die Routen sind (von West nach Ost) der Lady Slipper Drive, der Blue Heron Drive und der Kings Byway.

PRINCE COUNTY

Der **Lady Slipper Drive**, ca. 290 km lang und benannt nach der gleichnamigen Orchideenart, beginnt am West Point Lighthouse, einem 100 Jahre alten, hölzernen Leuchtturm, der am westlichsten Punkt der Insel im Cedar Dunes Provincial Park steht. Bis 1963 wurde der Leuchtturm von Hand bedient und dann auf Automatik umge-

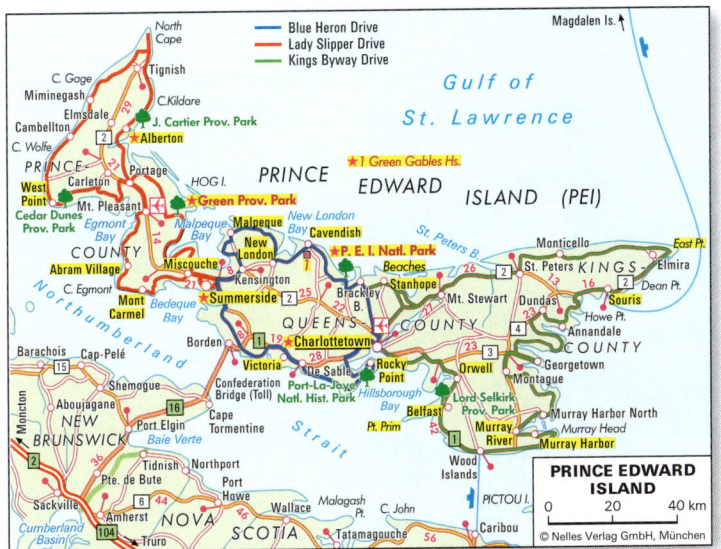

stellt. Heute gibt es dort ein Museum, einen Kunsthandwerkshop und Gästezimmer. Von den einst 76 Leuchttürmen an der Küste dienen nur noch 16 ihrem Zweck, Schiffe durch die Schifffahrtswege zu leiten und sie vor der nahen Küste zu warnen.

Der Lady Slipper Drive führt 290 km an der Nord- und Nordwestküste von PEI entlang. Das Denkmal zu Ehren des französischen Seefahrers Jacques Cartier befindet sich in der Nähe der Route im **Jacques Cartier Provincial Park** nahe den Kildare Capes. Diese roten, von den Gezeiten über Jahrhunderte hinweg ausgespülten Sandsteinfelsen, um die immer ein starker Wind weht, beeindruckten Cartier besonders.

Die Stadt ★**Alberton** ist wegen ihrer *fox houses* bekannt. Die großen Herrenhäuser wurden zu Beginn des 20. Jh. aus dem Erlös des Pelzhandels – u. a. mit Silberfuchsfellen – gebaut.

Nun gabelt sich der Drive. Die Route in Richtung Süden führt zum ★**Green Provincial Park**, wo man im herrlich nostalgischen **Yeo House** (benannt

nach dem gleichnamigen Schiffbaumagnaten, erbaut 1864) eine Ausstellung über die Schiffbauindustrie der Insel besichtigen kann. Dann kommt man zur **Malpeque Bay**, bekannt wegen ihrer Austernzucht. Eine andere Meeresfrucht ist Irisches Moos, eine Meeresalge, die in der Industrie als Emulsionsmittel genutzt wird.

Die Route in Richtung Süden führt in die sogenannte Région Evangéline. Im frühen 18. Jh. besiedelten die französischen Akadier die Dörfer und Orte um Egmont Bay, und noch heute wird hier in erster Linie französisch gesprochen. Als die Akadier 1758 von den Briten von der Insel vertrieben wurden, versteckten sich viele Familien in den Wäldern, bis die Zeiten besser wurden. Auf diese Weise retteten sie eine Oase französischer Kultur. Am Cape Egmont, 5 km westlich von **Mont Carmel**, befindet sich das **Acadian Pioneer Village**, die Nachbildung einer akadischen Siedlung (um 1800-1820) mit schönen Holzhäusern. In der Stadt gibt es außerdem das einzige Restaurant der Insel – Étoile de

Foto: LindaZ (Dreamstime)

Mer –, in dem es echtes akadisches Essen gibt. In **Abram-Village** werden am Labor Day-Wochenende während des *Festival Acadien* akadisches Kunsthandwerk, Farmerzeugnisse und preisgekröntes Vieh zur Schau gestellt. Im Dorf **Miscouche**, einige Kilometer weiter, befindet sich das **Acadian Museum**, in dem neben verschiedenen Artefakten auch Portraits der Vorfahren akadischer Familien zu sehen sind.

QUEENS COUNTY

Im Osten von ★**Summerside** trifft der Lady Slipper Drive auf den **Blue Heron Drive** im Queens County. Er führt zunächst entlang der zentralen Nordküste bis nach Malpeque, dem Ort, der mit dem **Malpeque Garden** die schönste Gartenanlage Ostkanadas besitzt, durch den Prince Edward Island National Park und dann in Richtung Sü-

Oben: Leuchtturm in den Dünen von Dalvay, Prince Edward Island National Park. Rechts: Charlottetown mit der neugotischen St. Dunstan's Basilica.

den. Kurz vor der Westeinfahrt zum Park kommt man durch **New London**, wo die Schriftstellerin **Lucy Maud Montgomery** 1874 geboren wurde. Sie wuchs in einem kleinen Holzhaus auf, das heute ein Museum ist. Eine der Hauptattraktionen von PEI ist das ★**Green Gables House**, das sich in der Nähe des Cavendish Eingangs zum ★**Prince Edward Island National Park** befindet. Dieses Haus spielt in Montgomerys Kinderbüchern um die sommersprossige *Anne of Green Gables* eine große Rolle. 1908 erstmals veröffentlicht, wurden die Romane zu Bestsellern bei Teenagern in der ganzen Welt, später sogar vom kanadischen Fernsehen verfilmt und für die Bühne umgeschrieben. Während des Charlottetown Festivals im Sommer wird das flotte gleichnamige Musical aufgeführt. „Anne-Fans" können an einer Rundfahrt teilnehmen, die an einige der Handlungsorte des Buchs führt und am Grab der 1942 gestorbenen Schriftstellerin auf dem **Friedhof von Cavendish** endet.

Die schönsten Strände liegen im ★**Prince Edward Island National Park** an der Nordküste, wobei die beliebtesten Cavendish und Brackley Beach sind. Die Strände von Rustico Island und Dalvay sind einsamer. Charakteristisch für die Gegend um **Blooming Point** sind die bis zu 20 m hohen, von Wirbelwinden geformten Dünen. Einer der besten Surfspots Kanadas ist **Stanhope Beach**.

Die warmen Meeresströmungen des Sankt-Lorenz-Golfs sind nur ein Grund, weshalb dieser Nationalpark zu den beliebtesten in ganz Kanada gehört. In den großen Feuchtgebieten leben Kanadagänse, Stock- und Krickenten sowie amerikanische Kragenenten. Vogelliebhaber fahren nach **Brackley Marsh**, wo es unter vielen Vogelarten den großen Blaureiher und manchmal auch den vom Aussterben bedrohten Halsbandregenpfeifer zu sehen gibt. Vogelbeobachtungstouren und Vorträge werden das ganze Jahr über von der Parkverwaltung angeboten.

Foto: Darryl Brooks (Shutterstock)

★Charlottetown

Die Provinzhauptstadt Charlottetown ist die größte Stadt auf Prince
Edward Island. Sie hat 65 000 Einwohner, die ein ruhiges, aber keineswegs
provinzielles Leben führen. Obwohl
Charlottetown die kleinste Provinzhauptstadt Kanadas ist, spielte sie in der
Geschichte des Landes eine wichtige
Rolle, da hier die kanadische Union beschlossen wurde. Die Konferenz wurde
im ★**Province House** gehalten, einem
dreistöckigen georgianischen Gebäude
von 1847. 1864 diskutierten die Dele-
gierten der einzelnen Provinzen, die
„fathers of confederation", im **Confederation Chamber** die Verträge, die 1867
das Canadian Dominion begründeten.

Auf PEI wird großer Wert auf Denkmalschutz gelegt, was in den Seiten-
straßen von **Old Charlottetown** besonders deutlich wird – vor allem hinter
dem Province House in Richtung Hafen
findet man gut erhaltene Holzhäuser
aus der viktorianischen Zeit.

Neben dem Hafen von Charlottetown liegt **Victoria Park.** Dort stehen
einige stattliche Gebäude aus dem 19.
Jh., z.B. das Regierungsgebäude, ein
weißer Bau von 1834. In dem 1877 errichteten viktorianischen Herrenhaus
Beaconsfield hat heute die **PEI Museum & Heritage Foundation** ihren Sitz.
Außerdem kann man im Park gegenüber des Hafens noch Überreste von
Fort Edward sehen, das zu den 1805
errichteten Befestigungsanlagen zum
Schutz des Hafens gehörte.

Das eindrucksvollste moderne Gebäude der Stadt ist das ★**Confederation Centre of the Arts** neben dem Province House. 1964 als Nationaldenkmal
zu Ehren der Verfassungsväter erbaut,
dient es als Kulturzentrum. Es beherbergt ein Theater, eine Bibliothek sowie
eine Kunstgalerie mit über 1500 Werken und eine Sammlung kanadischer
Kunsthandwerks.

Das alljährliche **Charlottetown Festival** findet von Ende Juni bis Mitte September in diesem Kulturzentrum statt.
Jedes Jahr strömen während des Festivals Zehntausende von Besuchern aus

Prince Edward Island 12

ganz Kanada hierher, um Aufführungen von *Anne of Green Gables* oder andere kanadische Musicals zu sehen.

Die Trabrennen im **Driving Park** sind ein weiterer Zeitvertreib während des Sommers. Im August findet hier eine der größten Landwirtschaftsausstellungen Kanadas, die **Old Home Week**, statt.

Nach Charlottetown führt der Blue Heron Drive durch den kleinen Ort Rockey Point um eine Halbinsel südlich der Provinzhauptstadt. In der Nähe liegen **Fort Amherst** und der **Port-La-Joye National Historic Park**, wo im Jahr 1720 etwa 300 französische Siedler an Land kamen und die erste weiße Siedlung Port La Joie auf der Insel gründeten. An der selben Stelle bauten die Briten, nachdem sie die Franzosen 1758 vertrieben hatten, Fort Amherst. Heute sieht man nur noch die Erdwälle, ein kleines Museum erklärt mit einer Ausstellung und einem audiovisuellen Vortrag die Bedeutung der historischen Ereignisse.

Auf der Fahrt zur mittleren Südküste der Insel gibt es einige gute Aussichtspunkte, von denen man einen herrlichen Blick auf die roten Sandsteinklippen hat. In dem kleinen Fischerhafen **Victoria-by-the-Sea** werden im Sommer Theaterstücke im historischen **Victoria Playhouse** aufgeführt. Der Ort ist außerdem ideal, um nach Antiquitäten und Kunsthandwerk zu stöbern oder auf einem alten aufgetakelten Schoner einen Segeltörn zu machen.

KINGS BYWAY DRIVE

Der Kings Byway Drive (380 km) umrundet den Osten der Insel von East Point nach Murray Harbour. Er führt durch Dörfer, deren Aussehen sich seit der Jahrhundertwende kaum verändert hat. Auch in diesem Teil der Insel gibt es schöne Naturschutzgebiete und Bauernhöfe, die Gäste beherbergen.

An der Südostküste der Insel liegt Orwell mit dem ★**Corner Historic Village** aus dem späten 19. Jh., das von der PEI Museum and Heritage Foundation verwaltet wird. Getreide und Vieh werden dort noch fast genauso angebaut bzw. gehalten wie vor hundert Jahren, und die mit Schindeln gedeckten Häuser des Dorfs, die zwischen 1864 und 1896 erbaut wurden, befinden sich noch an ihren ursprünglichen Standorten. Der Sommer ist in Orwell die Zeit der Feste, und jede Woche werden die fröhlichen *Ceilidhs* – schottische Volksmusikfeste – veranstaltet. Beim **Scottish Festival** und den **Highlands Games** Ende August werden Sportwettkämpfe durchgeführt, wie sie die Vorfahren aus Irland und den schottischen Highlands einst austrugen.

Weiter in Richtung Südosten liegt der **Lord Selkirk Provincial Park**. Dort landeten im Jahr 1803 nach einer beschwerlichen Atlantikreise drei Schiffe von der Isle of Skye mit 800 Siedlern aus dem schottischen Hochland, die in der Nähe die **St. John's Presbyterian Church** in dem Dorf Belfast bauten. Auf einem kleinen Umweg gelangt man nach **Point Prim**, dem ältesten Leuchtturm der Insel, der seit 1846 die Schiffe in den Hafen von Charlottetown geleitet.

Auf der Fahrt zum östlichsten Punkt der Insel führt der Kings Byway Drive an der Hafenmündung von **Murray Harbor** vorbei. Dort sind im **Log Cabin Museum** 200 Jahre alte Antiquitäten und Gebrauchsgegenstände aus dem 19. Jh. ausgestellt. Der sehenswerte Ort war früher einmal ein bedeutendes Werftenzentrum.

Im Geschäft der Murray River's Handcraft Co Op Association gibt es eine schöne Auswahl an Kunstgegenständen.

Bei Murray Harbor North kann man vom Seal Cove Campground aus eine **Robbenkolonie** beobachten, und kurz nach Souris gibt es in **Basin Head** ein schön gelegenes **Fischereimuseum**.

PRINCE EDWARD ISLAND (PEI) (☎ 902)

Charlottetown Visitor Information Centre, 178 Water St., Charlottetown, PEI C1E 1B0, Tel. 368-4444, Fax 368-6613, www.gov.pe.ca/visitorsguide.

FLUG: Täglich Direktflüge nach Charlottetown von Montréal, Toronto und Halifax mit Canadian Airlines Int. Air Canada fliegt täglich (ein Zwischenstopp) von Toronto und Montreal (nur Mai-Okt.).

AUTO: Die 12,9 km lange Confederation Bridge verbindet Borden (PEI) und Carleton (New Brunswick) auf dem Festland. Eine Autofähre verbindet Pictou (Nova Scotia) mit **Wood Island** (PEI).

BUS: Mit Doppeldecker-Bussen aus London kann man Charlottetown und die populärsten Attraktionen der Insel auf schönen Sightseeingtouren erkunden.

Abegweit Tours and Travel Agency Inc., 157 Nassau St., Charlottetown PEI C1A 2X3, Tel. 894-9966, www.peisland.com/abegweit/tours.htm.

Acadian Pioneer Village, Juni-Sept. 9.30-19 Uhr, Lady Slipper Drive, Mont-Carmel, www.teleco.org/village.

Acadian Museum, ganzjährig geöffnet, im Sommer 9.30-19 Uhr, Lady Slipper Drive, Miscouche, www.teleco.org/museeacadien.

Lucy Maud Montgomery Museum, Geburtshaus der Autorin, New London, Queens County; **Green Gables Farmhouse**, weltberühmt durch Montgomerys Roman, im PEI-Nationalpark, nahe dem Cavendish-Tor.

Orwell Corner Historic Village, im Sommer Festival mit schottischer Folklore, King's Byway Drive, www.orwellcorner.isn.net.

Log Cabin Museum, Sommer 9-18 Uhr, Murray Harbour. www.peicaps.org.

Basin Head Fisheries Museum, mit Aquarium, im Sommer 9-18 Uhr.

PARKS: **Green Provincial Park**, Lady Slipper Drive, Prince County.

Prince Edward Island National Park, Blue Heron Drive, Queen's County, Nordküste. **Lord Selkirk Provincial Park**, Südostküste.

Charlottetown

Victoria Park, am Hafen von Charlottetown, mit dem **Beaconsfield House**, Sommer 10-16.45, 2 Kent Street, Tel. 368-6603, www.peimuseum.com.

Yeo House, Schiffsbaumuseum, Charlottetown, Mo-Fr 9-17 Uhr, www.peimuseum.com.

Province House National Historic Site, hier fand das historische Treffen der Konföderationsväter statt, Juli und August tägl. 8.30-18 Uhr, übriges Jahr tägl. 9-17 Uhr, Richmond Street/Ecke Georges Street, Tel. 566-7626.

Im **Confederation Centre of the Arts** befindet sich ein Theater, eine Bibliothek und eine Kunstgalerie, Museum Di-Sa 9-17 Uhr, So 12-17 Uhr, 145 Richmond St., Tel. 628-1864, www.confederationcentre.com.

Wanderer und Radsportler können die Insel bestens auf dem größtenteils flachen, 273 km langen Confederation Trail kennen lernen. Er führt zwischen Tignish und Elmira auf umgebauten ehemaligen Schienenwegen vom einen zum anderen Ende der Insel, wobei kleinere Abstecher in Ortschaften abseits der Hauptstrecke möglich sind.

STRÄNDE: Auf Prince Edward Island finden Strandläufer einige der besten Badestrände im östlichen Kanada vor, weil dort das Wasser die höchsten Temperaturen nördlich des US-Bundesstaates Virginia erreicht. Bei Greenwich nördlich des P.E.I. National Park erstrecken sich die Dünen vom einen zum anderen Horizont und in der Regel trifft man dort niemanden an außer den allgegenwärtigen Möwen. Andere fabelhafte Strände liegen auf Panmure Island und in den Red Point Provincial Parks.

WINDSURFING: Rustico Bay an der zentralen Nordküste gilt als bestes Windsurferrevier auf der Insel, weil dort der Küste vorgelagerte Riffs für mächtige Wellen sorgen. Ähnlich günstig sind die natürlichen Verhältnisse im Prince Edward Island National Park, bei Covehead und North Lake. Bei Südwind sammelt sich die Surfergemeinde meist an der Südküste von P.E.I. – am Souris Beach und am Basin Head, wo man auch als Badeurlauber an den wunderschönen Stränden seine Freude haben kann.

Prince Edward Island 12

Western Brook Pond im Gros Morne
National Park

Foto: Manfred Braunger

NEUFUNDLAND UND LABRADOR

ST. JOHN'S
UNTERWEGS IN NEUFUNDLAND
WILDNIS LABRADOR

NEUFUNDLAND UND LABRADOR

Die Provinz Neufundland und Labrador – meist einfach nur Neufundland genannt – wurde erst nach dem Zweiten Weltkrieg Mitglied des Canadian Dominion. Vor dem Beitritt zum kanadischen Staatenbund im Jahr 1949 war diese jüngste Provinz Kanadas 250 Jahre lang eine englische Kolonie.

Die Gesamtfläche von Neufundland und Labrador ist mit über 400 000 km² größer als die der meisten Staaten Europas. Das raue, aber wunderschöne, etwa 100 000 km² große Neufundland mit zerklüfteten Bergen, bewaldeten Flusstälern und der windgepeitschten Tundra liegt zwischen dem St.-Lorenz-Golf und dem Atlantik. Die Bevölkerungsdichte im unwirtlichen Landesinneren ist sehr gering; die Meisten wohnen in den wenigen Städten, Orten und abgelegenen Fischerdörfern an den Buchten und Flussmündungen der Küste.

Über ein Fünftel der Bevölkerung lebt in der Provinzhauptstadt St. John's, auf einer Halbinsel an der Südostküste Neufundlands. Die zweitgrößte Stadt der Provinz ist Corner Brook im äußersten Westen Neufundlands, der größtenmäßig die Städte Gander und Grand Falls folgen.

Labrador liegt im äußersten Osten des kanadischen Festlands und ist, bis auf 30 000 Menschen in winzigen Siedlungen entlang der Küste sowie rund um die Wasserkraftwerke und Erzbergwerke im Inneren, weitgehend unbewohnt. Im Süden und Westen grenzt Labrador an Québec, im Osten an den stürmischen Nordatlantik. Die Meeresenge Strait of Belle Isle trennt es von der Insel Neufundland. Der Entdecker Jacques Cartier nannte dieses Gebiet „Kains Land", was durchaus passend ist, wenn man bedenkt, dass der Seefahrer auf der Suche nach den Reichtümern Chinas war. Es gibt dort zwar Berge von bis zu 1700 m und mächtige Klippen an der Küste, doch das Landesinnere besteht aus endlosem Waldland, das gen Norden in karge Tundra übergeht. Karibuherden ziehen durch die subarktischen Weiten.

Seit über 400 Jahren schon leben die Bewohner Labradors und Neufundlands in erster Linie vom Fischfang. Vor Neufundlands Ostküste liegen die *Grand Banks*, lange Zeit die reichsten Fischgründe der Welt. Das Flachwassergebiet reicht etwa 480 km in den Atlantik hinaus und versorgte sowohl einheimische Fischer als auch internationale Fangflotten über die Jahrhunderte hinweg mit Kabeljau und Hering. Seit

Links: Zwei Neufundländer am Cape Spear, Neufundland.

13 Neufundland / Labrador

NEUFUNDLAND UND LABRADOR

Anfang der 1990er Jahre jedoch sind die Grand Banks leer – Überfischung mit 80 km langen Schleppnetzen und eine fehlgeleitete Fischereipolitik haben zu dieser katastrophalen Situation geführt. 1992 musste die kanadische Regierung den Kabeljaufang deshalb bis auf weiteres verbieten und machte so praktisch über Nacht 25 000 neufundländische Fischer arbeitslos. Zwar sind auch Forstwirtschaft und Bergbau bedeutende Zweige der hiesigen Wirtschaft, doch die Arbeitslosigkeit bleibt ein großes Problem in dieser ärmsten Provinz Kanadas. Mit der Suche nach Ölvorkommen im Festlandssockel vor der Küste Neufundlands hofft man auf eine erhebliche Verbesserung der Zukunftsaussichten für die Wirtschaft der Provinz.

Etwa 98 % der knapp 600 000 Bewohner Neufundlands wurden hier geboren und haben Englisch zur Muttersprache. Aus diesem Grund gilt die Bevölkerung Neufundlands als die homogenste aller kanadischen Provinzen. Die einzigen Ausnahmen von dieser Regel bilden die kleinen Gebiete, in denen französischsprachige Akadier und Québecer leben sowie die wenigen verstreuten Inuitgemeinden.

Aufgrund der geografischen und kulturellen Isolation vom übrigen Kanada fand in Neufundland eine recht eigenständige kulturelle Entwicklung statt – in mancherlei Hinsicht scheint es gar so, als seien die Neufundländer eine separate Nation. Ihre Sprache ist durch zahllose lokale Dialekte sowie spezielle Redewendungen – insbesondere aus den Bereichen Wetter und Fischerei – gefärbt. Manche Dialekte klingen ungewöhnlich altertümlich und erinnern an die Vorfahren aus Mittelengland und Irland. So groß ist der Unterschied zum Hochenglisch, dass es sogar ein eigenes Wörterbuch gibt! Wahrscheinlich sind diese Unterschiede auch der Grund, weshalb sich die Kanadier gerne über die kauzigen „Newfies" lustig machen und Witze über sie erzählen.

» Karte S. 228-229, Info S. 239

Foto: Ashley Burke (Shutterstock)

★ST. JOHN'S

Die ca. 55 000 Einwohner große Provinzhauptstadt Neufundlands liegt am Ostrand der Avalon Peninsula und ist schon lange Zentrum der Provinz. Sie gehört zu den ältesten Städten Nordamerikas und wurde von dem Seefahrer John Cabot getauft, der die Insel am 24. Juni 1497, dem St. John's Day, erreichte und sie das „new found land" – das neu entdeckte Land – nannte.

Anfang des 16. Jh. wuchs St. John's dank seines Hafens sehr schnell und war bereits 1534, als der französische Seefahrer Jacques Cartier ankam, ein bei Fischern aus ganz Europa beliebter Ankerplatz und Handelszentrum. Die Stadt wurde wegen ihrer strategisch wichtigen Lage und der blühenden Fischereiindustrie über 200 Jahre lang von England, Frankreich, Portugal, Spa-

nien und Holland umkämpft. Zu dieser undankbaren Rolle als Spielball der Großmächte kamen fortwährende Piratenüberfälle.

Die Hauptkonkurrenten bei diesen Kämpfen um die Herrschaft über St. John's waren Engländer und Franzosen, doch erst 1762 erlangten die Engländer endgültig die Herrschaft über die Stadt, als sie die Franzosen in Europa im Siebenjährigen Krieg besiegten. Von diesem Zeitpunkt an blieb St. John's fest in britischer Hand.

Während des 19. Jh. gab es drei große Brände in der Stadt, durch die die meisten Gebäude zerstört, aber jedes Mal von den Bewohnern wieder aufgebaut wurden. Heute kann man entlang der **Water Street**, die nach 400 Jahren immer noch das Handelszentrum der Stadt ist, kaum noch Erinnerungen an die Anfangszeit der Siedlung sehen. Um das Einkaufszentrum der **Murray Premises**, einem restaurierten Handelskomplex aus dem frühen 19. Jh., herrscht stets emsiges Treiben. Neben den Geschäften und Restaurants gibt

Oben: Das Geschäftszentrum von St. John's, überragt von der Basilica of St. John the Baptist. Rechts: Der Cabot Tower erinnert an den 400. Jahrestag der Entdeckung der Insel.

Foto: Heike & Bernd Wagner

es auch das ★**Newfoundland Museum** mit einer ständigen Ausstellung über die Beziehung der Stadt zum Meer, die jeden Aspekt, von Seeschlachten bis hin zur Ozeanografie, aufgreift.

An einigen Gebäuden in der Stadt wird der britische Einfluss besonders deutlich. Das **Commissariat House** an der King's Bridge Road beispielsweise ist ein restauriertes Gebäude im georgianischen Stil aus dem Jahr 1830, in dem einst der Assistant British Commissary General wohnte. Das Kommissariat und die nahegelegene **Church of St. Thomas** aus dem Jahr 1836 sind zwei der wenigen Gebäude, die den Flammen der großen Brände entgingen.

In der Innenstadt stehen zwei National Historic Sites nebeneinander. Die ★**Cathedral of St. John the Baptist** an der Military Road hat die Form eines Kreuzes. Sie beherbergt eine Sammlung wertvoller Statuen und ihre Decke ist mit feinen Blattgoldverzierungen geschmückt. Der Bau dieser majestätischen Kirche dauerte von 1842 bis 1892. In der Nähe befindet sich auf dem

Church Hill die **Anglican Cathedral of St. John the Baptist** aus der Mitte des 19. Jh. Sie gilt als eines der besten Beispiele neugotischer Kirchenarchitektur in Nordamerika.

Der ★**Signal Hill National Historic Park** auf dem gleichnamigen Hügel ist der bedeutendste historische Ort in St. John's. Der Park befindet sich auf einem 170 m hohen Felsen und bietet einen fantastischen Blick auf die Stadt, den Hafen und die Steilküste bis hin zum Cape Spear, dem östlichsten Punkt der Neuen Welt. Aufgrund seiner strategisch wichtigen Lage wurde der Signal Hill schon vor mehr als 400 Jahren als Beobachtungsposten genutzt, damit man bei nähernden feindlichen Schiffen rechtzeitig Alarm schlagen konnte. Hier fand 1762 die entscheidende Schlacht zwischen den Engländern und Franzosen im Siebenjährigen Krieg statt. Signal Hill ist auch der Ort, an dem der berühmte Erfinder Gugliemo Marconi am 12. Dezember 1901 das erste transatlantische Funksignal empfing. Der Cabot Tower, der zwischen 1898 und 1900 zur

13 Neufundland / Labrador

Erinnerung an die Vierhundertjahrfeier der Ankunft von John Cabot hier errichtet wurde, diente bis 1960 als Funkstation. Im Signal Hill Interpretation Centre wird Besuchern die Militärgeschichte Neufundlands nahe gebracht. Neben dem Interpretation Centre befindet sich der **Gibbet Hill**, ein berüchtigter Ort, an dem einst Verbrecher zur Abschreckung am Galgen baumelten.

Eines der reizvollsten Gebiete von St. John's ist das kleine Fischerdorf **Quidi Vidi**, das nördlich des Signal Hill am Ende einer schmalen Bucht liegt. Auch hier stand einst eine Festung, und von der restaurierten ★**Battery** aus (sie wurde ursprünglich von den Franzosen erbaut) hat man einen schönen Blick auf das Dorf.

Avalon Peninsula

Auf der Route 10 kommt man nach 11 km im Süden von St. John's zum **Cape Spear National Historic Site**, wo sich der östlichste Punkt des nordamerikanischen Kontinents befindet. Hier steht der älteste Leuchtturm Neufundlands, der noch von Hand bedient wird. Er ist unter der Bezeichnung *1835 Lighthouse* bekannt, wurde restauriert und in ein Museum umgewandelt.

Wenn man entlang der Küste der Halbinsel weiter in Richtung Süden nach **Bay Bulls** fährt, hat man von Mitte Juni bis Mitte September die Möglichkeit, an Bootsfahrten zu den drei Inseln im **Witless Bay Islands Ecological Reserve** teilzunehmen. Man darf die Inseln zwar nicht betreten, doch man kann nahe genug heranfahren, um Hunderttausende von Dreizehenmöwen, Sturmschwalben, Papageientaucher und Tölpel zu beobachten, die hier jeden Sommer nisten. Und auf der Fahrt von oder zu den Inseln bekommt man möglicherweise auch **Wale** zu sehen.

Am **Mistaken Point** ganz im Süden sind zahlreiche präkambrische Fossilien zu entdecken (UNESCO-Welterbe).

Ein weiteres Ausflugsziel, das in zwei Stunden über den Trans Canada Highway in Richtung Süden auf der Route 100 erreicht werden kann, ist der historische Ort **Placentia** und der ★**Castle Hill National Historic Park**. Zu Beginn des 16. Jh. kamen baskische Fischer aus Spanien an diesen Teil der Küste der Avalon Halbinsel, doch eine Siedlung wurde erst gegründet, als die Franzosen im Jahr 1662 eintrafen. Sie nannten den Ort Plaisance, machten ihn zur Hauptstadt von „Terre Neuve" und errichteten auf Meereshöhe und auf den Hügeln in der Umgebung Befestigungsanlagen, von denen aus sie während des späten 17. und frühen 18. Jh. Angriffe auf die britische Festung in St. John's starteten.

Nachdem den Engländern im Frieden von Utrecht formell die Herrschaft über Neufundland zuerkannt wurde, nannten sie den Ort Placentia und errichteten ihr eigenes Fort, Castle Hill. Die Überreste der französischen und englischen Verteidigungsanlagen können besichtigt werden, ebenso die Exponate im Informationszentrum des Parks.

UNTERWEGS IN NEUFUNDLAND

Der **Trans Canada Highway** ist die einzige Straße, die St. John's mit Port-aux-Basques im äußersten Südosten der Insel verbindet. Die Strecke ist 904 km lang. Von Norden nach Süden zweigen unterwegs zahlreiche Nebenstraßen zu kleinen, malerischen Fischerdörfern an der Küste ab, in denen man noch das wahre Neufundland erleben kann.

Wenn man auf dem Trans Canada Highway in westlicher Richtung fährt, lässt man zunächst die Avalon Peninsula hinter sich und erreicht bald die Ausfahrten zu zwei ebenso schönen Halbinseln: Bonavista im Norden und Burin im Süden. Das ★**Cape Bonavista** an der Spitze der **Bonavista Peninsula** liegt 120 km nördlich des Trans Canada Highways an der Route 230, einer typischen Provinzstraße, die durch eines

---

Rechts: Trinity bei Sonnenuntergang.

Foto: Marketa Ebert (iStockphoto)

der frühesten Siedlungsgebiete der Provinz führt.

Wenn man zum ersten Mal nach Neufundland kommt, bietet diese Strecke eine gute Einführung in das einfache Leben der Neufundländer, das sich hier ausschließlich um die Fischerei und um die anderen unzähligen Arbeiten dreht, die mit dem Leben am Meer verbunden sind. Die meisten Häuser entlang der Landstraßen und in den Dörfern sind im simplen, aber oft farbenfrohen Stil der Insel gebaut.

Bei Frühlingsanfang kommen die Kanadagänse in ihre Nistgebiete an der Nordküste der Bonavista Peninsula. Sie versammeln sich im Vogelschutzgebiet, das eingerichtet wurde, um sie während ihrer Brutzeit vom Frühlingsanfang bis zum Herbst zu schützen.

In den Wäldern der Halbinsel leben viele Elche. Wenn man mit dem Auto unterwegs ist tut man gut daran, unter der gesetzlichen Höchstgeschwindigkeit zu bleiben, da man nie weiß, ob im nächsten Augenblick nicht einer dieser Könige der Wälder die Straße über-

quert. Tatsächlich wurden direkt an der Straße zum Kap sogar schon Schwarzbären gesehen.

Man nimmt an, dass John Cabot nach der Überquerung des Atlantiks bei seiner Ankunft in der Neuen Welt am 24. Juni 1497 zuallererst Cape Bonavista erblickte. Der rot-weiß gestrichene, gedrungene **Cape Bonavista Leuchtturm** wurde im Jahr 1843 erbaut und beherbergt heute ein Museum, in dem die Fremdenführer Kostüme aus jener Zeit tragen.

Der Ort Bonavista war bereits zu Beginn des 17. Jh. ein bedeutender britischer Fischerort und erreichte Anfang des 19. Jh. seine Glanzzeit, als er aufgrund der reichen Ausbeute zu einem der wichtigsten Fischereizentren Neufundlands wurde. Noch heute sieht man unten am Hafen einige alte Fischerhütten und Trockengestelle, die vor der Entwicklung der großen Tiefkühlhäuser und dem Bau von Lager- und Verpackungsfabriken benutzt wurden. Im Herzen der Stadt steht noch ein alter **Whipping Post**, an dem die Dorf-

Neufundland / Labrador

13

bewohner, die ein Vergehen begangen hatten, ausgepeitscht wurden.

Ein anderer geschichtlich bedeutsamer Ort ist ★**Trinity**, das im Jahr 1615 von Fischern aus dem Westen Englands gegründet wurde und heute als schönstes Dorf der Insel gilt. Es gibt zwei ausgesprochen gut erhaltene 150 Jahre alte Kirchen und mehrere andere Gebäude aus dem 19. und frühen 20. Jh. Das **Hiscock House** ist ein restauriertes Handelshaus, das Besuchern einen Einblick in das Landleben zur Zeit um die Jahrhundertwende gewährt.

In gegensätzlicher Richtung zur Bonavista Peninsula liegt die **Burin Peninsula**, die in der Form eines Stiefels in den atlantischen Ozean hinausragt. Man erreicht sie, wenn man vom Trans Canada Hwy. in südlicher Richtung auf der Route 210 fährt. Die Straße durchquert ein trostloses, felsiges Gebiet mit Sümpfen und Mooren, bis sie zur größten Stadt der Halbinsel, **Marystown**, gelangt. Der Ort ist noch heute ein Schiffbauzentrum. Anfang des 20. Jh. wurden hier einige der Trawler gebaut, die zu einer der größten Fischfangflotten der Welt gehörten. Die meisten Dorfbewohner an der Südspitze der Halbinsel sind Fischer.

Setzt man seine Reise auf dem Trans Canada Highway in Richtung Westen fort, so gelangt man als nächstes zum ★**Terra Nova National Park**. Hier kann man an den vielen Seen und Bächen des Parks zelten, durch die dichten Wälder im Park spazieren oder aber einfach in einer geschützten Bucht ausspannen. Etwas anstrengendere Beschäftigungen wie Rad- und Kanufahren oder mehrtägige Trekkingtouren in der Wildnis sind ebenfalls möglich. Die Parkverwaltung bietet geführte Wanderungen an, und es gibt zwei Freilichtbühnen, auf denen Live-Aufführungen und Informationsfilme gezeigt werden.

Zwischen dem Park und der Nordküste gibt es noch einige Ziele, die einen Abstecher lohnen. Als eines der faszinierendsten gilt die **Road to the Isles**,

Oben: Western Brook Pond. Rechts: Treibende Eisberge vor der Küste Neufundlands bei Twilingate.

Foto: Rockwaters (Dreamstime)

die an der Abfahrt namens Notre Dame Bay am Trans Canada Highway beginnt und durch baumlose Wildnis zum Insellabyrinth der Notre Dame Bay führt.

Das größte und schönste Dorf der durch Dämme und Brücken miteinander verbundenen Inseln ist **Twillingate**, das alte Zentrum der Labradorfischerei. Auf dem Weg dorthin oder vom örtlichen Leuchtturm kann man bis in den Juni hinein nach **Eisbergen** Ausschau halten. Die vor der Küste nach Süden treibenden Giganten verirren sich oft hierher. Ihr Eis ist Tausende von Jahren alt und schimmert im Licht der Sonne oft blau oder grün.

Der andere Nationalpark Neufundlands ist der ★★**Gros Morne National Park**. Er befindet sich an der Westküste der Insel, in einer der wildesten und schönsten Regionen Ostkanadas und wurde wegen seiner einzigartigen geologischen Formationen zum UNESCO-Welterbe erklärt. In der Seen- und Berglandschaft mit den gewaltigen Fjorden leben mehr als 200 Vogelarten und große Rentierherden. Die Landschaft ist ideal zum Zelten und Wandern. Es gibt über 150 Campingplätze und Wanderwege, die tief in das wilde Innere des Parks führen. Weniger Abenteuerlustige können kurze, gut ausgebaute Pfade durch Birken- und Espenwälder wählen, wie beispielsweise den schönen Fußweg zum ★★**Western Brook Pond**. An der Anlegestelle kann man ein **Motorboot** besteigen und eine Fahrt durch diesen 16 km langen **Fjord** unternehmen, der von bis zu 600 m hohen Klippen und Wasserfällen gerahmt wird.

Weiter nördlich an der Westküste Neufundlands liegen die beiden National Historic Parks Port au Choix und L'Anse-aux-Meadows. In dem Fischerdorf ★**Port au Choix** wurden prähistorische Begräbnisstätten der Küstenindianer, die bereits vor etwa 5000 Jahren an den Küsten Labradors und Neufundlands lebten, ausgegraben. Mit Hilfe ihrer einfachen Harpunen, Lanzen und Wurfpfeile mit Steinspitzen ernährten sich die Indianer von dem, was das Meer und das Land ihnen gaben. Bei den Ausgrabungen in Port au Choix

Foto: Manfred Braunger

1962 wurden viele solcher Werkzeuge in den Gräbern gefunden.

160 km weiter nördlich an der Spitze von Neufundland liegt ★★**L'Anse-aux-Meadows**, der Ort, an dem Wikinger aus Grönland bereits 500 Jahre vor der Entdeckung des „new found land" durch John Cabot siedelten. Dieser Ort zählt zum Weltkulturerbe der UNESCO. Anfang der 1960er Jahre wurde diese altnordische Siedlung von norwegischen Archäologen entdeckt: Mit Hilfe der Radiokarbonmethode konnte man feststellen, dass sie etwa 1000 Jahre alt ist – die älteste europäische Siedlung in Nordamerika. Man fand die Fundamente einiger Grassodenhäuser, wie sie die Wikinger in Skandinavien bauten. Im Besucherzentrum oberhalb der Ausgrabungsstätte sind viele der gefundenen Artefakte ausgestellt.

Die oben beschriebene Route beginnt in der Provinzhauptstadt St. John's und führt in Richtung Westen, doch viele beginnen ihre Neufundlandtour mit dem Auto an der Westküste und fahren dann in Richtung Osten. Per Auto erreicht man Neufundland von North Sydney in Nova Scotia mit **Autofähren** von Marine Atlantic, die sowohl Port-aux-Basques an der Südwestküste als auch Argentia zwei Stunden südlich von St. John's bedienen. Die Fähre von North Sydney nach Port-aux-Basques verkehrt das ganze Jahr über, die Überfahrt dauert sechs Stunden. Die Fähre nach Argentia ist nur im Sommer in Betrieb und benötigt 18 Stunden. Viele Besucher kommen mit der einen Fähre und verlassen Neufundland mit der anderen. Auf den Fähren kann man sich in bequemen Kabinen einmieten oder die Betten im Schlafsaal in Anspruch nehmen, für die man Decken und Kopfkissen gestellt bekommt.

Oben: Präkambrisches Gestein im Gros Morne Nationalpark. Rechts: Flechten, Moose und Ericaceen prägen die Tundra.

IN DER WILDNIS VON LABRADOR

Die Naturgebiete Labradors sind – im Gegensatz zum längst touristisch erschlossenen Yukon (U.S.A.) – Nordamerikas letzte Wildnis. Hier herrscht Mutter Natur noch relativ souverän über die endlosen Wälder, Tundren und Küsten.

Aufgrund des kurzen, kühlen Sommers und des langen, eisigen Winters zieht Labrador nur eine kleine Schar von Abenteurern an. Schon die Fortbewegung von einem Ort zum anderen wird hier oft wegen der schlechten Verbindungen zu einem Abenteuer.

Da Labrador in der Nähe der Arktis liegt, ist das Wetter grundsätzlich unvorhersehbar. Die meisten Besucher kommen zwischen Juni und September. Hin und wieder wurde sogar von Schneefällen Ende Juni berichtet, doch im allgemeinen sind die Temperaturen zu dieser Zeit angenehm. Wer so weit in den Norden fährt, kann hier das wunderschöne Schauspiel des Nordlichts (Polarlichts) am Nachthimmel erleben.

Wer eine Reise nach Labrador plant, sollte bedenken, dass es dort nur wenige Straßen gibt und die Fortbewegung viel Zeit und Improvisationskunst erfordert. Das Straßennetz wird zur Zeit zwar immer mehr ausgebaut – seit dem Jahr 1992 verbindet die Route 500 Labrador City mit Happy Valley-Goose Bay – doch die Mehrheit der Besucher kommt sowieso hierher, um so viel Zeit wie nur möglich abseits der Zivilisation zu verbringen.

Während die eingeborenen Inuit und Innu-Völker bereits seit Tausenden von Jahren hier lebten, kamen die ersten Europäer erst im 16. Jh. nach Labrador. Damals waren es baskische Walfänger aus Spanien, die die Küstensiedlung Red Bay gründeten.

Verständlicherweise hat das Leben unter so harten und feindlichen Bedingungen die Kulturen der einheimischen Völker stark beeinflusst. So ist ihr Alltag von Respekt vor der Natur geprägt, und die Rituale und Traditionen sind seit

Foto: Volkmar E. Janicke

jeher darauf ausgerichtet, eine harmonische Beziehung mit der Umwelt zu erhalten.

Die meisten der 30 000 Bewohner der riesigen Fläche von fast 276 000 km² leben in und um die Kleinstädte **Happy Valley-Goose Bay**, **Churchill Falls**, in der **Wabush** / **Labrador City Region** und in Fischerdörfern an der Ostküste.

Als baskische Walfänger 1543 nach Labrador kamen, entwickelte sich ihr Küstendorf **Red Bay** rasch zu einer der größten Walfangstationen der Welt. Archäologenteams, die hier jeden Sommer arbeiten, haben inzwischen mehrere Schiffswracks aus dem 16. Jahrhundert und viele Werkzeuge und Artefakte gefunden, die diese frühen Siedler benutzten. Zwischen Mitte Juni und Ende September können die Besucher von Red Bay im **National Heritage Site Visitor Centre** die Funde, darunter insbesondere eine 450 Jahre alte baskische Walfänger-Schaluppe besichtigen. Red Bay zählt seit 2013 zum UNESCO-Welterbe.

Viele der ersten Siedler kamen ge-

13 Neufundland / Labrador

» **Karte S. 228-229, Info S. 239**

Foto: Marcel Gignac (Ministère du Tourisme du Québec)

gen Ende des 17. und Anfang des 18. Jahrhunderts von Neufundland nach Labrador und errichteten in der Nähe von Red Bay sowie weiter nördlich die ersten temporären Fischerdörfer. Mit den Jahren wurden diese schließlich zu ständigen Siedlungen, und viele Bewohner der heutigen Küstendörfer, wie Forteau, Pinware, Lodge Bay und Mary's Harbour, sind Nachkommen dieser frühen Siedler.

Im **Labrador Heritage Society Museum** in **Happy Valley-Goose Bay** mit seinen Manuskripten, Büchersammlungen, Fotografien und anderen Exponaten erfährt man mehr über die Geschichte Labradors, das Land und die Menschen. Zu den Exponaten gehört auch eines der Trapperzelte, wie sie einst in der Wildnis benutzt wurden. Heute ist Goose Bay der Sitz der Bezirksregierung, und von hier aus wird die ganze Küstenregion mit Waren versorgt.

Der bis Goose Bay asphaltierte, an-

sonsten stark vom Wetter abhängige **Trans Labrador Highway** (Route 500) führt zu Hunderten von Flüssen und Seen in der Wildnis; insbesondere ziehen sie Sportfischer an, die hier nach den angeblich besten Lachsen und Forellen ganz Nordamerikas angeln.

Bei **Churchill Falls**, tief im Landesinneren Labradors, wird die Wildnis kurz durch eine furchteinflößende, vom Menschen geschaffene Konstruktion unterbrochen: Hier befinden sich die gewaltigen Turbinen eines der größten Wasserkraftwerke der Welt. Die Fläche des größten Stausees ist so groß wie Sizilien (3520 km²). Der Strom wird bis nach Québec geleitet.

Churchill Falls ist einer der wenigen Vorposten der Zivilisation im subarktischen Landesinneren Labradors. Da der Großteil Labradors noch immer nicht über Straßen erreichbar ist, wenden sich Jäger und Angler meistens an lizenzierte Outfitter, die sie mit Wasserflugzeugen zu den Camps und Lodges in den erstklassigen Jagd- und Angelgebieten der Wildnis fliegen.

Oben: Anglerträume werden in den Flüssen von Labrador wahr.

 » Karte S. 228-229, Info S. 239

NEUFUNDLAND (☎ 709)

Tourism Newfoundland & Labrador, P.O. Box 8700, St. John's, Newfoundland A1B 4J6, 1-800-563-6353, www.newfoundlandandlabradortourism.com.

Labrador Lake Melville Tourism Association, P.O. Box 148, Stn C, Happy Valley-Goose Bay, NL A0P 1C0, Tel. 709-896-4724, Fax 709-896-7081, llmta@tourismlabrador.com. www.tourismlabrador.com.

FLUG: Air Canada, Canadian Airlines und deren regionale Fluggesellschaften fliegen regelmäßig von kanadischen und amerikanischen Großstädten nach St. John's und zu anderen Zielen in Neufundland (von Deutschland mit British Airways via London).

FÄHRE: Das ganze Jahr verkehren die Autofähren von Marine Atlantic (Tel. 1-800-341-7981) täglich von North Sydney, Nova Scotia nach Port-aux-Basques, Neufundland (im Sommer bis zu 5x tägl.). Die Überfahrt dauert ca. 6 Std. Die Tickets müssen telefonisch vorbestellt und 1,5 Std vor Abfahrt am Fährterminal abgeholt werden. Im Sommer (Mitte Juni bis Mitte Sept., 3x tägl.) verkehrt eine Fähre von North Sydney, Nova Scotia nach Argentia, Neufundland – Dauer 18 Std; es gibt Platz für einige Autos. Info: Marine Atlantic Reservations Bureau, Tel. 1-800-341-7981, www.marine-atlantic.ca.

BUS: Mehrere Buslinien stellen die Verbindung zwischen den Häfen und Städten des Landes her. **DRL Coachlines** (Tel. 709-263-2171, www.drlgroup.com) verkehrt täglich auf der Stecke von Port-aux-Basques nach St. John's. Die Fahrt dauert ca. 13 Stunden.

AUTO: Port-aux-Basques im Westen Neufundlands und St. John's im Osten sind über den 904 km langen Trans Canada Highway miteinander verbunden.

St. John's

Quintanas and Arribas, mexikanische Spezialitäten, Churchill Square, Tel. 753-6108.

Classic Café East, für Super-Frühstück bekanntes Bistro, 73 Duckworth St., Tel. 579-4444.

Peaceful Loft, vegan, sehr gute und zugleich sehr preiswerte fleischlose chinesische Gerichte, 250 Duckworth St., Tel. 701-8421.

Devon House Craft Center, in einem alten Gebäude stellt die Newfoundland and Labrador Crafts Development Association käufliche kunstgewerbliche Arbeiten aus, 59 Duckworth St., Tel. 709-753-2749.

Newfoundland Weavery, hübsche Reisemitbringsel, u. a. Keramik und Zinnarbeiten, 177 Water St., Tel. 709-753-0496.

TOUREN: Adventure Tours, ganzjährig Touren mit einem altmodischen Segelschiff mit unterschiedlichen Zielen und Tourlängen, P.O. Box 116, St. John's, Tel. 709-726-5000, Fax 709-754-1672, www.nfld.com/scademia.

Gatherall's Puffin & Whale Watch, Schiffsausflüge zur Naturbeobachtung mit Walen und Meeresvögeln, Northside Rd., Bay Bulls südlich von St. John's, Tel. 709-334-2887, Fax 709-334-2176, mgwhales@nf.aibn.com, www.gatheralls.com.

Happy Valley-Goose Bay

Maxwell's & Bentley's, Maxwell's heißt der Nightclub mit Bar und Dance Floor, Bentley's das Restaurant (Steaks, Burger, Chicken, Seafood), 97C Hamilton River Rd., Tel. 709-896-3565.

Labrador Heritage Society Museum, Ausstellungen über die Geschichte und Lebensweise der Menschen von Labrador (geöffnet nur nach Anmeldung), Northwest River, Goose Bay, Tel. 709-497-8858.

Northern Lights Building, das Museum stellt Wildtiere der Region wie Bären, Wölfe, Luchse, Biber und Weißkopfadler aus, zudem Spielzeugzüge, Di-Sa ab 10 Uhr, 170 Hamilton River Rd., Goose Bay, Tel. 709-896-5939. Angeschlossen ist das **Northern Lights Military Museum**.

13 Neufundland / Labrador

REISEVORBEREITUNGEN

Klima und Reisezeit

Das Klima der Küstenregionen wird vom Atlantik beeinflusst, was während einer Hitzeperiode oder dann, wenn im Binnenland strenger Frost herrscht, sehr angenehm sein kann. Das gleiche gilt für die Küstenregionen der Großen Seen. Im St.-Lorenz-Tiefland kann es im Sommer unerträglich schwül werden. Hitzeperioden werden oft durch heftige Stürme mit Regen und Gewitter abgelöst.

Der kanadische Winter kann bekanntermaßen sehr kalt werden – die Temperaturen in Ottawa liegen im Durchschnitt unter denen von Moskau –, aber während der Kälteperioden herrscht meist klarer, blauer Himmel.

Wenn Sie mit dem Auto unterwegs sind, achten Sie unbedingt auf Warnungen vor Schneestürmen und Blizzards. Es kann fatal werden, wenn Sie bei einem solchen Unwetter steckenbleiben.

Der Frühling in Kanada ist kurz, aber angenehm, vor allem für die Kanadier, die vier Monate Winter hinter sich haben. Allerdings ist ein Schneesturm spät im April oder sogar noch Anfang Mai nichts außergewöhnliches. Im Herbst, der Mitte September einsetzt, gibt es kalte Nächte und milde, sonnige Tage. In dieser Zeit kommen wahre Touristenströme wegen des einzigartigen Farbenspiels in den kanadischen Wäldern (Indian Summer) hierher. Schneefall kann schon Anfang Oktober einsetzen.

Die beste Reisezeit für Ontario, Québec und die Atlantikprovinzen hängt davon ab, was man vorhat. Für Wintersport sind die Laurentides im Norden von Montréal oder die Cantons de l'Est im Südosten bestens geeignet.

Karneval kann man in Québec City und in Ottawa (*Winterlude Festival*) gut feiern. In der warmen Jahreszeit findet man überall Plätze zum Schwimmen, Bootfahren oder Wandern.

Die National- und Provinzparks öffnen im allgemeinen am Wochenende des Victoria Day (um den 22. Mai).

Tagestemperaturen (min./max.) zwischen Mai und Oktober in °C

	Mai	Juli	Okt.
Ottawa	7/19	15/26	3/13
Montréal	7/19	16/26	4/13
Gaspé	1/13	11/23	1/11
Moncton	4/16	13/25	2/13
St. John's	2/11	11/21	4/11
Halifax	4/14	14/23	5/12
Charlottetown	4/14	14/23	5/12

Kleidung

Die Jahreszeit entscheidet über die Größe Ihres Koffers. Im Winter brauchen Sie einen warmen Mantel, Schals, Pullover, Wollstrümpfe, wetterfeste Stiefel und dicke Handschuhe. Baumwollkleidung ist im Sommer geeignet, wobei Sie daran denken sollten, dass die Nächte, vor allem an der Küste, kühl sein können. Und natürlich wird es regnen. Wanderstiefel und bequeme Schuhe sind wichtig, wenn man sich in den National- und Provinzparks aufhält oder längere Stadtspaziergänge machen will.

Einreisebestimmungen

Aktuelle Infos zu Einreisebedingungen in Pandemiezeiten, **Impf- und Testvorschriften**: siehe **https://travel.gc.ca/** und **www.auswaertiges-mt.de**.

Staatsbürger Deutschlands, Österreichs und der Schweiz können mit einem gültigen **Reisepass** ohne Visum zu Urlaubs-, Besuchs- oder geschäftlichen Zwecken (nicht zur Arbeitsaufnahme!) bis zu 6 Monaten einreisen. Die **eTA** (Electronic Travel Authorization) ist verpflichtend für Reisende, die für Kanada kein Visum benötigen und per Flugzeug anreisen. Siehe http://www.cic.gc.ca/english/visit/eta.asp.

Kinder brauchen einen eigenen Reisepass. Außerdem muss ein Nachweis über die gesicherte Finanzierung des Aufenthalts und der Rückreise (z. B.

Rückflugticket) erbracht werden.

Bei Reisen von Kindern und Jugendlichen unter 18 Jahren, die alleine oder nur mit einem Elternteil bzw. einem Vormund oder einer dritten Person nach Kanada reisen, muss eine Kopie der Geburtsurkunde und eine Einverständniserklärung der nicht mitreisenden Elternteile bzw. des Vormunds mitgeführt werden. Einverständniserklärungsformular: www.canadainternational.gc.ca.

Landwirtschaftliche Produkte und Nahrungsmittel müssen bei der Einreise deklariert werden (siehe: www.cbsa-asfc.gc.ca; www.inspection.gc.ca).

Zollbestimmungen

Zahlungsmittel ab einem Gegenwert von 10 000 CAD müssen bei Einreise deklariert werden. Folgende Waren können von Reisenden über 16 Jahren zollfrei eingeführt werden: 50 Zigarren oder 200 Zigaretten oder 200 g Tabak. Das gesetzliche Mindestalter für die Einfuhr von Alkoholika liegt bei 18, in manchen Provinzen bei 19 Jahren; erlaubt sind: 1,1 l Spirituosen oder 1,5 l Wein, oder 8,5 l Bier (Anmeldung beim Zoll obligatorisch).

Sportausrüstung kann mitgebracht werden. Die Einfuhr von Schusswaffen ist verboten, ausgenommen Jagdgewehre. Diese können mit einem „gun permit" (Erlaubnisschein) eingeführt und benutzt werden. Für einen entsprechenden Antrag muss ein Waffenerwerbsschein vorgelegt werden. Detaillierte Informationen finden Sie unter: www.cbsa-asfc.gc.ca oder www.auswaertiges-amt.de.

Hunde und Katzen brauchen ein Zertifikat über die Tollwutimpfungen der letzten drei Jahre, das nicht älter als ein Monat sein darf.

Gesundheit

Abgesehen von Covid 19 gibt es keine besonderen Gesundheitsrisiken in Kanada. Allerdings sollten Sie bei Hitze auf Ozonwarnungen achten. Beim Skifahren sollten Sie unbedingt eine Sonnenbrille tragen.

Zumeist ab dem Monat Juni sind die äußerst lästigen **Moskitos**, die auch das Westnil-Virus übertragen können, eine regelrechte Plage. Sofern Sie sich viel im Freien aufhalten, brauchen Sie ein starkes Insektenschutzmittel.

Die medizinische Versorgung in Kanada ist ausgezeichnet, aber teuer. Schließen Sie eine **Reisekrankenversicherung** für die Zeit Ihres Aufenthalts ab. Ärztliche Leistungen sind direkt vor Ort zu bezahlen (auch mit Kreditkarte).

Währung / Geldwechsel

Landeswährung ist der **Kanadische Dollar**; 1 Euro entspricht etwa 1,50 Can$. Es gibt Scheine im Wert von Can$ 5, 10, 20, 50 und 100, Münzen im Wert von 1 Can$ *(loonie)* und 2 Can$ *(toonie)*, 5c *(nickel)*, 10c *(dime)* und 25c *(quarter)*. **Kreditkarten** (Mastercard, Visa etc.) werden fast überall akzeptiert.

Man kann auch mit einer **Girokarte** mit Maestro- oder Cirrus-Symbol an vielen Geldautomaten Bargeld abheben; VPay-Bankkarten funktionieren jedoch außerhalb Europas nicht!

ANREISE

Mit dem Flugzeug: Internationale Flughäfen in Ostkanada, die von den meisten internationalen Fluglinien bedient werden, sind in Toronto, Ottawa, Montréal und Québec City. Viele andere Städte können von hier aus mit Anschlussflügen erreicht werden, z.B. Windsor (Ontario), Halifax (Nova Scotia), Saint John und Fredericton (New Brunswick), Charlottetown (Prince Edward Island), St. John's (Neufundland). Auch Verbindungen in die USA sind häufig.

Toronto: Pearson International Airport liegt 27 km nordwestlich der Innenstadt. Mit dem Airport Express dauert die Fahrt ins Zentrum etwa 40 Min.

14 Reise-Informationen

und kostet Can$ 23,95 (per Taxi ca. Can$ 43).

Der **Ottawa** International Airport liegt 14 km außerhalb der Stadt. Der Hotelshuttle kostet Can$ 16, Taxis ca. Can$ 25.

Montréal hat zwei Flughäfen. Montréal-Trudeau, 22 km westlich des Zentrums, mit Taxi Can$ 38, mit Bus Can$ 8. Der Montréal-Mirabel International Airport wird seit einigen Jahren nur noch von Frachtflugzeugen frequentiert.

Der Flughafen von **Québec City** liegt 19 km außerhalb. Die Busfahrt kostet Can$ 6,85, Taxi-Flatrate Can$ 33. Am Flughafen sind alle großen internationalen Autovermietungen vertreten.

Der Flughafen in **Halifax** liegt 42 km vor der Stadt. Die Hin- und Rückfahrt mit dem Bus ins Zentrum kostet Can$ 39 die einfache Taxifahrt Can$ 53.

Die Fluglinie **Air Canada** bedient viele internationale Linien und hat auch ein enges Flugnetz innerhalb Kanadas. Reservierung und Information außerhalb Kanadas:

Deutschland: Hahnstr. 70, 60528 Frankfurt/Main, Tel. 069/27115-111, www.aircanada.ca.

Österreich: c/o AVIA Reps, Argentinerstrasse 2/4, Tel. 1-5853-63040, Fax 1-5853-63088, www.aircanada.ca.

Schweiz: Air Canada, Genf; Reservierungen Tel. 0848-247-226, www. aircanada.ca.

Die zweite internationale Fluglinie, **Canadian Airlines International**, ist keine eigenständige Linie mehr, seit sie mit der Air Canada fusionierte.

Nonstop-Flüge nach Kanada gehen von Frankfurt/M., Düsseldorf, Zürich, Amsterdam und Paris nach Montréal und Toronto.

Mit dem Schiff: Wer mit dem Schiff nach Kanada reisen möchte, kann sich zwischen den Zielhäfen Halifax, Montréal oder Québec entscheiden. Alle drei Häfen bieten die Möglichkeit zu innerkanadischen Anschluss-Passagen. Erkundigen Sie sich über Kreuzfahrten nach Kanada bei Ihrem Reisebüro, ei-

nem der Touristenbüros, die am Ende der Infoseiten genannt sind. Das Clubschiff Aida schließt auf der Route Nordamerika 1 u.a. Stopps in Halifax, Quebec und auch Montréal ein (www.aida.de).

REISEN IN KANADA

Mit dem Auto

Die meisten benutzen vor Ort ein Auto und nehmen damit lange Fahrzeiten in Kauf, denn das Land ist groß. Die Straßen sind in gutem Zustand, und im südlichen Teil ist auch das Straßennetz dicht. Die Hauptstädte der Provinzen sind mit dem Trans Canada Highway verbunden (ausgenommen Neufundland und Prince Edward Island), der aus Manitoba kommend hinter Winnipeg in Ontario beginnt, mit einer Abzweigung die Großen Seen und den St. Lawrence-Strom streift, ehe er durch die Provinz Québec, New Brunswick und Nova Scotia führt.

Einige Entfernungen:

Toronto – Winnipeg (Man.) . . . 2085 km
Toronto – Ottawa . . . . 399 km
Toronto – Montréal . . . . 536 km
Ottawa – Montréal . . . . 200 km
Ottawa – Halifax . . . . 1532 km
Montréal – Québec City . . . . 251 km
Montréal – Halifax . . . . 1332 km

Der nationale **Führerschein** ist in Kanada offiziell anerkannt. Bei Verkehrskontrollen kann ein internationaler (mehrsprachiger) Führerschein dennoch sehr wertvoll sein.

Mit dem Schiff

Neufundland kann per Auto nur mit der Fähre erreicht werden; Prince Edward Island ist auch über eine Brücke mit dem Festland verbunden. Andere Küstenorte erreicht man bisweilen einfacher mit dem Boot oder Schiff als mit langen Autofahrten. Auskunft darüber, wie man in den Atlantikprovinzen auf dem Wasser vorankommt, erhalten Sie unter folgenden Internetadressen:

New Brunswick: www.quoddyloop.com/ferries.htm; Neufundland und Labrador: www.tw.gov.nl.ca/FerryServices; Nova Scotia: www.nfl-bay.com; Prince Edward Island: www.tourpei.ca/site/140/index.php.

Mit dem Bus

Es gibt viele Veranstalter, die Fahrten in bequemen Bussen zu günstigen Preisen in fast alle Gebiete anbieten. Hier eine Auswahl:

Acadian Lines, 6040 Almon Street, Halifax, Nova Scotia, acadianbus.com.

Greyhound, moderne Busse mit WIFI, 610 Bay St., Toronto, Tel. 416-594-1010, www.greyhound.ca.

Gray Line, Montréal, Tel. 1-800-461-1223 oder 514-934-1222, Fax 514-937-0288, www.grayline.ca.

Mit der Eisenbahn

Den besten Service bietet VIA Rail, eine von Kanadas Eisenbahngesellschaften. Für lange Strecken und Nachtfahrten gibt es Abteile mit Waschgelegenheit und WC sowie am Ende des Waggons eine geräumige Dusche. Jeder Passagier kann sich in verschiedenen Aufenthalts- und Aussichtswagen aufhalten. Der Zug führt zwei „Domecars" mit – Waggons mit gläsernen Kuppeln. Die Züge *Ocean* und *Atlantic* zwischen Montréal und Halifax gehören in diese Kategorie. Die einfache Fahrt (Sitzplatz) kostet in der Hochsaison ca. 500 Can$. Im Schlafwagen bezahlt man rund 1000 Can$.

Sie können Geld sparen, wenn Sie sich vor dem Abflug in Ihrem Heimatland einen „Canrail Pass" besorgen. Die Kosten für diesen praktischen Pass unterscheiden sich je nach Gültigkeitsdauer und Region, in der man unterwegs sein will. Einen Überblick über die Modalitäten gibt am besten die Internetseite http://viarail.ca/planner/en_plan_truc.html.

VIA RAIL-Generalagent für Deutschland: North America travelhouse, Stadthausbrücke 1-3, 20355 Hamburg, Tel. 040/30061670, Fax 040/30061655, www.crd.de. Weitere nützliche Informationen über Bahnstrecken findet man im Internet unter: www.viarail.ca.

Mit dem Flugzeug

Flugreisen sind für schnelle Verbindungen in dem riesigen Land ideal. Wer vor Ort allerdings zeitlich eingeschränkt ist, sollte sich am besten schon im Heimatland um die Tickets und Reservierungen kümmern.

Sofern man nicht in den Genuss eines Frühbuchertarifs kommt, kostet ein Ticket von Montréal nach Halifax gut und gerne so viel wie ein Transatlantikflug. Allerdings bieten viele kleine Gesellschaften lokale Flüge teilweise zu erstaunlich günstigen Preisen an. Lassen Sie sich in einem Reisebüro vor Ort beraten.

Air Canada bietet Touristen, besonders Jugendlichen, Studenten und Senioren, Sondertarife und verschiedene preislich voteilhafte Pässe an, die Sie ebenfalls bereits in Ihrem Heimatland kaufen müssen.

Canadian International Airways betreiben ihr Steckennetz nach dem Zusammenschluss mit Air Canada in Abstimmung mit der neuen Muttergesellschaft.

Verkehrsregeln

In Kanada herrscht Rechtsverkehr; die Verkehrszeichen unterscheiden sich kaum von den europäischen. Entfernungen und Geschwindigkeitsregelungen sind in Kanada in **Kilometern** ausgewiesen. Die Royal Mounted Police achtet streng auf die Einhaltung der Speed-Limits!

Es gelten folgende Geschwindigkeiten: Auf Autobahnen (nummerierter Hwy.) 100 km/h; auf Landstraßen (Second Hwys.) 80 km/h; in Ortschaften 50 km/h.

14 Reise-Informationen

Wenn ein Schulbus gelb blinkt, fahren Sie vorsichtig vorbei. Sobald die rote Warnblinkanlage eingeschaltet ist und der Bus hält, muss der Verkehr in beiden Richtungen stoppen, bis der Bus weiterfährt.

In allen Provinzen außer im frankophonen Québec darf bei Rot rechts abgebogen werden. Die **Promillegrenze** liegt bei **Null**; das Anlegen der Sicherheitsgurte ist Pflicht.

Für Wohnmobile (motorhomes) gelten bestimmte Maximalabmessungen, die allerdings großzügig angesetzt sind: Höhe maximal 4,1 m, Breite bis 2,6 m. Auto und Anhänger dürfen zusammen nicht länger als 21 m sein.

PRAKTISCHE TIPPS

Alkohol / Cannabis

Alkoholgenuss in der Öffentlichkeit ist in Kanada verboten. Alkoholische Getränke dürfen ausschließlich innerhalb der dafür lizenzierten Lokale oder zuhause eingenommen werden. In Fahrzeugen dürfen sich keine geöffneten alkoholischen Getränke in Reichweite des Fahrers befinden. Während kanadischer Feiertage wird üblicherweise ein Alkoholverbot auf Campingplätzen und in National- und Provinzparks verhängt.

Wer über 19 Jahre alt ist (Alberta, Manitoba, Quebec ab 18), kann Spirituosen, Wein und Bier in staatlichen Verkaufsstellen erwerben. In einigen Provinzen (Ontario, Québec) gibt es Wein und Bier auch in Lebensmittelläden oder in eigenen Bierverkaufsstellen, Verkaufszeiten sind von 11 bis 1 Uhr nachts.

Der Kauf von kleinen Mengen Cannabis (Marihuana/Haschisch) von staatlich zugelassenen Verkaufsstellen und der Besitz von kleinen Mengen Cannabis zum Eigengebrauch unter Beachtung strenger Kriterien wird strafrechtlich nicht verfolgt. Dabei gelten in den verschiedenen Provinzen und Territorien teilweise unterschiedliche Regelungen.

Angel- und Jagdlizenzen

Die Bestimmungen über Angeln und Jagen werden von den jeweiligen Provinzen erlassen. Ausländische Touristen können den Angel- oder Jagdschein an Ort und Stelle in Sportgeschäften, in Angel- und Jagdlodges oder bei Outfittern erwerben. Eine Angellizenz kostet zwischen Can$ 20 (für 1 Tag) und Can$ 60 (für 1 Jahr). Fischen in Nationalparks ist nur mit Sondergenehmigung erlaubt, die man in jedem Park für eine Gebühr erhält.

Auskunft über Bestimmungen, Schonzeiten und Lizenzen geben:

Department of Fisheries and Oceans, **Quebec Region,** 104 Dalhousie St., Quebec, Quebec G1K 7Y7, Tel. 418-648-7747; **Maritimes Region,** P.O. Box 1035, Dartmouth, Nova Scotia B2Y 4T3, Tel. 902-426-3760; **Newfoundland and Labrador Region,** P.O. Box 5667, St. John's, Newfoundland A1C 5X1, Tel. 709-772-4423, www.dfo-mpo.gc.ca/Contact_e.htm.

Banken

Banken haben gewöhnlich Montag bis Donnerstag von 10 bis 15 Uhr geöffnet, am Freitag von 10 bis 18 Uhr. Manche Banken haben auch Samstag vormittag geöffnet. Autoschalter sind häufig, und an den Banken gibt es Geldautomaten für Kreditkarten und Girokarten, die man rund um die Uhr benutzen kann. Für Kunden der Deutschen Bank ist der EC-Karten-Service an Automaten der Scotiabank kostenlos.

Elektrizität

In Kanada kommt Wechselstrom mit **120 Volt** und 60 Hz aus der Steckdose (dreipolig, Typ A und Typ B). Sie benötigen also einen **Adapter**, umschaltbare oder selbstumschaltende Geräte (das sind heute die meisten Ladegeräte), nur für alte Geräte einen Transformator. In den Hotels können Sie Adapter leihen.

Feiertage

Es gibt in Kanada Nationalfeiertage und Feiertage, die auf die Provinzen beschränkt sind. Für manche Feiertage bleibt das Datum immer gleich, andere werden so verschoben, dass ein langes Wochenende entsteht.

Landesweite Feiertage

Neujahr: 1. Januar

Karfreitag und Ostermontag: Ende März oder Anfang April

Victoria Day: Montag vor dem 25. Mai

Canada Day: 1. Juli

Civic Holiday: Anfang August

Labor Day: erster Montag im September

Thanksgiving Day: zweiter Montag im Oktober

Rememberance Day: 11. November

Weihnachten und Boxing Day: 25. und 26. Dezember

Labrador und **Neufundland** feiern zusätzlich:

St. Patricks Day: ein Montag Mitte März

St. George's Day: Montag um den 24. April

Discovery Day: Montag um den 25. Juni

Memorial Day: Anfang Juli

Orangemen's Day: Montag um den 10. Juli

New Brunswick feiert den New Brunswick Day am Montag um den 5. August.

In **Nova Scotia** feiern die Städte Dartmouth und Halifax ihren Geburtstag am Natal Day, dem 2. August.

St-Jean Baptiste am 24. Juni ist der Nationalfeiertag der **Provinz Québec**.

Geschäftszeiten

Geschäfte haben im allgemeinen montags und dienstags von 9 bis 19 Uhr geöffnet und mittwochs bis freitags von 9 bis 21 Uhr. Samstags sind sie von 9 bis 17 Uhr offen, manche sogar am Sonntag. In Hochburgen des Tourismus haben die Geschäfte oft abends länger geöffnet.

Maße und Gewichte

Wie in Deutschland gilt auch in Kanada das metrische System. Entfernungen und Geschwindigkeiten werden in Kilometern angegeben, Temperaturen in Grad Celsius. Benzin wird literweise verkauft, Lebensmittel werden in Gramm und Kilogramm gewogen.

Mietwagen

Im Vergleich zu europäischen Tarifen sind Mietwagen relativ günstig. Vor Ort kann die Anmietung eines Leihwagens durchaus billiger sein, allerdings sollte man die meist nur auf Englisch verfassten Verträge sehr gut studieren und auf „Gummiparagrafen" untersuchen.

Alle großen Mietwagenfirmen (Avis, Budget, Hertz, National, Dollar, Rent-a-Wreck und Tilden) haben in den Städten und einigen Ortschaften Filialen. Wenn Sie es noch preisgünstiger wollen, erkundigen Sie sich nach lokalen Vermietern, die Sie in den Gelben Seiten des Telefonbuchs finden. Versichern Sie sich, dass alle Gebühren und Steuern im Mietpreis enthalten sind. Die Miete für einfache Strecken kann teuer sein, planen Sie deshalb besser eine Rundreise mit dem Auto.

Sparen können Sie auch, wenn Sie Wohnmobile oder Wohnwagen schon in Ihrem Heimatland buchen. Autofahrer müssen mindestens 21 Jahre alt sein, Fahrer von Wohnmobilen 25 Jahre. Fast alle Autoverleiher nehmen nur Kreditkarten. Schecks oder Bargeld werden fast nirgendwo akzeptiert. In jedem Fall müssen die Versicherungsleistungen genau definiert sein.

Notruf

Im Notfall wählt man von jedem Telefon aus die „0" und lässt sich vom Operator mit der Polizei (engl. Police, franz. Sûreté) verbinden. Über die „0" erhalten Sie ebenfalls ärztliche Hilfe oder werden mit der Feuerwehr verbunden. In ganz

14 Reise-Informationen

Ostkanada gilt der Notruf 911 für Polizei, Notarzt und Feuerwehr.

Bei einem Autounfall ist sofort der nächste Polizeiposten zu verständigen. Auch hier gilt die Nummer „0".

Postämter

Postämter haben im allgemeinen montags bis freitags von 9 bis 18 Uhr geöffnet sowie am Samstag vormittags. In den Großstädten haben die Hauptpostämter auch am Sonntag und an Feiertagen offen. Briefmarken gibt es an Automaten und in einigen Geschäften.

Telekommunikation

Das Telefonsystem funktioniert in Kanada ähnlich wie in den USA. Telefonnummern haben sieben Stellen. Wenn Sie in eine andere Provinz oder ein Gebiet mit einer anderen Vorwahl telefonieren wollen, müssen Sie die Vorwahl wissen. Telefonauskunft erhalten Sie unter Tel. 1-555-1212. Telefonauskunft für Gebiete mit anderer Vorwahl unter Tel. 1-Vorwahl-555-1212. Die Auskünfte sind gebührenpflichtig.

Vorwahlen für die Ostprovinzen:

Toronto.................. 416 und 647
Greater Toronto................... 905
Südwest Ontario......... 519 und 226
Ottawa und Südost-Ontario....... 613
Montréal................. 514 und 438
Québec City 418
New Brunswick und Gaspé........ 506
Nova Scotia....................... 902
Prince Eward Island 902
Neufundland und Labrador 709

Münzfernsprecher stehen an Straßen, in Supermärkten, Tankstellen, Restaurants, aber nicht in den Postämtern. Für Ortsgespräche werfen Sie 25c (quarter) ein. Für Ferngespräche benutzen Sie die Kreditkarte (wählen Sie 0 und dann Ihre Nummer, ein Operator schaltet sich ein) oder eine der überall erhältlichen Telefonkarten. Telefonieren mit Telefonkarte ist meist billiger. Auch im Hotel können sie hohe Telefonrechnungen vermeiden, wenn Sie die Telefonkarte benutzen.

Telegramme können Sie entweder telefonisch aufgeben oder im Büro der CN/CP Telegrafengesellschaft.

Telefonvorwahl
nach Deutschland...............01149
nach Österreich.................01143
in die Schweiz 01141
von Deutschland, Österreich und der Schweiz nach Kanada 001

Was das Telefonieren per Handy anbelangt, müssen sich Kanadabesucher auf andere Praktiken als in Europa einstellen. Grundsätzlich benötigt man Tri- oder Quadband-Handy, das sowohl die in Europa üblichen Frequenzbänder um 900 und 1800 MHz als auch die kanadischen Bereiche unterstützt. Man kann sich auch vor Ort ein auf die kanadischen Frequenzen ausgelegtes Handy anschaffen. Die GSM-Mobilfunknetze sind gut ausgebaut, vor allem in städtischen Bereichen, weniger gut auf dem Land. Über weitere in Kanada übliche Mobilfunk-Gepflogenheiten informiert die Webseite www.teltarif.de/roaming/kanada/handy.html.

Steuern und Trinkgeld

In Kanada werden Verkaufs-, Beherbergungs- und Restaurantsteuern in unterschiedlicher Höhe erhoben (4-12%), die auf den ausgewiesenen Preis aufgeschlagen werden. Auch Bedienungsgelder sind im Preis nicht inbegriffen. Deshalb ist es üblich, in Hotels und Restaurants 15% des Rechnungsbetrages als Trinkgeld zu geben.

Landesweit wird, ähnlich der Mehrwertsteuer, die Goods & Services Tax in Höhe von 5 % erhoben. In Ontario, New Brunswick, Newfoundland / Labrador und Nova Scotia kommen nochmals 12 bis 15 % Steuer hinzu.

Zeit

In Ostkanada gibt es vier verschiedene Zeitzonen:

Central Standard Time (CST) im äußersten Westen von Ontario (MEZ -7 Std.).

Eastern Standard Time (EST) im Rest von Ontario, im größten Teil Québecs und im Westen von New Brunswick (MEZ -6 Std.).

Atlantic Standard Time (AST) gilt im Osten von New Brunswick, in Nova Scotia, im äußersten Osten Québecs sowie in Labrador (MEZ -5 Std.).

Newfoundland Standard Time (NST) gilt auf der Insel Neufundland (MEZ -4,5 Std.).

Wenn es nach CST Mitternacht ist, ist es nach EST 1 Uhr, nach AST 2 Uhr, nach NST 2.30 Uhr und nach MEZ 7 Uhr.

Am zweiten Sonntag im März beginnt die kanadische Sommerzeit (Daylight Saving Time genannt). Die Uhren werden bis zum ersten Sonntag im November eine Stunde vorgestellt.

SPRACHFÜHRER QUÉBEC

Natürlich sprechen die meisten Frankokanadier auch Englisch, aber Straßenschilder sind oft nur französisch beschriftet. So bedeutet zum Beispiel „Priorité de virage au clignotement du feu vert": „Geschütztes Linksabbiegen ist möglich, wenn die Ampel grün blinkt".

Auf der Straße

arrêt	stop
gauche	links
droite	rechts
nord	Norden
sud	Süden
est	Osten
ouest	Westen
sens unique	Einbahnstraße
cul-de-sac	Sackstraße
rue barrée	gesperrt
stationnement	Parkplatz
entrée interdite	Einfahrt verboten
ligne d'arrêt	Haltelinie
fin des voies rapides	Ende der Autobahn

(prochaine) sortie	(nächste) Ausfahrt
cédez	Vorfahrt
piéton	Fußgänger
interdit, prohibé	verboten

Parkschilder sind in Québec selbst für Einheimische eine Herausforderung. Ein roter Kreis zeigt an, dass Parken während bestimmter Stunden und vielleicht auch an bestimmten Tagen (lun. – vend. heißt Montag bis Freitag) verboten ist. Ein grüner Kreis mit derselben Information und zusätzlich „30M" bedeutet, dass Sie höchstens 30 Minuten während der Geschäftszeit parken dürfen.

Redewendungen

oui/non	ja/nein
s'il vous plait	bitte
merci	danke
bonjour	Guten Tag
salut	Hallo
bon soir	Guten Abend
bonne nuit	Gute Nacht
au revoir	Auf Wiedersehen
excusez-moi	Entschuldigen Sie bitte
Parlez-vous anglais?	Sprechen Sie Englisch?
Où est...?	Wo ist...?
la poste	die Post
l'arrêt d'autobus	die Bushaltestelle
la gare	der Bahnhof
l'hôpital	das Krankenhaus
la police	die Polizei
au secours!	Hilfe!
Quel heure est-il?	Wieviel Uhr ist es?

Im Restaurant und Hotel

une table non-fumeurs	einen Tisch für Nichtraucher
pour deux (trois, quatre)	für zwei (drei, vier)
une chambre (double)	ein (Doppel-) Zimmer
avec douche	mit Dusche
petit déjeûner	Frühstück
déjeûner	Mittagessen
diner	Abendessen
casse-croûte	Imbiss

14 Reise-Informationen

garçon........................Kellner
couteau ....Messer
fourchette .... Gabel cuillère
Löffel verre ....Glas
l'addition .... die Rechnung
pourboire...................Trinkgeld

ADRESSEN

Botschaften und Konsulate

Deutschland: Montréal: 1250 Bd René-Lévesque Ouest, Suite 4315, Montreal, Quebec H3B 4W8, Telefon (001 514) 931 24 31. Ottawa: 1 Waveley St. Ottawa, Ontario, Tel. 613/232-1101, www.ottawa.diplo.de. Toronto: 77 Bloor St. West, Suite 1703, Toronto, Ontario, Tel. 416/925-2813.
Österreich: Halifax: Suite 410, 1718 Argyle St., Halifax, Tel. 902/429-8200. Montréal: 30 St.Clair Ave.W., Suite 607, Toronto, Tel. 416/967-4867, Québec, Tel. 514/845-8661. Ottawa: 445 Wilbroad St., Ottawa, Ontario, Tel. 613/789-1444. Toronto: Austrian Consulate General, 30 St. Clair Avenue West Suite 607, Tel. 416/967-4867, consulate.toronto@advantageaustria.org.
Schweiz: Montréal: 1572 Ave. Dr. Penfield, Tel. 514/932-7181, 932-7182. Ottawa: 5 Marlborough Ave., Ottawa, Ontario, Tel. 613/235-1837, Fax 563-1394. Toronto: 154 University Ave., Suite 601, Toronto, Ontario, Tel. 416/593-5371.

Kanadische Botschaften/ Konsulate

Für Visa von Deutschen ist die Botschaft in Wien zuständig:
Österreich: Laurenzerberg 2, A-1010 Wien, Tel. 531383000.
Deutschland: Botschaft von Kanada, Leipziger Platz 17, 10117 Berlin, Tel. 030/203120, Fax 030/20312590, www.kanada-info.de; **Konsulate**: Tal 29, 80331 München, Tel. 089/2199570; Benrather Straße 8, 40213 Düsseldorf, Tel. 0211/172170.

Schweiz: Kirchenfeldstr. 88, 3005 Bern, Tel. 031/3573200, www.canada-suisse.ch.

Touristeninformation

Deutschland: Es gibt in Deutschland kein Fremdenverkehrsamt von Kanada. Ausführliche Informationen, allerdings nur in Englisch, findet man jedoch auf der Seite der kanadischen Botschaft: www.canada.gc.ca/aboutcanada-ausujetcanada/tour/menu-eng.html, auf Deutsch gibt es die Seiten www.mein-kanada.com und Infos über Ontario bei http://de.ontariotravel.net.
Österreich: Kanadische Botschaft, Laurenzerberg 2, A-1010 Wien, Tel. 531383000, Fax 531383321.
Schweiz: Kanadische Botschaft, Kirchenfeldstr. 88, 3005 Bern, Tel. 031/3573200.

Automobilclub

Canada Automobile Association, 2525 Carling Ave., Ottawa, Ontario K2B 7Z2, Tel. 613-820-1890 oder gebührenfrei 1-800-267-8713, www. caaneo. on.ca.

AUTOREN

Eva Ambros
Mary Kelly
Eleanor Morris
Valentin P. Nadezhnikov
David Ravvin
J.-Martina Schneider
Jonathan D. Siskin
Carla Straessle-Compton
Deborah Williams

ÜBERSETZER

Susanne Braun
Katja Haffenrichter

LIEFERBARE TITEL

Australien - Tasmanien
Baltische Staaten:
Estland, Lettland, Litauen, Kaliningrad
Burma → **Myanmar**
Brasilien
China
Costa Rica
Indien: *Der Norden*
Indien: *Der Süden*
Indonesien: *Java, Bali, Lombok, Sulawesi, Sumatra*
Israel - Jordanien
Kambodscha - Laos
Kanada: *Der Osten - Ontario, Québec, Atlantikprovinzen*

Kanada: *Der Westen - Pazifikküste, Rockies, Prärieprovinzen*
Karibik: *Große Antillen, Bermudas, Bahamas*
Karibik: *Kleine Antillen*
Kenia
Korea
Kroatische Adriaküste
Kuba
Malaysia - Singapur - Brunei
Malediven
Marokko
Mexiko
Moskau - St. Petersburg
Myanmar *(Burma)*
Namibia
Nepal
Neuseeland

Norwegen
Peru
Philippinen
Schweden
Sri Lanka
Südafrika
Südsee
Syrien - Libanon
Tansania
Thailand
USA: *Der Osten, Mittlerer Westen, Südstaaten*
USA: *Der Westen, Rocky Mountains, Kalifornien, Der Südwesten*
Vereinigte Arabische Emirate
Vietnam

Nelles Guides – anspruchsvoll, aktuell und informativ.
Immer auf dem neuesten Stand, reich bebildert und mit
erstklassigen Reliefkarten ausgestattet.
256 Seiten, ca. 150 Farbbilder, ca. 25 Karten

LIEFERBARE TITEL

– EUROPE –
Madeira *1:60,000*

– ASIA –
Burma ⇨ Myanmar
Bangkok and Greater Bangkok
 1:15,000 / 1:75,000
Bangladesh — India North-East —
 Bhutan *1:1,500,000*
Cambodia – Angkor *1:1,500,000*
Central Asia *1:1,750,000*
China :
 Central *1:1,750,000*
 South *1:1,750,000*
 Hong Kong *1:22,500*
 Himalaya *1:1,500,000*
India :
 India *(Subcontinent) 1:4,500,000*
 Ladakh – Zanskar *1:350,000*
 North *1:1,500,000*
 North-East ⇨ Bangladesh
 East *1:1,500,000*
 West *1:1,500,000*
 South *1:1,500,000*
Indonesia :
 Indonesia *1:4,500,000*
 Bali – Lombok *1:180,000*
 Java – Jakarta *1:750,000 / 1:22,500*
 Kalimantan ⇨ Malaysia-East
 Sulawesi – Nusa Tenggara —
 East Timor *1:1,500,000*
Iran *1:1,750,000*

Japan *1:1,500,000*
Korea *1:1,500,000*
Malaysia-East — Brunei —
 Indonesia–Kalimantan *1:1,500,000*
Malaysia-West — Singapore
 1:1,500,000 / 1:15,000
Myanmar *(Burma) 1:1,500,000*
Nepal *1:480,000 / 1:1,500,000*
Philippines – Manila
 1:1,500,000 / 1:17,500
Southeast Asia *1:4,500,000*
Sri Lanka *1:500,000*
Taiwan *1:400,000*
Thailand *1:1,500,000*
Vietnam — Laos — Cambodia
 1:1,500,000

– AFRICA –
Egypt *1:2,500,000 / 1:750,000*
Kenya *1:1,100,000*
Namibia *1:1,500,000*
South Africa — Namibia —
 Botswana — Zimbabwe *1:2,500,000*
Tanzania — Rwanda — Burundi
 1:1,500,000
Tunisia *1:750,000*
Uganda *1:700,000*

– AMERICAS –
Argentina :
 North — Uruguay *1:2,500,000*
 South — Patagonia — Uruguay
 1:2,500,000
Bolivia — Paraguay *1:2,500,000*

Brazil :
 Amazon *1:2,500,000*
 Central and South *1:2,500,000*
Caribbean :
 Lesser Antilles *1:2,500,000*
 Central America *1:1,750,000*
 (Costa Rica *1:900,000)*
Chile — Patagonia *1:2,500,000*
Colombia — Ecuador *1:2,500,000*
Cuba *1:775,000*
Mexico *1:2,500,000*
Peru — Ecuador *1:2,500,000*
South America – The Andes
 1:4,500,000
Venezuela — Guyana —
 Suriname — French Guiana
 1:2,500,000

– AUSTRALIA / PACIFIC –
Australia *1:4,500,000*
Hawaiian Islands :
 Hawaiian Islands *1:330,000 /
 1:125,000*
 Hawaii – The Big Island
 *1:330,000 /
 1:125,000*
 Honolulu – Oahu
 1:35,000 / 1:150,000
 Kauai *1:150,000 / 1:35,000*
 Maui – Molokai – Lanai
 *1:150,000 /
 1:35,000*
New Zealand *1:1,250,000*
South Pacific Islands *1:13,000,000*

Nelles Maps in europäischer Spitzenqualität !
Reliefdarstellung, Kilometrierung, Sehenswürdigkeiten.
Immer aktuell !